聴覚障害教育の手引

―言語に関する指導の充実を目指して―

文部科学省 MINISTRY OF EDUCATION, CULTURE, SPORTS, SCIENCE AND TECHNOLOGY-JAPAN

目　次

第1章　聴覚障害教育における言語指導

第2章　聴覚障害児に対する言語指導の基本

第3章 聴覚障害児への指導等の実践例

コラム

第1章
聴覚障害教育における言語指導

　聴覚障害教育における言語指導については、学校創設期よりその指導法が追究されてきた。これまで行われてきた言語指導法には、今日もその理念や方法が受け継がれているものもある。

　本章では、言語指導に関わる歴史や言語指導の意義、言語指導の基礎となる聴覚障害児との多様なコミュニケーションの方法について述べる。

　なお、歴史的な内容については、当時の用語や名称をそのまま用いることとする。

第 1 節　聴覚障害教育の歴史

1　特別支援学校（聴覚障害）数及び在籍者数の推移

　明治 11 年に京都盲唖院が開校して以来、明治から大正にかけて私立の盲唖学校が次々と開校された。大正 12 年には盲学校及び聾唖学校令が出され、昭和初期にかけて盲学校と聾唖学校の分離、公立聾唖学校の開設、私立聾唖学校の官立移管が行われた。聾唖学校数は、大正 13 年に国公私立合わせて 38 校となり、昭和 2 年に 45 校、昭和 10 年には 63 校へと増加した。戦後、聾唖学校が聾学校となり、その数は昭和 30 年代後半まで増え続け、昭和 40 年代以降は横ばい状態にある。その後、平成 19 年度から特別支援学校に移行し、平成 29 年 5 月時点で聴覚障害者である幼児児童生徒を対象とした特別支援学校は 116 校あり、そのうち聴覚障害のみを対象とした特別支援学校は国立 1 校、私立 2 校を含め 86 校である。他の 30 校は、聴覚障害以外の障害種も対象とした特別支援学校である。

　特別支援学校（聴覚障害）在籍者数の変化については、昭和 23 年度、盲学校と聾学校の義務制が施行されたことが大きなターニングポイントとなる。それまで就学猶予の制度によって学校教育を受けてこなかった聴覚障害児が聾学校に入学することを義務付けられたのである。義務化は、昭和 23 年度に小学部入学生から始まり、学年進行で実施されたため、小・中学部が完成したのは昭和 31 年度であった。聾学校に幼稚部や高等部が設置され始めたのもこのころである。その結果、全国の聾学校の全在籍数は昭和 30 年代でピークに達し、およそ 2 万人が在籍していた。しかしそれ以降は、小・中学校における難聴特殊学級の設置が進み、聾学校ではなく小学校等に通う聴覚障害児の数が増え、聾学校在籍者数は減少を続けた。平成 30 年 5 月時点で聴覚障害者である幼児児童生徒を対象とした特別支援学校の在籍者数は、8,164 名で、聴覚障害のみを対象とした特別支援学校の在籍者数は 4,612 名である。

2　コミュニケーション手段の推移

　明治時代から大正時代にかけて、我が国の聾唖学校では手話と筆談による教育が行われていた。しかし、明治 13 年（1880 年）ミラノで開催された第 2 回世界ろう教育国際会議において、聴覚障害教育は手話でなく口話で行われるべきだという決議がなされたこと、大正時代に入って私立日本聾話学校や名古屋市立聾唖学校で口話法教育が開始されたこと、西川吉之助や川本宇之介らによる口話法の啓蒙活動等々があり、大正末期から口話法が広まり始め、昭和時代に入ると口話法が主流となっていった。

表 1　聴覚障害教育の歴史

1878（明 11）	**京都盲唖院の開校** ・京都盲唖院は盲者・聾者のための我が国最初の学校 ・創始者及び初代院長は古河太四郎 ・手話と筆談による教育が行われた。
1923（大 12）	**盲学校及び聾唖学校令** ・盲教育と聾教育が分離された。 ・大正から昭和初期、私立の聾唖学校は官立へと移管された。 ・川本宇之介らにより欧米の口話法が紹介され、我が国の聾唖学校に口話法による教育が広まっていった。
1948（昭 23）	**盲学校、聾学校の就学義務制施行** ・1947（昭 22）、学校教育法により盲学校、聾学校の就学義務化が制定され、1948 年度（昭 23）から施行された。 ・義務制は学年進行で実施されたので、小・中学部までの完成に 9 年かかった。
1959（昭 34） 1960（昭 35）	**中央教育審議会答申（幼稚部・高等部の設置）** ・聾学校幼稚部設置の奨励 ・聾学校高等部への財政的補助 ・1962（昭 37）、聾学校幼稚部への設備補助開始により、全国の聾学校に幼稚部が設置され始めた。 **難聴特殊学級設置** ・岡山市立内山下小学校に難聴特殊学級が設置された。 ・昭和 40 年代には全国各地の小・中学校に難聴特殊学級の設置が広まった。
1968（昭 43） 同時期	**栃木聾学校が同時法について報告** ・幼稚部で指文字、小学部では指文字と手話を用いて教育が行われた。 **京都府立聾学校がキュード・スピーチについて報告。その後、奈良聾学校、千葉聾学校でも採用** ・キュード・スピーチ法は聴覚口話法の範疇に入ると認識されたので、全国に広まったが、手話を使う同時法はあまり広まらなかった。

1990（平2）	国立大学法人筑波技術短期大学の設立（聴覚障害者を対象とした高等教育） ・2006年度（平18）、3年制の短期大学から4年制の「筑波技術大学」へ ・2010年度（平22）、筑波技術大学大学院技術科学研究科修士課程設置
1993（平5）	通級による指導（義務教育段階）の本格実施（1993（平5）学校教育法等の改正）
2002（平14）	特別支援学校への就学基準の改正（学校教育法施行令改正） ・就学の基準が障害の程度中心から教育的ニーズを中心としたものに変わった。
2006（平18）	国連総会において障害者権利条約を採択
2007（平19）	特別支援教育の本格実施（2006（平18）学校教育法等の改正） ・特殊教育から特別支援教育へ移行するなど、様々な変革があった（盲・聾・養護学校から特別支援学校へ、小・中学校等における特別支援教育など）。
2011（平23）	改正障害者基本法施行（障害者権利条約対応） ・十分な教育が受けられるようにするため、可能な限り共に教育を受けられるよう配慮しつつ教育の内容及び方法の改善及び充実を図ること ・交流及び共同学習の積極的推進　など
2012（平24）	中央教育審議会（報告） ・「共生社会の形成に向けたインクルーシブ教育システム構築のための特別支援教育の推進（報告）」
2013（平25）	就学制度改正（学校教育法施行令改正） ・「認定就学」制度の廃止、総合的判断（本人・保護者の意向を可能な限り尊重）、柔軟な転学　など
2014（平26）	障害者権利条約批准
2016（平28）	障害者差別解消法施行（2013（平25）制定） ・差別の禁止、合理的配慮提供の法的義務　など
2018（平30）	通級による指導（高等学校）の本格実施（2017（平29）学校教育法等の改正）

　昭和30年代以降、個人用補聴器が普及し始め、昭和40年代以降は補聴器を装用しての聴覚活用を土台とした聴覚口話法が広まった。また、キュード・スピーチ法が広まり、特に幼稚部で多く採用された。

　昭和50年代後半以降は、早期教育の充実、個人補聴器の小型化や高性能化といった進歩などにより音声日本語の獲得が進み、居住地の小学校等に就学する子供が増加していった。その一方で、聾学校に在籍する幼児児童生徒については、障害の重度・重複化の傾向が見られるようになり、手話をコミュニケーション手段とする聴覚障害児への対応に関心が集まった。しかしながら、当時は、手話自体に対する指導法の開発や手話を使用しての教育方法の研究が十分ではなかったことなどにより、聾学校においても聴覚口話法による指導が中心的であった。

　昭和末期から平成初期にかけていくつかの聾学校で、授業における手話の導入に関する実践が始まった。手話導入の成果として、特に、コミュニケーションがスムーズになったり、確実に伝わったりすることなどが報告された。こうして、高等部段階から徐々に中学部、小学部、幼稚部へと手話の導入が進み、平成20年代ころまでにはほとんどの特別支援学校（聴覚障害）で手話が使用されるようになった。

　これ以降は、個人補聴器のデジタル化や補聴システムなど補聴機器の技術が進歩し、人工内耳も徐々に普及していった。一方、聾学校に在籍する幼児児童生徒の障害については、重度・重複化、発達障害を併せ有するなど多様化がより一層進んだことから、個に応じたコミュニケーション手段として、音声、読話、文字、キュード・スピーチ、手話、指文字など多様な方法が活用されるようになった。

　このように、聴覚障害教育におけるコミュニケーション手段は、補聴器や人工内耳などの補聴機器の開発と進歩、特別支援学校（聴覚障害）に在籍する幼児児童生徒の実態の変化などを踏まえながら推移してきた。例えば、聴覚口話法は、聴覚活用と音声使用により日本語を獲得するための大変有効な言語教育の方法である。ただし、特別支援学校（聴覚障害）に在籍している子供達の実態の多様さを踏まえるならば、個々の教育的ニーズに応じた指導を充実するよう多様なコミュニケーション手段を適切に活用することを追求する必要がある。また、手話によってスムーズなコミュニケーションができることが、そのまま日本語の獲得に結び付くものではない。聴覚障害教育に携わる者は、これらのことを前提とし、言語指導の在り方を模索していく必要がある。

　なお、本書においては、言語指導を語彙の獲得や文章の理解及び表出、対話等に関する能力の育成を目指す指導と定義し、話を進めることとする。

第2節　聴覚障害教育における言語指導の変遷

1　「要素法」と「全体法」

　「要素法」は、音韻、音節、文字、指文字などの言語の形態的要素を教え、これを結合して単語や文に進む指導法である。要素法の目的は、言葉を構成している形を覚えさせ、表出できるようにすることである。我が国の要素法による言語指導は大正時代に始まった（当時は「要素主義」と呼ばれていた）。現在、聴覚学習や発音指導の一部として行われている1音1音をターゲットとした指導も要素法の考えに基づくものである。ただし、例えば発音指導を要素法中心に行った場合、単語や文の発音が1音1音の不自然な発音になってしまいかねないので、単語や文のまとまりとして発語するよう段階的に指導するなど配慮が必要である。また、要素法ではバラバラの文字を組み合わせて単語を作らせたり、単語を文字に分解したりするなどの指導も併せて行う必要がある。

　「全体法」は、言語を意味の単位、すなわち単語や文などの単位で教える指導法である。聞こえる子供が母国語を覚えるのと同じように、意味の単位で学習させるのが自然であるという考え方に基づいている。全体法の目的は、意味や概念や経験といったものと言葉とを結び付けることである。我が国では要素法に引き続き昭和初期に始まった言語指導法であり、当時は「総合主義」と呼ばれた。全体法は、言語の意味理解を重視する言語指導法であり、なおかつ、子供の能動的な学習を目指した指導法である。子供の頭の中で意味や経験と言葉とをいかに結び付けさせるか、指導の内容や方法を、教材の工夫等と合わせて考えなければならないものである。

　「要素法」と「全体法」は、共に現在の言語指導の基本的な指導法になっており、言葉の学習には両者の指導法の理念が必要である。指導者は、子供に言葉の「形態」と「意味」がしっかり身に付くよう、これらの指導を適切に組み合わせて指導を行う必要がある。

2　「生活の言語化」と「言語の生活化」

　これらの標語は、昭和20年代頃から言われ始めた言語指導の方法であり、現在も行われている。特に乳幼児を対象としている早期教育においては、これらの指導法の考え方を理解しておくことが必要である。

　「生活の言語化」は、食事や着替えなど日常の生活行動を通して言語を学習させる言語指導の方法である。毎日繰り返される行動に対して、例えば、食事の場合、挨拶の「いただきます。」や「～を食べる。」など、その都度同じような言い方を子供に聞かせ、模倣や発話を促して、子供がその言い方を徐々に身に付けることをねらうものである。生活を言語化するという考え方である。指導者と保護者とで日々密に連絡を取り合い、指導者の指示やアドバイスによって保護者が家庭で実践する方法が一般的である。この方法の特色は、①実際の場面があるため、

その言葉の意味が分かりやすいこと、②その時の感覚や気持ちを伴って言葉が学習できること、③動作に合わせた言葉を扱うので子供にとって覚えやすいこと、④毎日繰り返される場面で行うため、自然に繰り返しの学習が確保できることなどである。

「言語の生活化」は、例えば、散歩や水遊びなど生活の場面を想定し、絵カード等を用いてその場面で使われる様々な言い方をあらかじめ教えておき、実際の生活の場面でその言い方を使うよう促して言葉を定着させるという言語指導の方法である。この方法の特色は「生活の言語化」と同様であるが、生活の言語化と異なる点は、教えるべき語彙や文を系統的・計画的に指導することができることである。

指導者は対象とする子供の状態に合わせて「生活の言語化」と「言語の生活化」を単独で、あるいは組み合わせて指導計画を作成するなど、指導の工夫が必要である。

聴覚障害児に対する言語指導は、学校だけで行われるものではない。家庭と学校が連携して行う言語指導も大変重要である。「生活の言語化」と「言語の生活化」は、保護者と教師が協力し合って初めて成立する言語指導である。

さらに言えば、聴覚障害児が言葉を学習する場はあらゆる状況で見出すことができる。指導者は子供にできるだけ多くの言語経験をさせる必要がある。その際、機械的に子供に言葉を教え込むのではなく、「生活の言語化」と「言語の生活化」のように場面や子供の気持ちに合わせて言語経験をさせることが望ましい。

3　「構成法」と「自然法」

「構成法」は、言い換えれば系統的・計画的な言語指導のことで、昭和 30 年代に発達した指導方法である。昭和 23 年度に聾学校の就学義務制が施行された結果、聾学校の在籍者数が増え、より効率的な言語指導法の開発が求められ、日本各地の聾学校で言語指導計画、すなわち構成法による言語指導プログラムが開発された。

構成法では、どの年齢の子供に言語のどの部分を教えるかによって、どのような場面で、どのような教材を使って、どのようなコミュニケーション手段を利用して、どのように教えるかなどを検討することが求められる。例えば、ある幼児に語彙指導をする場合、どのような語彙を教えるのかについて、その根拠も含めて十分に検討する必要があるが、口話、手話、指文字などのコミュニケーション手段を適切に選択することも重要となる。構成法は、語彙、文法、読解、作文、発話、コミュニケーションなどの指導に広く用いられている指導法であり、何を教えるのかによって指導の内容や方法は大きく違うが、次のような原則は共通している。①簡単なものから難しいものへ、②単純なものから複雑なものへ、③短いものから長いものへ、④必要度の高いものから低いものへ、⑤使用頻度が高いものから低いものへ、である。

同時に、具体的な評価方法も検討しておく必要がある。指導の前に行う「事前評価」、「指導中の評価」、「指導終了の基準」などがそれに当たる。指導と評価は一体である。言語やコミュ

ニケーションに関する個別の指導計画を作成する際には、構成法の考え方に基づき、系統的な指導を計画的に実施することが求められる。

　一方、「自然法」は、自然な場面での言葉によるコミュニケーションを通して言語を教えるという方法である。構成法に続いて、早期教育の広まりとともに発展してきた言語指導法である。構成法とは異なり、語彙や文法はあらかじめ決められたプログラムによってではなく、その場面の必然性やコミュニケーションの流れに応じて子供に教えるという考え方である。コミュニケーションを通して言葉を教えることにより、言葉によって自分の気持ちや考えをまとめたり、それを言葉にして相手に伝えたり、また、言葉によって相手の気持ちや考えを理解するという言語の機能を学ぶことも意図している。

　自然法の「自然」とは、言語を教える場面が自然な場面であるということである。指導者と子供の単なる会話ではなく、言語指導として会話するということを指導者は意識し、子供に分かる言葉だけを使うのではなく、その場に適した新しい言葉を使ってみせることで、子供はその新しい言葉の意味を感じ取り、模倣などを通して、自ら使えるように仕向けるといった意図的な働き掛けが求められる。その際、指導者は子供の注意が当該の言葉に集中するように仕向けるとともに、子供が言葉によるコミュニケーションの楽しさを味わえるようにする必要がある。そして、単なる言葉のやり取りだけが進むような指導にならないよう、子供の関心や意欲を高めるような活動を工夫することが大切である。子供はコミュニケーションを通して言葉を学習するのであり、言葉を学習するために活動をしているのではないことに十分留意する必要がある。

　言語指導は構成法中心でも不十分であり、自然法中心でも不十分である。指導者は構成法と自然法の考え方と特色をよく理解し、それぞれを単独で、あるいは組み合わせて、または同じ言語表現を構成法と自然法の両方で繰り返し指導することが大切である。

4　幼児児童生徒の実態の多様化への対応の試み

　早期教育と聴覚活用が始まった昭和30年代後半以降、我が国の聾学校では徹底した聴覚口話法が実践され、手話を使用させない聾学校もあった。言語指導も聴覚口話法を前提として実施された。早期からの言語教育により、幼稚部修了後は一般の小学校に就学する聴覚障害児が増えた。一方、口話でのコミュニケーションが困難な子供への対応が課題視された。さらに、聾学校在籍者の障害の重度化、重複化、多様化が問題になり、多様なコミュニケーション手段の活用、柔軟な教育体制が求められた。これらの課題に対処すべく手指記号を用いた方法の導入を検討する聾学校が見られるようになった。昭和40年代には「キュード・スピーチ法」が京都、奈良及び千葉の聾学校で採用され、栃木聾学校では音声に加えて指文字や手話を使用する「同時法」が開始された。キュード・スピーチ法は聴覚口話法の範囲に入ると認識され全国各地の聾学校に広まったが、同時法は手話を用いることからキュード・スピーチ法のような広

がりは見られなかった。

　聴覚口話法が広まったものの、実際に聴覚口話法が徹底されたのは主に幼稚部と小学部であり、中学部と高等部では授業中に手話を使う聾学校もあった。昭和 50 年代になると、米国からトータル・コミュニケーション（TC）という考え方が我が国に入ってきた。コミュニケーション手段を限定せず、音声、文字、手話など、子供に必要なあらゆる手段を用意すべきだという考え方である。そして、昭和の終わり頃から全学部で手話を用いて教育を行う聾学校が見られるようになり、平成 20 年代までにほとんどの特別支援学校（聴覚障害）で音声、文字、指文字、手話等の多様なコミュニケーション手段を用いて教育が行われるようになった。指導者は、それぞれのコミュニケーション手段について、その特徴を理解し、子供の状態や場面に合わせて適切に選択し、使用することが求められる。

5　医療や補聴機器等の進歩と聴覚障害教育

　21 世紀に入り、新生児聴覚スクリーニング検査による難聴の早期発見が全国的に広く行われるようになった。このスクリーニング検査は、主に自動聴性脳幹反応（AABR）や耳音響放射（OAE）によって行われている。現在、公的補助の差や地方自治体によって実施率が異なる等の課題はあるものの、聴覚スクリーニング検査は確実に普及しつつある。こうした状況から、幼稚部を置く特別支援学校（聴覚障害）の乳幼児教育相談では、医療、福祉、保健等と連携しながら、0 歳からの早期教育や保護者対応に当たっている学校が多く、その件数も増えている。

　補聴器の進歩も目覚ましく、昭和 30 年代後半に個人用補聴器が普及し、昭和 40 年代後半には小型化によるポケット型補聴器、昭和 50 年代後半には耳掛け型補聴器、昭和 60 年代には挿耳型補聴器が開発され、普及した。そして平成になると、デジタル補聴器が普及し始めた。デジタル化によって補聴器の性能が飛躍的に改善され、機能も増えた。指導者は子供が装用している補聴器の特徴や子供の聞こえ方について十分理解し、その子供に適した音環境の整備に配慮する必要がある。

　欧米で人工内耳の研究が始まったのは、昭和 40 年代のことで、現在のようなタイプの人工内耳が開発され普及し始めたのは昭和 50 年代のことである。日本では昭和 60 年代に人工内耳が普及し始めた。人工内耳は、音を電気信号に変えるプロセッサーという耳掛型補聴器のような形の外付けの装置と、蝸牛内の神経を直接電気信号で刺激する電極で構成されている。電気信号の受信機と電極は手術で頭部に埋め込まれる。人工内耳はハード面もソフト面も数年ごとに改良が加えられている。さらに現在では，人工内耳の手術が困難な場合などの条件が揃えば脳幹に電極を埋め込む手術、聴覚脳幹インプラントも実施されるようになってきている。人工内耳、特に小児の場合は術前からの聴覚学習とともに、手術後は、病院や療育機関、特別支援学校（聴覚障害）、教育相談機関等での聴覚を活用した学習が必要である。

　新生児聴覚スクリーニング、デジタル補聴器、人工内耳のいずれの場合も、主たる教育相談

の対象は乳幼児とその保護者である。特別支援学校（聴覚障害）における教育相談の低年齢化に伴い、乳児やその保護者への対応が求められる。また、デジタル補聴器や人工内耳の進歩によって、より有効な聴覚活用が可能になっている。聴覚は言葉を聞くためだけでなく、音によって周囲の環境を把握したり、音や音楽などによって精神的に安定したりするためにも役立つことに十分配慮し、指導者は子供が保有する聴覚を最大限に活用することができるよう環境整備や必要な配慮を行う必要がある。

　なお、人工内耳や補聴器により聴覚を活用し日常会話がスムーズに行われているように思われる場合であっても、周囲が騒々しい場所での聞き取りが難しかったり、聞き慣れない言葉だと正確に聴き取れなかったりすることがあることに十分留意する必要がある。

6　重複障害教育

　重複障害児の教育については、昭和 20 年代では、口話が不得手な子供、学業成績がなかなか伸びない子供として取り上げられ、コミュニケーション手段は、口話法の範囲内で対応されていたが、昭和 30 年代になり、教育実践の試みの事例報告や問題提起が多くなった。

　昭和 30 年代の後半になると、重複障害教育は、聾精神薄弱（聾知的障害）を主として、都道府県での学級設置、文部省の実験学校の指定が進み、全国的に関心が高まることとなった。昭和 40 年代に入ると、当時の文部省は特別な学級編制と設備補助を行い、教育を奨励した。重複障害学級では、生活を中心とした体験的な活動を主体に教育を進める中で、コミュニケーション手段は、それぞれの個人に即し、口話への意識付けを基礎としながら、身振りや表情、指文字、手話、文字等多様な手段が活用されるようになった。

　特別支援学校（聴覚障害）の在籍児童生徒数に対する重複障害学級の在籍児童生徒数の割合は、平成 2 年度は小・中学部で 12.7%、高等部で 5 % だったが、特別支援教育制度が開始された平成 19 年度は、小・中学部で 19.6%、高等部で 8.0%、さらに平成 29 年度は、小・中学部で、22.2%、高等部で 16.1% と年々増加している。このような重複障害児の在籍率の増加、さらに知的障害に加え、医療的ケアが必要な児童生徒など、障害の種類や状態が多様化していることを踏まえ、各学校においては、一人一人の教育的ニーズの把握、適切な教育課程の編成と実施、多様な方法を活用したコミュニケーションに関する指導や書き言葉の指導などに取り組んでいる。

7　学習指導要領等への位置付けの変遷

（1）学習指導要領等への位置付け

　学習指導要領においては、昭和 32 年度版の「ろう学校小学部・中学部学習指導要領一般編」で、聴能訓練を国語科と律唱科に、言語指導を国語科に、それぞれの内容として位置付けるなど、教科の中で指導が行われた。他障害種に関する教育においても、視覚障害児への点字指導

が「国語科」に、歩行訓練が「体育科」に位置付けられるなど、同様の指導が各教科において行われていた。

　こうした各学校における実践を踏まえ、一人一人の障害や発達の状態等に応じて個々に必要な内容を個別的、計画的かつ継続的に指導する必要性が指摘され、昭和 45、46、47 年告示の聾学校小学部、中学部、高等部学習指導要領においては、教育課程の領域に新たに「養護・訓練」を設け、個々の児童生徒の障害の状態や発達段階に即して、その障害の状態の改善、克服、社会適応を目指した教育課程の編成、指導計画の作成を行うこととなった。この改訂以降、障害の状態に応じた指導については、養護・訓練の時間における指導と各教科の指導など学校教育全体を通じて行う指導において進めていくこととなった。

　新設された養護・訓練の指導については、目標と内容（四つの柱の下に 12 項目設定）は特殊教育諸学校で共通に示し、「第 3　指導計画の作成と内容の取り扱い」については障害種別に示された。聾学校の場合は、四つの柱のうち、特に、「B 感覚機能の向上」や「D 意思の伝達」の内容に留意して、指導計画を作成するものとされた。その際、「言語発達の基礎となる認知能力の育成」や「聴覚を利用する能力および態度の養成」、「読話する能力や態度の養成」、「正しく発音する能力および態度の養成」、「言語の形成」の視点が例示された。

　一方、各教科の指導において配慮する事項については、国語や社会など教科毎に必要な指導や配慮事項を示していた。

　昭和 54 年告示の学習指導要領は、盲学校・聾学校・養護学校共通に示すこととなった。このため、これ以降の学習指導要領では、「第 2 章各教科」の中で障害種別に配慮事項を示すこととなった。小学部の場合は「聾学校においては、児童の言語の発達及び聴覚活用の状況に応じて、言語の指導の方法に工夫を加えること。」、高等部の場合は「聾学校においては、生徒の言語の発達及び聴覚活用の状況に応じて、言語の指導の方法に工夫を加えるとともに、特に、生徒の言語による表現の能力を高めるようにすること。」といった 1 項目を示していた。

　養護・訓練については、学習指導要領の解説で「D 意思の相互伝達」について、「コミュニケーションを高めていくことの困難な者に対しては、聴能や読話能力に加え、動作的記号、サイン言語記号、あるいは「キュード・スピーチ」等の言語記号を活用して、音声言語記号を受容し、理解していく技能や態度を、系統的に養成していくことが必要となる。」、「聾学校児童生徒は、音声言語を補うために書記言語を十分駆使する一方、「キュード・スピーチ」、指文字あるいはサイン言語を積極的に活用することも必要とされる。」と記しており、聾学校に在籍する児童生徒の障害の重度・重複化、多様化を踏まえ、個に応じた多様な意思疎通の方法を活用することが求められていた。

　平成元年告示の小学部・中学部学習指導要領及び高等部学習指導要領では、「第 2 章各教科」で示す障害種別の配慮事項が、聾学校については 6 項目（言語概念の形成と思考力の育成、読書活動、指導内容の精選、聴覚活用、視覚的に情報を獲得しやすい教材・教具、意思の相互伝

達）示された。この六つの観点は、小・中学部から高等部まで共通しており、系統的・発展的な指導が求められていた。

　特に、高等部で「（6）生徒の聴覚障害の状態等に応じ、各種の言語メディアの適切な活用を図り、言葉による意思の相互伝達が正確かつ効率的に行われるようにすること。」と示され、各種の言語メディアの活用が聾学校の学習指導要領に明確に位置付けられたことになる。小学部・中学部においては、「（6）児童の言語発達の程度に応じて、言葉による意思の相互伝達が活発に行われるよう指導方法を工夫すること」の解説の中で、言語メディア（聴能、読話、発音・発語、文字、キュード・スピーチ、指文字、手話など）の適切な選択の必要性を示していた。

　さらに、この改訂では、幼稚部の教育要領（「盲学校、聾学校及び養護学校幼稚部教育要領」）が新たに設けられた。養護・訓練の内容として、「（14）表情や身振りなどの様々な方法を用いて意欲的に意思を伝え合う」ことが示された。

　一方、小学部・中学部と高等部の養護・訓練については、「5　意思の相互伝達」の解説の中で、読話の不十分、発語のあいまいさを補うキュード・スピーチ、指文字、同時法的手話等の手指によるコミュニケーション手段について、また、重複障害児の場合は、こうしたコミュニケーション手段に限らず、ジェスチャーなどその他の手段も含めて、その活用を工夫することが解説されていた。

　平成11年告示の幼稚部教育要領、小学部・中学部学習指導要領、高等部学習指導要領では、「養護・訓練」から「自立活動」に名称が改められ、幼児児童生徒の障害の状態の多様化に対応し、適切かつ効果的な指導が行われることや自立を目指した主体的な取組を促す教育活動であることをより一層明確にする観点から、目標・内容の改善が行われた。

　また、各教科等における指導上の配慮事項については、従前の六つの観点を継承し、高等部では、「（6）生徒の聴覚障害の状態等に応じ、音声、文字、手話等のコミュニケーション手段の適切な活用を図り、意思の相互伝達が正確かつ効率的に行われるようにすること」と、コミュニケーション手段が具体的に例示された。なお、小学部・中学部については、平成21年改訂において明記されたところである。

　このように、聴覚障害教育では、在籍する幼児児童生徒の障害の状態や実態が多様化していることを踏まえ、学習指導要領等の改訂に即して、子供に即した多様なコミュニケーション手段の活用が図られるよう示されてきた。

（2）聴覚障害教育の現状と今日的課題

　特別支援学校（聴覚障害）の在籍者数は減少傾向が続いているが、幼児児童生徒の実態は多様化している。

　幼児児童生徒の聴覚障害の状態に影響を及ぼした要因の一つとして、人工内耳の普及が挙げ

られる。全国聾学校長会の調査によれば、同会加盟校の幼稚部、小学部、中学部、高等部（本科）の幼児児童生徒で人工内耳装用者は、平成 20 年度は在籍者の 18.4% だったが、平成 30 年度は 31.4% まで増加している。幼稚部では、在籍者の 39.1% を占め、約 4 割が人工内耳を装用している。平成 26 年 2 月に小児人工内耳適応基準（（一社）日本耳鼻咽喉科学会）が改訂され、小児の手術年齢が 1 歳に引き下げられたことから、今後更に人工内耳の普及が進むものと予想される。

　一方、重複障害学級の在籍率も増加している。小学部・中学部では平成 2 年度は 12.7% だったが、平成 29 年度は 22.2% となっており、高等部では平成 2 年度は 5.3% だったが、平成 29 年度は 16.1% まで増加している。

　このように、人工内耳装用者や重複障害のある児童生徒が増加しているということは、幼児児童生徒の教育歴も多様化していると言える。例えば、人工内耳の手術をした後、病院で言語・コミュニケーションに関する指導を受けたり、地域の児童発達支援センターなどの療育機関で指導を受けたりする、あるいは、複数の療育機関を利用したりする場合が考えられる。

　このため、例えば、特別支援学校の幼稚部に入学予定の幼児について、それまで利用してきた関係機関からの引継ぎをしたり、幼稚部と療育機関を併用する場合に連携した指導を行ったりするためには、指導方針や具体的な指導内容等について、相互の情報の共有が一層重要になる。例えば、同じ内容を療育機関と学校の双方で扱うのか、それぞれの場で扱う内容を分担するのか、同じ内容を療育機関ではトレーニングとして、学校では遊びの中に取り入れて扱うのかなど、具体的な連携の在り方を明確にすることが重要である。

　さらに、高等部（本科）の卒業生の進路状況も多様化している。平成 11 年度と平成 29 年度とを比較すると、卒業者数に占める大学等への進学者は 12.0% から 19.9% に、就職者は 32.9% から 43.2% に増加している。これに伴い、専攻科進学者は 35.5% から 16.0% へと減少している。重複障害生徒の在籍率増加に伴い、社会福祉施設・医療機関への入所者は 4.1% から 13.3% に増加している。このことから、1 学年当たりの生徒数は少ないものの、その一方で多様な進路を希望する生徒が在籍している現状から、それに対応する教育課程の編成や実施が課題となっている。

　さらに、我が国では、特別支援学校、特別支援学級、通級による指導、通常の学級といった連続性のある多様な学びの場において指導が行われていることから、特別支援学校（聴覚障害）から地域の学校に転学したり、地域の学校から特別支援学校（聴覚障害）に転学したりするケースが今後も生じると考えられる。

　このように、学校教育においては、在籍者数は少ないものの、実態が多様化している幼児児童生徒に対し、教師が個々の実態をより的確に把握し、個に応じた教育の工夫と充実が求められる。このため、聴覚障害教育において行われてきた指導内容や指導方法の目的や意図を理解し、幼児児童生徒の実態を考慮して最も適切と思われる指導方法を選択したり、発達段階を考慮して指導方法を段階的に変えたりするなどの工夫が重要となる。

第3節　聴覚障害児に対する言語指導

1　言語の獲得・発達

（1）乳幼児期から就学前におけるコミュニケーションと言語の発達

　聴覚障害児に対する言語指導を行うには、子供の言語の獲得や発達について理解しておくことが必要である。基本的に、言語発達の道筋そのものは障害の有無に関わらず共通していることから、まず、障害のない子供の言語の獲得や発達について述べる。

　言葉は、生後間もない時期からの子供と保護者とのコミュニケーションを基盤として、発達していく。とりわけ子供が向ける視線や表情、発した音声に対する保護者の積極的な働き掛けが、乳幼児期のコミュニケーションや言葉の発達を促す原動力となる。例えば、生まれたばかりの乳児が、空腹や排せつなどの不快を感じて"泣く"と、保護者はそれに応えて授乳したり、おしめを替えたりする。"泣く"といった子供の表出に対して保護者が受容的に応えることを繰り返す中で、要求や表出に対する応答というコミュニケーションの原型が作られていく。

　生後2～3か月ごろになると、子供は快適な状態のときに「アー」「ウー」といった声を発するようになる。これに対して保護者が表情や視線を向けて話し掛けることは、言葉によるコミュニケーションの始まりとも言える。この時の子供に対する保護者の話し掛けは、通常の話し方よりゆっくりとした、抑揚のあるやや高い声になることが多く、子供にとって聞き心地が良く理解しやすい音声と考えられている。

　保護者の丁寧で愛情のある働き掛けを通じて、生後4か月以降になると子供は保護者を振り向かせるために声を出すといったように、徐々に自らコミュニケーションしようとするようになっていく。この頃から、保護者主導であったやり取りが、保護者と子供との双方向的なやり取りへと変化し、やがて"モノ"を介したやり取り（三項関係[1]）へと発展していく。モノを介したやり取りでは、子供が自分の欲しいものや興味をもったものを指さして伝えたり、相手が何かに驚いた際、共感して相手の顔を見ること、自分が注意を向けているモノを理解させて他者に共感してもらったりする共同注意の行動が見られるようになる。また生後4か月頃は喃語期へと移行する時期であり、徐々に複雑な発声へと変化することで、音声面での言語発達の準備が始まる。その後、喃語は生後10か月頃から減少し始め、1歳前後からは意味をもつ語の理解や表出が始まっていく。語彙の獲得は初語からおおよそ50語に達する1歳6か月頃まではゆっくりと進

---

[1] コミュニケーションの場面において、自己と他者以外のモノも含めた「自分－モノ－他者」の三つの要素から構成される関係を三項関係という。三項関係が成り立っている場面としては、例えば、保護者が差し出すおもちゃに子供が手を伸ばしたり、子供が遠くにあるものを指さして保護者も一緒に見るように要求したりするといった場面などが挙げられる。三項関係によるコミュニケーションでは、発信者は外部にある何らかの対象に受信者の注意を向けさせ、その様子を知覚させることで、受信者に目的の情報を伝えたりする。

み、その後、急激に増加する語彙爆発期を迎える。また、この頃から二つの語彙を連ねる二語発話、さらには多語発話へと移行し、語彙の増加と呼応して文法などの獲得が始まっていく。

　日本語には、単語間の意味や文法関係を表す語として助詞が存在する。日本語の主な助詞は、おおむね３歳ごろまでに表出されるが、この時期の幼児は誤った理解や使用をすることもしばしばあり、正確な理解や表出ができようになるのは幼児期後半である。また、３歳〜４歳ごろは、他者の視点に立って意図を読み取る力（心の理論[2]）も芽生え、コミュニケーションの内容もより深まっていく。このように、言葉の形態、意味、文法、あるいは場や相手に応じた言葉の遣い方（語用）に関する知識や能力の獲得は、一つ一つの表現の理解や使用を系統立てて学ぶというよりも、子供の身体や認知の発達と関連しながら言語による表現を繰り返し使用する中で、徐々に言語やその表現の規則性を見出していくプロセスと考えられる。

　言語発達の道筋について説明するいくつかの理論があるが、いずれの場合でも、周囲の大人の働き掛けや子供の育つ環境の在り方が言語発達に関与することには変わりない。

　なお、乳幼児期のコミュニケーション形成や言語発達の道筋は、手話の環境で育ち手話を獲得していく子供についても基本的に同様である。聞こえの状態や育つ言語環境に応じて獲得される第一言語は子供によって異なるが、コミュニケーションや言語発達の道筋そのものは共通している。

（2）小学生以降の読み書きの発達

　仮名文字の習得は、小学校入学後の学習において本格的に始まるが、就学前にある程度の読み書きが可能になっている子供も多い。仮名文字の習得は、音韻意識の形成と密接に関連している。

　「音韻意識」とは、言葉の「音」や「形態の構造」に関する意識であり、例えば、単語を音節に分解したり、単語から特定の音節を抽出したりする能力などがそれに当たる。幼児期からの言葉の使用や言葉遊び（しりとりなど）を通じて、幼児は音の区切りを意識するようになる。また、文字に触れることによって音と文字との対応が徐々に意識されるようになり、本格的な読み書き能力につながっていく。

　なお、聴覚障害児の場合、音声の音韻・韻律情報の聞き取りや発声・発語に加え、指文字やキューサインといった視覚的情報も音韻意識形成の有効な手掛かりとなる。

　幼児期に音と文字との対応関係を身に付けた後、小学校入学後は、教科書や児童向けの図書などを通じて、本格的に読み書きの習得が図られていく。

---

[2] 自分の置かれた状況や相手の振舞から、その時の他者の心の状態がどのようになっているかを推測する力のことである。心の理論が獲得されていないと、自分が信じていることと他人が信じていることの区別がつかないことが生じる。「心の理論」の能力があるため、他人にも心が宿っていると見なすことができ、他人の心のはたらきを理解したり、他人の行動を予測したりすることができる。

　初期の読みの発達は、文字を音に変換する音韻的処理能力と強く関連している。文章の音読などを通じて、文字を音にスムーズに変換し、さらに文節や文のまとまりとして読むなど効率的な読みができるようになることは、文章の内容理解に集中することが可能となる。文字を音に変換する音韻的処理能力は、児童期前半だと個人差が大きいが、音読や黙読など文字を読む活動を通して、例えば、書かれた語句や文を見て即座に音に変換できるようになっていくようになると、徐々にその差は小さくなっていく。児童期後半以降は、語彙が増加するとともに、事物や事象に関する種々の知識を身に付けることで、文章を速く的確に読み取る力が培われていく。教科学習や読書を通じて、様々な知識や抽象的な語彙を獲得するとともに、論理的な思考力や起承転結といった文章の構成や展開の把握、登場人物の心情理解など、文章表現から心的なモデル（状況モデル[3]）を構築して読み進める力が身に付いていく。

　一方、書く力の習得は、主に小学校段階以降の学習を通じて図られていく。書くという活動には、言葉の形態、意味、文法、語用に関する知識あるいは事物や事象に関する種々の知識に加え、文章を書く際の目的を意識し、自分の書いた文章を読み手の立場に立って、表記や語句の用法、叙述の仕方などを確かめながら推敲するといった種々の力が複雑に関与している。学校教育においては、文字の正しい筆記を指導するとともに、日常経験を題材とした作文、読書感想文、日記、観察日記、新聞作りなど、種々の目的をもつ文章を書く活動を通じて、教師による添削指導などを適宜行いながら論理的で表現豊かに書く力を培っていく。

（3）「生活言語」と「学習言語」

　聴覚障害教育においては、子供が獲得する言語を発達段階に応じて、従前「生活言語」と「学習言語」に区別することが一般的であったが、近年、障害のない子供においてもこうした言語の質に着目した研究や指導実践が行われている。

　「生活言語」は、乳幼児期からの親しい人とのコミュニケーションを通じて習得される基礎的な言葉であり、遊びや生活など具体的な場面や活動の中で経験した事柄と言葉とを結び付けながら身に付けていく。一方「学習言語」は、言葉で言葉の意味を伝えることができる言語であり、主に学校での学習を通じて習得されていく言葉である。

　「生活言語」と「学習言語」との関係は、「一次的ことば」と「二次的ことば」という概念で表されることもある。一般的に、生活言語から学習言語への移行は、幼児期の遊び中心の場面から小学校での学習場面への転換を契機として起こるとされている。教室での学習場面では、

---

[3] 文章を読んでいる時に形成されるモデルであり、文章に記述されている現実や記述されていない想像上の世界について、空間や時間、因果関係、登場人物の感情など様々な特徴を保存する表象である。例えば、「空が暗くなってきました。」という文を読むと、実際に暗くなっている場面を思い浮かべるとともに、「雨が降るかもしれない」「傘が必要かな」といったような状況を想定して文章の解釈を行ったりする。このように状況モデルを構築することで、文章に直接示されていない知識を使って文章の内容を理解することが可能となる。

大勢の友だちに対して、自分の考えが正確に伝わるよう、最も当てはまる言葉や言い回しを考えたり、選んだりすることが求められる。子供は教師の言葉遣いを模範にしながら発言をしたり、教科書などを使って書き言葉の学習をしたりして、徐々に学習言語を身に付けていく。

2　聴覚障害児に対する言語指導の重要性

　近年、補聴器の進歩や早期からの人工内耳の手術などによって、聴覚活用や発音の力を高めている子供が増えており、特に、通常の学級に在籍する多くの聴覚障害児は、日常的に音声によるコミュニケーションを行っている。

　一方、特別支援学校（聴覚障害）では、障害の状態や特性及び心身の発達の段階等を考慮して、音声や手話、指文字等を活用しており、日常のコミュニケーションを手話で行っている子供も少なくない。いずれの教育の場やコミュニケーション方法においても、共通の課題となるのは「学習言語」の習得、とりわけ読み書き（リテラシー）能力の習得である。

　聴覚障害児の多くは、乳幼児期からの聴覚活用や手話によるコミュニケーションを通じて、徐々に「生活言語」を身に付けていく。その後の学習言語の習得は、音声が聞こえにくい、あるいは聞こえない聴覚障害児にとって相応の困難が生じやすい。日常生活で用いる事物や出来事を表す生活言語に比べ、学習言語は具体物で表せない、抽象的な意味をもつものが多くなる。例えば、国語辞典でその言葉の意味を調べたり、用例を見て、意味を類推したりする力が必要となる。このため、学習言語の習得は、その子供が書き言葉をどの程度理解しているかに影響される面が大きいと言われている。したがって、教育の場においては、書き言葉による日本語の習得を意図した丁寧な対応や体系的な言語指導が必要となる。

　特に、学齢期以降の教科学習では、教科書などに書かれている日本語を読む力や文章を書く力が必要となり、学年が上がるほどより高度な読み書きの力が求められるようになる。このため、小学校段階の高学年ぐらいになると、聴覚障害児の読み書きに関する発達の個人差が大きくなったり、現れる困難が多様になったりする。

　例えば、日本語の理解や読みに関する困難さとしては、抽象語や擬音語・擬態語などの語彙の獲得、助詞の理解、複文、受動文、授受文、使役文などの構文理解といった文法的側面、品詞の活用などの形態的側面、指示語や接続表現の理解などの文章構成の側面、登場人物の心情や書かれた情報の読み取りなどの文章読解の側面などが挙げられる。

　また、日本語の表出や書くことに関する困難さについては、動詞の活用などの語句の形態的な誤りや、単語の意味を誤って覚えてしまう意味的誤り、文法的誤り、順接「だから」や逆接「しかし」などを使って文や文章をつなげられない論理的接続の誤りが挙げられる。また、自分の知っている感情語や文末表現のみを使用するため、文章が単調になりやすいということも挙げられる。このような誤りや傾向は、特に複雑な文や長い文を書く際に生じやすく、文章や話がくどくなったり、不必要に長くなったりし、意味がよく伝わらない文で表現され

ることもある。

3　各発達の段階における言語指導の考え方

（1）乳児期の段階

　乳児期では、その後の言語獲得の基盤となるコミュニケーションの成立を重視した指導が大切である。保護者の中には、子供の障害に対して、心理的に不安定な状態になり、子供への積極的な働き掛けやコミュニケーションへの意欲をもつことが難しい場合もある。したがって、相談担当者は保護者の心理的な状態に配慮して傾聴的かつ共感的な態度で接するとともに、子供の成長についての見通しを示し、安心して子育てができるような働き掛けや相談支援を行う必要がある。

　特別支援学校（聴覚障害）の乳幼児教育相談では、子供と保護者、相談担当者が遊びなどの活動場面を共にしながら、相談担当者が保護者に対して子供への言葉掛けや視覚的な手掛かりや方法を用いた接し方（表情や身振り、手話など）について、モデルを示して見せたり、適宜アドバイスしたりするなど、具体的な状況に応じたコミュニケーションについて支援することが大切である。また、保護者同士による交流を促したり、聴覚障害の子育て経験をもつ保護者や聴覚障害成人の協力を仰ぎながら保護者の理解を深めていけるような取組を行ったりすることも重要である。

（2）幼児期の段階

　幼児期では、生活言語の基礎を形成し、学習言語へとつなげていくことが言語指導の大きな目的となる。第1章の第2節で述べたように、聴覚障害教育においては、様々な言語指導法が生み出されてきたが、幼児期の発達の程度や幼児期にふさわしい生活を踏まえると、やり取りを基盤とする言語指導の考え方は、現在においても同様であり、子供の生活経験に根ざした言語の着実な積み上げが大切になる。特別支援学校（聴覚障害）の幼稚部では、種々の遊びや行事など、子供が様々な経験をする機会を設定し、その中で一つ一つの言葉を確認しながら定着を図っていくことが大切である。また、絵日記を見せ合って話し合うなど、それぞれの子供の家庭での経験をもち寄って共有する活動を通して言葉を拡げていくことが大切である。さらに、絵本の読み聞かせやごっこ遊び、劇など通じて未経験の事柄を擬似的に体験させ、新しい言葉に触れる機会を設けるなどの活動も求められる。

　幼稚部における指導では、保有する聴覚や視覚的な手掛かりを用いて言葉の意味が理解されているかを確認したり、口声模倣により言葉の定着や拡充を図ったり、カレンダーを利用して時間や順序に関する概念形成を図ったりするなど、教師の意図的な働き掛けが行われている。また、自由遊びや話し合い活動などの子供同士が関わり合う協働的な活動を織り交ぜた指導も行われる。どのような場面においても、教師は子供の言葉の理解やその使用に注意を向け、子

供が言葉を使用し習得する機会が確保できるよう配慮していくことが大切である。特に、手話によるコミュニケーションを主としている子供に対しては、日本語への意識を高め、その有用性への気付きを促すように手話と日本語との対応などに配慮したコミュニケーションが求められる。また幼児期後半は、小学校段階以降の読み書きにつなげていく上で、日本語の音韻意識を身に付け、文字への導入を図るための「わたりの指導」が重要になる。聴覚学習、発音指導、キューサイン、文字、指文字の活用などを通じて、日本語の一つ一つの音を意識させる指導を行っていくことが大切である。

（3）小学生の段階

　小学生の段階では、学習言語を確実に習得し積み上げていくことが求められる。子供一人一人の障害の状態や特性及び発達の程度等に応じて、音声や手話から得た知識や概念を日本語の読み書きへと繋げていくための個に応じた指導方法の工夫が必要となる。客観的なアセスメント法なども適宜用いながら、個々の子供の言語発達の実態を踏まえた個別の指導計画に基づく指導を行うことが大切である。

　小学生以降は、各教科、道徳科、特別活動、総合的な学習の時間などのあらゆる指導領域において話合い活動でやり取りする内容を深めるなど、言語活動を活発にすることが重要である。特に、教師の発問は重要であり、学習で用いる言葉について意味理解や概念形成が図られるよう、子供の思考を促したり揺さぶったりする役割をもっている。また、発問によって、子供が言葉の意味を理解しているかを確認したり、子供自身の言葉で説明するよう促したりするなどの役割も考えられる。教師は、授業や教育活動の中で様々な角度から言葉を扱い、「言葉について考える」「言葉を使って考える」ことが子供に習慣化されるようにしていくことが求められる。

　その際、子供によって言語力やコミュニケーション方法に違いがあるため、言葉でのやり取りに加えて、板書の工夫や、カード、プリント教材、ICT教材など、学習した言葉の振り返りができるような視覚的情報の活用が効果的である。また、自立活動の指導では、教科等の学習状況を踏まえて日本語の語彙や文法の体系的な指導を行い、「理解できる」「分かる」という経験を重視しながら、日本語の基礎的知識を積み上げていくことが大切である。

（4）中学生・高校生の段階

　中学生以降は、社会生活や自立に向けた言語力が求められ、学習言語のレベルアップが必要とされる。各教科の学習内容も難しくなり、教科に特有の専門用語等が増えるなど、扱う言葉や概念の抽象度が高くなる。中学生の段階になると学習言語の習得状況について個人差が大きくなるため、個に応じた言語指導が一層求められる。一方、中学生の段階になると、部活動を始めとする新しい人間関係の構築や行動範囲の拡がりなど社会生活への関心も高まる時期でも

あることから、生徒の興味・関心を生かしながら、自主的な学習態度の形成や習慣化を図ったり、必要な言語を自ら吸収しようとする態度を育てたりすることが重要である。

また、高等学校や特別支援学校（聴覚障害）高等部を卒業した後は、大学生や社会人としての適切な言葉の使用が求められ、情報化社会に適応していくための情報収集力や発信力も必要となる。

そのため、高校生の段階ではキャリア発達を促す指導の一環として、円滑なコミュニケーションを行うための言葉遣いや、論理的な文章の読解方法、公的な文書の書き方など社会生活に視点を置いた指導も大切である。特に、特別支援学校（聴覚障害）では聴覚障害者同士の生活が中心となるため、社会に出た後で聞こえる人たちとの円滑なコミュニケーションや人間関係の形成が図れるように、社会常識やマナーについて学習する機会を設けることが必要である。

4　全人的育成のための言語指導の在り方

（1）主体的に学習に取り組む態度の育成

知識基盤社会あるいは情報化社会という言葉に示されるように、現代社会では科学的な知識に基づいて問題解決する力や、大量かつ多様な情報の中から必要な情報を収集・分析し、自分の考えを形成して発信する力が不可欠とされている。「情報の障害」ともいわれる聴覚障害者にとって、現代社会の中で自立するために克服すべき事柄は少ないとは決して言えない。

近年、特別支援学校（聴覚障害）等では、日本語の語彙や文法の理解に特化した指導実践が増えつつあり、読み書きの基礎力向上に対して一定の成果を上げている。一方で、学校での限られた授業時数の中で全ての言葉を教えることには限界がある。学校で培った基礎力を発展的学習へとつなげるためには、子供が主体的に学習に取り組む態度の育成が重要なポイントとなる。そのためには自分の力を正しく評価できるメタ能力や、日本語の必要性や有用性に対する意識を高めるための指導実践が必要である。家庭学習や自習時間の設定及び自己の学習習慣を振り返る活動の設定など、学習活動全般を通じた指導実践が求められる。

（2）「社会の中の自分」を意識する態度の育成

絶え間ない技術革新やグローバル化の進展などにより、職種や雇用形態などの雇用環境は急激に変化している。また、社会人として求められる規範意識も厳格化している。社会の中で共同生活を営む上では、多数の人々に共有されている社会常識や通念について理解することが不可欠になる。聴覚障害者の中には、就職後、周囲の人との意思疎通の難しさや社会通念に関する理解の違いから離職や転職を考える者もおり、実際に離職につながる場合もある。社会常識や通念あるいは規範の中には、例えば、聞こえる社会人の場合は、職場での会話やテレビ番組など音声情報を通して自然に吸収・学習されるものも多く、聴覚障害に伴う音声情報の制限や経験の不足はこうした学習の困難さにつながっている。

　また、日本語には「八方美人」や「無礼講」といった字面とは異なる意味をもつ言葉が多い。このため、状況に応じた言葉の理解が難しいことで、会社での会話や仕事の進め方、休暇の取り方といった対人関係でのトラブルにつながることも考えられる。

　聴覚障害教育においては、状況に応じた言葉の意味の違いについて理解を深める学習が必要であり、社会での出来事について言葉を駆使して説明し、思考を深め、目に見えない行動の理由（様々な行動の背景にある脈絡や理由など）を熟考する学習活動が求められる。学級活動、児童会活動や生徒会活動、学校行事といった特別活動の中での話し合いや意見交換、社会問題に対する討論、職場体験の振り返りなど、自分の考えを伝えたり他者との相違を認識したりする活動の機会を増やすことが重要である。

　このような様々な学習活動を通じて、常に「社会の中の自分」を意識させることは、自分にとって必要な支援や合理的配慮を求めていく力にも繋がっていくものである。

5　特別な配慮を必要とする場合

（1）重複障害児への配慮

　重複障害児は、聴覚活用を通じた言語獲得に相応の難しさが伴うことが多く、子供の実態に応じて音声以外のコミュニケーション方法の獲得と活用が必要となる。表情、身振り、手話、指文字、絵カード、文字などを組み合わせて伝え、物事の概念や生活の基礎となる言葉の習得を促すことが大切である。また、子供によってはICT機器等を活用した補助代替コミュニケーションを取り入れることも有効である。

　近年、特別支援学校（聴覚障害）等において、発達障害を併せ有する子供の増加が報告されている。発達障害には、自閉症スペクトラム障害、注意欠陥多動性障害、学習障害など多様な障害が含まれるが、医学的診断を受けていない場合もあるなど、周囲の者が子供の実態を明確につかんでいないケースも見受けられる。このため、一人一人の子供の特徴を把握することに努め、学習目的、学習内容、対人状況などに応じて生じる特有の困難に対して、具体的な支援方法を考案する必要がある。例えば、ロールプレイを用いて状況や相手の意図を考えさせるような学習活動の設定、対人・社会的場面における行動規範の説明、視覚教材の提示方法の工夫、聴覚活用の工夫、集中できる環境の整備などについて、子供に応じた学習活動の工夫を行い、一人一人に合った指導や支援を心掛けることが大切である。

（2）聴覚や言語に関して、中枢性の障害があると考えられる場合

　中枢性の障害を伴う場合、言語獲得の見通しや言語の理解を促進するために有効な指導法については、個々の実態が異なることから一律に言えない場合が多い。中枢性の聴覚障害あるいは聴覚情報処理障害については、画像診断技術や電気生理学的な聴力検査法の発展によって、障害の原因や仕組みが明らかになりつつあるが、言語指導においては聞こえの特性に応じた柔

軟な対応が求められる。補聴機器の種類や活用方法、有効なコミュニケーション方法、指導において重視すべき言語の側面について、医療・療育機関等との連携を図りながら発達を促進する指導内容を検討する必要がある。聴覚情報処理障害は学習困難や行動面での課題に関与することもあるため、聴覚障害への配慮とともに発達障害児に対する指導方法を応用するなど、言語やコミュニケーションを含めた指導全般についての工夫が必要である。

（3）家庭環境の違いに対する配慮

　両親に聴覚障害がある子供の場合、家庭でのコミュニケーションを通じて手話を獲得していることが多く、学校教育においても手話を活用した指導が有効であると考えられる。幼少期から手話で培った知識や概念を日本語の習得や教科学習につなげていくためには、手話による学習言語の充実、日本語と手話の違いの認識、視覚的手段を用いた日本語の音韻形成など、教材や指導上の工夫が必要である。

　一方、家庭での手話環境が充実しているため、むしろ学校では聴覚活用の力や読み書き能力の向上を求める保護者も少なくない。聴覚活用や手話などの多様な方法を身に付けることは将来の社会生活や自立に向けても必要不可欠であると考える。子供の実態に応じて、円滑なコミュニケーションを行うための方法は異なるが、いずれの子供に対しても多様な方法を活用して日本語を指導し、読み書きの力を伸ばしていくことが重要である。

　また近年では、海外から帰国した子供や日本で生活する外国人家族も増加傾向にあり、聴覚障害児の中にも日本語を母語としない子供が増加することが考えられる。家庭で用いる言語と学校で扱う言語が異なることや、海外で過ごした時期の言語発達等に関する情報収集の難しさなど、言語指導の在り方を考える際の要因は複雑であるが、大切なのは意思を伝え合えるコミュニケーション関係の成立と、子供の将来の生活像を見据えることである。保護者を含めて、先々の生活スタイルを考えた時に、どのような言語や言語指導が必要かを十分に検討し、子供のニーズにあった個別の指導計画を作成することが重要である。

　従来、聴覚障害教育では保護者との密接な連携・協力の下に子供の発達を支えてきた経緯があり、この点は今後も重視される必要がある。一方で、貧困問題など子供を取り巻く家庭環境はより複雑化しており、全ての保護者に対して一律に同等の協力を求めることは困難である。子供の将来の自立に向けて、その時々に必要な言語指導や支援の在り方を可能な限り具体化し、個別の教育支援計画や個別の指導計画に反映させて、指導していくことが求められる。

コラム① 音に対する反応の発達と聴力検査

　新生児も音の刺激に対して反応する。この反応を「聴性反応」といい、これを指標として、感度の大まかな測定が可能である。

　新生児に、70dB ～ 80dB の音を聞かせると、まばたきや腕を曲げ抱き着くような動き（モロー反射）を見せたり、呼吸のリズムの変化が現れたりする。こうした新生児の行動特徴を指標として、新生児の聴覚検査が行われている。近年行われている新生児聴覚的スクリーニングとして、自動聴性脳幹反応（AABR：<u>A</u>utomated <u>A</u>uditory <u>B</u>rainstem <u>R</u>esponse）検査がある。これは、生後間もなく、眠っている状態の新生児に 35dB ～ 40dB のささやき声程度の音刺激を与えて、脳波の波形を調べ聴覚障害の有無を調べるものである。

　また、この時期の聴覚検査法として、聴性脳幹反応（ABR：<u>A</u>uditory <u>B</u>rainstem <u>R</u>esponse）検査や耳音響放射（OAE：<u>O</u>to<u>a</u>coustic <u>E</u>missions）検査なども用いられる。

　ただし、ABR 検査ではクリック音を新生児に聞かせるため、低い周波数の聴力が測定できないという限界があるために、聴性定常反応（ASSR：<u>A</u>uditory <u>S</u>teady <u>S</u>tate <u>R</u>esponse）検査などが用いられる場合もある。

　新生児期を過ぎると、音に対する行動反応を利用して聴力検査が可能になる。この時期の聴性反応には、目を動かす、振り向く、動作を止めるなどがある。生後 1 か月ごろから反応が見られ、初期には 80dB 程度の大きな音への反応であったものが、月齢とともに感度がよくなり、1 歳半前後では、ほぼ成人と同じ大きさの音に対する反応するようになる。

参考：「教育支援資料」文部科学省初等中等教育局特別支援教育課（H25 年 10 月）
URL　https://www.mext.go.jp/a_menu/shotou/tokubetu/material/1340250.htm

第4節　聴覚障害児とのコミュニケーションにおける多様な方法の機能と特徴

1　コミュニケーションにおける多様な方法を活用する際の基本的な考え方

　学校の教育活動では、児童生徒と教師、児童生徒同士でコミュニケーションをする場面が多く存在する。相手とのコミュニケーションを通して語彙が増えたり、言語概念が形成されたりすることから、聴覚障害児の大切な学習活動として捉える必要がある。例えば、各教科の授業で、理解した内容が知識として習得されるよう、分かったことなどを日本語としてどう表現するかを確認するためにコミュニケーションをする場面もあれば、友達との日常のやり取りを行う活動といったコミュニケーションの場面もある。

　また、聴覚障害児の中には、補聴器や人工内耳等により聴覚活用をしている児童生徒もいれば、主に手話を用いてコミュニケーションをしている児童生徒もいる。さらに、発達障害を含む他の障害を併せ有しており、日本語の音声でのやり取りが難しく、手話や文字の方が確実に意思の疎通ができる児童生徒もいることも考えられる。

　このように、聴覚障害児の実態は多様なことから、コミュニケーションをする上で最も適した唯一の方法というのは存在せず、児童生徒の実態に合わせて適切な方法を選択したり、組み合わせて使ったりしていくことが教師に求められる。ここでいう「適切な」とは、多様なコミュニケーションの方法について、それぞれの特徴を踏まえ、コミュニケーションの場面や目的に応じて使用するということである。例えば教科学習の中で出てきた用語を日本語としてしっかり定着させたい場合、文字や指文字を用いてその用語の名称を確認したり、用語の意味を手話で表した後にそれを日本語に置き換えたりすることが考えられる。一方、同じ児童生徒の場合でも、道徳科や特別活動などで児童生徒同士が自由に自分の考えを伝え合い、意見交流を通して新たな自分の考えを創り出す場合は、使用するコミュニケーション方法がそれぞれ異なってくる。さらに、様々な実態の児童生徒の集団に対して、教師が一斉指導を行う際には、複数の方法を組み合わせて、児童生徒に話をする場面も考えられる。

　つまり、聴覚障害児のコミュニケーションにおいては、以下に述べる様々な方法の特徴を理解した上で、児童生徒の実態やコミュニケーション場面、そこで求められる課題や内容に応じて、適切なコミュニケーション方法を選択し、使用することが重要である。

2　音声

　日本語や英語などの音声は、聴覚によって受信し、発声によって発信される。聴覚に障害のある児童生徒の場合、音声を聴覚だけで受信し、理解することが難しい。そのため、様々な方法を併用しながら確実なコミュニケーションが行えるように指導することが重要である。

（1）聴覚活用

　かつて、重度の聴覚障害がある児童生徒は、補聴器を装用しても保有する聴覚を活用することが難しかった。しかし、近年の補聴器の格段の進歩により、重度の聴覚障害があっても、補聴器を通して音声を聞くことが可能になってきた。また、補聴器を装用してもその効果が見られない最重度の聴覚障害児の場合でも、早期の人工内耳の埋め込み手術によって、聴覚活用の可能性が広がっている。保有する聴覚を最大限活用することは、日本語を習得する上で有効である。

　その一方で、聴覚を活用している聴覚障害児であっても、いつも全ての音声が聞こえているというわけではない。例えば、静かな場所で１対１で向かい合って会話する場合は聞き取ることができても、周囲がにぎやかな場所だと聞き取ることが困難となる。また、自分が既に知っている言葉だと聞き取りやすいが、新出語句などの知らない言葉だと一度では聞き取れず、繰り返し言ってもらったり、書いてもらったりするなど確認が必要な場合もある。例えば、軽度難聴児や人工内耳を装用して日常会話は円滑に行うことができる程度の聴覚障害児であっても、作文で書かれた文章を見ると、言葉を誤って覚えていることが分かる場合がある。「おはようございます。」の「す」は、日常会話だと子音の［s］が発音され、後続する母音の［ɯ］を強調して発音することはあまりない。このため、子供がそれらしく発話していても、「おはようございま。」と書くこともある。また、教科で使用する学習用語や抽象的な話題になると音声だけでは聞き取って理解することができない場合もあるため、子供がその言葉を理解しているかどうかを常に確認していくことが重要である。

（2）読話

　読話とは、話し手の口の開け方を見て相手の話を理解する、すなわち話し手の音声言語を視覚的に受容することを言う。この場合、話し手の口の形や開け方だけでなく、表情や前後の文脈なども手掛かりとして類推することも含まれている。

　読話のしやすさは、教師の話し方など話し手の配慮によっても変わるため、教師は話し方や話し掛ける際の位置などに配慮する必要がある。例えば、教師が児童生徒に向かって話すときは、黒板を向いたまま話すのではなく、児童生徒の方を向き、児童生徒から口が見える位置で話をすることが求められる。聴覚障害教育においては、座席を馬蹄形にして話合い活動や教科指導などを行っているが、それは、教師と幼児児童生徒、幼児児童生徒間で読話をしやすくすることで、より円滑にコミュニケーションを行うためである。また、照明や太陽などの光源を背にして話すと話し手の顔が陰になり読話しにくくなるため、話し手の位置に配慮する必要がある。

　また、一字一字区切って話すよりも、はっきりした声で単語や文のまとまりでややゆっくり話をすることで、児童生徒は読話がしやすくなる。このため、教師は、明瞭な口形やメリハリ

のある話し方を心掛ける必要がある。

　しかし、日本語には「た・ま・ご（玉子）」と「タ・バ・コ（煙草）」のように口形が全く同じ単語も多くあり、読話だけで話し手の話をすべて理解することは困難である。そのため、実際のコミュニケーションにおいては、補聴器や人工内耳を通して音声を聞く際の補完手段として読話をしたり、読話をしながら手話や音声を手掛かりにしたりするなど、聴覚活用や手話、読話は互いに補完し合っていることが多い。

（3）発音・発語

　聴覚障害があると、自分が話す際の音声が聞こえにくい又は聞こえない場合がある。こうした聴覚障害による聴覚的フィードバックの困難さは、発音にも影響を与える。一般的には、聴覚障害の程度が重いと発音明瞭度も低く、聴力がよければ発音の明瞭度も上がることが多い。しかしながら、個人差も大きく、重度の聴覚障害があっても人工内耳によって聴覚活用が十分に行われている場合、発音が明瞭であることも少なくない。

　発音明瞭度が高いと、発語の明瞭度も上がり、話したことが周囲の人に伝わりやすくなるため、発音明瞭度が高いと、その聴覚障害児の言語力も高いと思われがちであるが、発音明瞭度の高さと読み書きの力や学力は必ずしも比例するわけではない。特に、人工内耳装用児や軽・中等度難聴の児童生徒の発音明瞭度は高いことが多いが、語彙の獲得や拡充、助詞の理解や使用、比較文や受身形など文型の理解や使用といった文法事項など、教科学習に必要な日本語の力が十分に身に付いていない場合もある。このため、高い明瞭度に関心が集中するあまり、児童生徒に対する言語指導の必要性を軽視してしまわないように注意することが必要である。

　また、発音指導についての考え方も近年大きく変わってきている。発音指導は、発話する際の発音の明瞭度を向上することにより話し言葉の獲得や円滑なコミュニケーションを図るよう指導実践が積み重ねられてきた。補聴器等の進歩により、話し言葉を通じて、日本語の的確な音韻表象を身に付けることが、将来生きていく上で必要な読み書きの力を育むことに寄与する面もあることが報告されるようになった。こうしたことを踏まえ、現在では、発音の明瞭度を向上させることのみを目的とするのではなく、自ら発音することによって日本語の音韻体系を体感的・体験的に身に付け、日本語の習得をより容易にすることが重要な目的と考えられるようになってきている。発音の明瞭度を向上させることのみが発音指導の目的ではないことを念頭に置いて指導に当たることが重要である。

（4）キューサイン

　キューサインとは、日本語の子音の音素レベルを表す記号（キュー）を手指の位置や形で表したものである（コラム②）。そして、日本語の音韻を「ア・イ・ウ・エ・オ」という五つの母音の口形とキューサインとの組み合わせによって表しながら話す方法のことをキュード・ス

ピーチという。

　話し言葉によるコミュニケーションにおいては、やり取りする話題や内容、話す速さや文の長さなどが読話のしやすさに影響する。このため、聴覚障害児の場合、読話だけですべての話を理解することはとても困難なことであり、保有する聴覚や話の文脈、習得した知識などを活用しながら理解していくことになる。

　特に、日本語の学習途上にある聴覚障害児の場合、教師の話した言葉を正確に児童生徒に伝えていくことが、日本語の学習や教科学習の中で必要となる。前述した、「た・ま・ご」「タ・バ・コ」のような同口形異音語の場合は、読話だけで正確に児童生徒に教師の発話を伝えることには限界がある。例えば、母音の場合、「ア・オ（青）」と「ウ・エ（上）」のように口形が異なるため、読話が比較的容易で、口形だけで弁別することが可能であるが、「マ」と「バ」のように、唇の動きや口形がよく似たものもある。そのため、子音の違いを表すキューサインと母音の口形とを組み合わせることで、教師の発話をより正確に伝達することができる。

　また、児童生徒が発話する際にもキューサインを付けることで、その児童生徒の発音が不明瞭な場合でも何を話しているかを教師がキューサインを見て理解しやすくなるという面もある。また、児童生徒がキューサインを用いて発話する際、誤って覚えている言葉はキューサインを見ると分かるため、日本語の語や文のどこを、どのように誤っているかを教師が把握しやすくなり、言語指導にもつなげやすいという特徴もある。

コラム② キューサイン

　キューサインは、各校でそれまで使われてきた発音サイン（発音誘導サイン）を母体としているため、結果として各校でキューが異なることになった。その後、キューサインの使用を発音指導の場面に限定する学校も見られるようになった。キューサインはあくまでも日本語の音韻を正確に児童生徒に示すために使われるものであり、特に、日本語の獲得や読み書きの学習など、幼稚部から小学部低学年での使用が見られる。その後、中学部や高等部では、キューサインを指文字や手話などに移行し、指導を行っている学校もある。

《キューサインと口形文字一覧（千葉県立 千葉聾学校提供)》

3　文字

　音声や手話は発した瞬間に消えてしまうという特徴をもっている。そのため、その音声が聞こえなかったり、知らない言葉のため理解できなかったりした場合に、板書や短冊などに文字として示されていれば、それらの文字を通して言葉を学習することができる。そのため、聴覚障害児に日本語の指導や教科指導をする際、覚えてほしい言葉などは文字で示したり、書き残しておいたりすることが大切になってくる。

(1) 板書

　聴覚障害児に対して授業を行う上で、板書は二つの意味で重要である。

　第一に、授業でやり取りされる音声を文字で示しておくという意味で重要である。児童生徒は、聞こえにくさがあるために、教師の発問や説明、同級生の発言が必ずしも聞き取れるわけではない。そのため、例えば、教師の発問や語句の説明、児童生徒の発言などを、教師が学習過程に沿って板書し整理すると、児童生徒は、板書を通して確認することができる。

　第二に、各教科等で学習した言葉や言い回しなどを文字で示しておくという意味で重要である。児童生徒は、授業の中で、その教科等に関わる知識・技能を身に付けたり、思考、判断、表現等をしたりするといった学習活動をしながら、関連する日本語の語彙や様々な言い回しなどを学んでいる。そのため、例えば、その教科で新しく学んだ言葉とその意味などについて、板書など文字で示しておき定着を図ることが考えられる。ただし、板書した内容は授業終了時には消してしまうため、次の時間以降も大切になる言葉、単元や題材を越えて扱いたい言葉などについては、その言葉を短冊にして掲示したり、板書の写真を掲示したりするなどの工夫も必要である。

(2) 筆談

　聴覚障害児が、学校卒業後、社会生活を送ることを考えると、手話の分からない人とコミュニケーションを行う際、筆談は重要な手段の一つとなる。伝えたいことを文字で書くのは時間はかかるが、正確な意思疎通が可能になる。そのため、学校卒業時までには筆談を活用するような態度を育てることが重要である。特に、就労や進学などを控えた高等学校段階の生徒に対し、いつでも筆談ができるようにメモ用紙とペンを持ち歩くことや、相手の言うことがよく理解できなかったときに筆談を依頼する態度や意欲、その場に応じた言葉遣いができる力などが育まれるよう自立活動等で指導することが望まれる。

(3) コンピュータなどの情報機器

　聴覚障害のある人に対する情報保障の一つに、文字通訳が挙げられる。例えば、講演会で話されている内容を要約筆記者が聞き取って、パソコンに文字を打ち込み、それが会場のスクリー

ンやモニタ等に提示されるというものである。提示された文字を通して聴覚障害のある人は話されている内容を理解することができる。

　近年、音声を認識して文字に変換する技術が開発され、コンピュータやタブレット型端末のアプリケーションの一つとして活用されている例もみられる。このような情報機器等を活用することにより、音声で伝えられる情報を聴覚障害のある人も得ることができるようになってきている。学校の教育活動では、例えば、校内外の人が集まる学校行事や外部人材による講演会などでの活用が考えられる。

　また、情報機器の普及により、会社内の連絡や共有事項が電子メールで伝えられることが日常的になっている。こうした文字を活用した伝達は聴覚障害のある人の意思の疎通や情報収集・発信の可能性を大きく広げるものである。

4　指文字

　指文字とは、日本語の50音表で表される仮名文字一つ一つを片手で表すことができるよう考案されたものである。濁点や促音なども手の動かし方で区別して表すことができる。指文字は、仮名文字一つ一つに対応しているため、例えば、人名や地名などの固有名詞や新出語句などを確実に伝えることができる。また、助詞を指文字で表すことで日本語の文表現を確認することも考えられる。つまり、手という手段を使って日本語を音韻レベルで表す方法である。

　聴覚障害児に対する日本語の指導においては、例えば、教科学習で用いる新出語句や重要な学習用語、今後知っておいてほしい語を伝えたり確認したりする際に、指文字が使われることが多い。また、児童生徒がその語を正確に習得しているかどうかを教師が確認するために、指文字で語などを表現させることもできる。

　ただし、指文字の中には、「ま」や「せ」など、乳幼児の手指運動の発達上、正確な指文字を形作るのが難しいものもあり、2歳児や3歳児に指文字を表出させる際には配慮が必要である。

　また、「きゃ」のような拗音は、「き」と「や」の二つの指文字を組み合わせて表現することになっており、この場合の「や」は手前に引くという動きも伴うため、表し方が難しくなる。このため、乳幼児がその指文字を見て理解はできるが、自分の手指で表現するのが難しい場合がある。

　話し言葉の1音1音を全て指文字で表すのは時間がかかり、全ての話し言葉を指文字で表しながらコミュニケーションをするのは、現実的な方法とは言えない。例えば、幼児に2〜3音程度の語を教える場合、指文字に音声も合わせて使用したり、指文字を示したあとに平仮名の文字を書いたりするなどが考えられる。また、児童生徒に助詞の使い方や動詞の活用の定着を図りたい場合、例えば、「食べよう。」の語彙（食べる）を手話で表し、動詞の活用に伴う文字（「食べよう。」の「よう」）を指文字で表して確認することが考えられる。このように、コミュ

ニケーションや学習の目的に応じて、手話や音声を組み合わせて指文字を使うなどの配慮が必要である。

　また、手話での会話の中においても、人名のような固有名詞や手話が分からない単語などを指文字で表すことも多くあり、手話による円滑なコミュニケーションを行う際にも指文字の使用は有効である。

5　手話

（1）手話の捉え方

　かつて、手話は「伝統的手話」、「同時法的手話」、「中間型手話」という三つの手話に分類することができるとされていた。ここでいう「伝統的手話」とは、日本語とは異なる独自の文法と語彙体系をもった手話をさし、今日では「日本手話」、「ＪＳＬ（Japanese Sign Language）」などとも呼ばれているものである。一方、「同時法的手話」とは、日本語の文法や語順に従って手話単語を配列したもので、日本語を手という媒体で表したものともいえる。今日では、「日本語対応手話」、「シムコム」、「手指日本語」などとも呼ばれている。しかし、実際の手話運用場面では、本人の教育歴や手話力によって、また聞き手の手話力によって、使われる手話は「伝統的手話」と「同時法的手話」の要素が混ざった「中間型手話」が使われることについても言及されている。

　今日、手話に関する用語については様々な議論があり、また独自の文法や語彙を有した手話と日本語の語順に合わせた手話を明確に区別すべきであるという主張がある一方で、実際に使われる手話は人によって様々であり、同じ人でも聞き手が聴覚障害者か聴者かによって手話を変えることもあるため、これらは明確には分けられないという主張もある。

　これらの議論について、まず、理念的には、独自の文法と語彙を有した手話と日本語の語順に合わせた手話は明らかに異なり、区別することができる。ただ実際に手話を使う言語運用の場面でいえば、手話は連続体であり、独自の文法をもった手話と日本語の語順に合わせた手話が、それぞれ連続体の両端になる。その間で、手話は、本人の手話力や聞き手の手話力によって、様々に変容し、位置付くものであると捉えられる。

　学校教育において手話の活用を考える場合、幼児児童生徒の障害の状態や特性及び心身の発達の程度や段階等を十分に考慮して教育の目標が達成されるようにしなければならない。学校における手話の活用では、日本語の音韻や語彙、文法などを正確に目に見える形で聴覚障害児に伝えるために手話を使う場面と日本語の表記や表現から離れて意味を豊かに伝えたり、仲間と普段の話合いをしたりする際に手話を使う場面が見受けられる。こうした手話の活用場面は、手話を活用する目的や活用方法が全く異なる。

　そこで、本書では便宜上、独自の文法と語彙を有した手話を「日本手話」、日本語の語順に配列して表現する手話を「日本語対応手話」と定義し、それぞれの利点や留意点を述べていく。

ここでは、日本手話と日本語対応手話のどちらの手話を使うべきかという議論ではなく、児童生徒の実態や指導したい内容に応じて、それぞれの趣旨に適した場面で活用していくことが重要である。

（2）日本語対応手話

　聴覚を活用している児童生徒や手話が主たるコミュニケーションの児童生徒など様々な実態の児童生徒たちを前に、教師は一斉指導をする場面がある。その際、教師は日本語対応手話を使って、音声で話をしながらその語順に従って手話を表現することが多い。手話が主たるコミュニケーションの児童生徒にとって、音声だけで話をするよりは手話を伴うことにより正確に話す内容を理解できるようになる。ただし、日本語対応手話は日本語の語順に手話を配列して表現するため、名詞や動詞のような単語の意味は伝わりやすくても、単語と単語の関係を示す助詞については省略されることも多く、音声や読話で助詞を受け取れないと正確に文の意味が理解されないこともある。そのため、伝えたい内容や場面に応じて助詞を指文字等で正確に表現することや、重要なことは板書など文字情報としても残しておくことも大切である。日本語対応手話は日本語を手で表したものであるため、日本語での言い方を児童生徒に確認したり、学習内容や意見などを日本語の文で発表させたりする場面で活用できる方法である。

（3）日本手話

　日本手話は独自の文法や語彙体系を有している言語で日本語とは異なるものと言える。日本手話には助詞はないが、日本語では助詞を使って表される様々な文法的内容が、日本手話では動詞の語形変化や指さしなどの手話の中に存在し、日本語とは異なる文法で表されることになる。そのため読話や音声を併用しなくても、手話だけで正確に意味を伝達することが可能になる。両親ろうの児童生徒や手話が主たるコミュニケーション手段の児童生徒に対して、意味や学習内容を説明する際には、日本手話も役立つことになる。

　また、日本語力が厳しい児童生徒に対して国語科の授業を行う際には、手話 DVD などを使って日本手話であらかじめ児童生徒に教科書に書かれた本文の内容を伝え、手話を通して概要を理解させた後、理解した内容が日本語でどう書かれているかという視点で本文を読んでいくことにより、日本語での表現の仕方を学んでいくような日本語指導も日本手話を用いることで可能になる。

　児童生徒同士が話し合ったり、意見交流をしたりする場面では、児童生徒の実態によって日本手話が使われることもある。意味を伝え合う場面では、日本手話の役割が大きくなり、日本語でどう言うかを考えさせたり発表したりする際には日本語対応手話の方が適している場合もある。

　日本手話だけ、日本語対応手話だけを使って授業をするのではなく、児童生徒に何をさせた

いのか、何を学ばせたいのかという指導のねらい等に応じて、日本手話や日本語対応手話を場面ごとに使い分けることが教師に求められる。

　それと同時に、様々な実態の児童生徒が一緒に勉強している場面では、日本語対応手話と音声で全体に対して話をした後、それだけでは理解があいまいな児童生徒に対して日本手話で説明や補足を加えるなど、一つの授業場面の中でも様々な方法を駆使して、児童生徒に分かる授業を展開していくことが大切である。

第2章

聴覚障害児に対する言語指導の基本

第1節　教育課程上の位置付け
第2節　聴覚障害児に対する言語指導上の配慮

　言語は、知的活動だけではなく、コミュニケーションや感性・情緒の基盤であり、言語力の育成に努めることは重要である。特に、聴覚障害のある幼児児童生徒等に対する言語指導の重要性は第1章で述べたとおりであり、特別支援学校（聴覚障害）においては言語指導に取り組むことが必要である。

　本章では、言語指導の基本的な考え方について述べる。

第1節　教育課程上の位置付け

1　特別支援学校の目標

　特別支援学校における教育は、学校教育法第72条で示すように幼稚園、小学校、中学校又は高等学校に準ずる教育を施すとともに、障害による学習上又は生活上の困難を克服し自立を図るために必要な知識技能を授けることを目的としている。

　その教育課程については、学校教育法施行規則第126条、127条、128条において規定している。さらに、第129条において、これらの学校の教育課程の基準として、文部科学大臣が別に公示する特別支援学校幼稚部教育要領、同小学部・中学部学習指導要領及び同高等部学習指導要領によるものとされている。

　特別支援学校における教育目標は、これらの学習指導要領等において明示されており、幼稚部、小学部、中学部又は高等部の教育目標は、それぞれ幼稚園、小学校、中学校又は高等学校の教育目標に準ずることとしている。また、それぞれの子供の障害による学習上又は生活上の困難を改善・克服し自立を図るために必要な知識、技能、態度及び習慣を養うことも教育目標として掲げられている。

　したがって、特別支援学校（聴覚障害）においては、こうした教育目標を踏まえ、個々の幼児児童生徒がもっている力を最大限に伸ばすよう指導することが大切である。

　聴覚に障害があることにより、幼児児童生徒の指導は、言語の習得やコミュニケーション、教科指導等において様々な指導上の配慮が必要となる。とりわけ、発達段階に応じて、それぞれの時期にいかにしてコミュニケーション活動をより円滑に行い、教育目標の実現に努めるかということに留意する必要がある。その際、学習指導要領等に示されている事項を参考とし、個々の子供の実態等に応じて工夫していくことが大切である。

　以下、平成29年4月及び平成31年2月改訂の特別支援学校学習指導要領等に基づいて述べる。

2　各教科等における指導上の配慮事項

（1）幼稚部教育要領

　幼稚部における教育は、子供の幼児期における特性を踏まえ、子供を取り巻く環境を通して行うことを基本としている。したがって、子供にとってよりよい教育環境を創造するとともに、子供の主体的な活動を促したり、遊びを通して総合的に指導したり、個々の子供の特性に応じ、発達課題に即して指導したりすることを重視する必要がある。

　ただし、自立活動については、個々の幼児の障害の状態や特性及び発達の程度等に応じて、他の各領域に示す内容との緊密な関連を図りながら、自立活動の内容に重点を置いた指導を行うことについて配慮する必要がある。

　こうしたことを踏まえ、幼稚部教育要領の第1章総則の第6特に留意する事項では、幼児の指導に当たっては、その障害の状態や特性及び発達の程度等に応じて具体的な指導内容の設定を工夫すること、特に聴覚障害者である幼児への指導において配慮すべきことを示している（図1）。

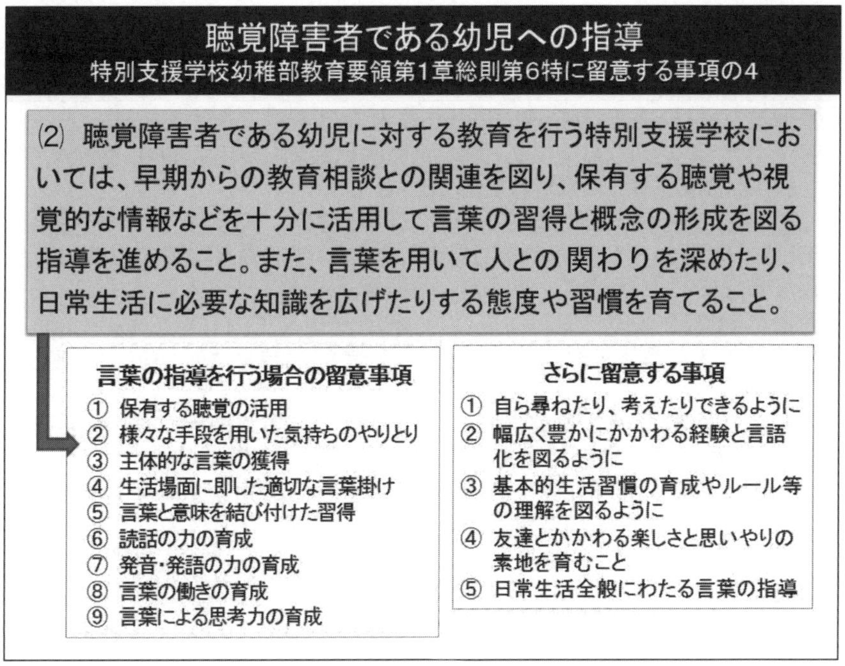

聴覚障害者である幼児への指導
特別支援学校幼稚部教育要領第1章総則第6特に留意する事項の4

⑵　聴覚障害者である幼児に対する教育を行う特別支援学校においては、早期からの教育相談との関連を図り、保有する聴覚や視覚的な情報などを十分に活用して言葉の習得と概念の形成を図る指導を進めること。また、言葉を用いて人との関わりを深めたり、日常生活に必要な知識を広げたりする態度や習慣を育てること。

言葉の指導を行う場合の留意事項
① 保有する聴覚の活用
② 様々な手段を用いた気持ちのやりとり
③ 主体的な言葉の獲得
④ 生活場面に即した適切な言葉掛け
⑤ 言葉と意味を結び付けた習得
⑥ 読話の力の育成
⑦ 発音・発語の力の育成
⑧ 言葉の働きの育成
⑨ 言葉による思考力の育成

さらに留意する事項
① 自ら尋ねたり、考えたりできるように
② 幅広く豊かにかかわる経験と言語化を図るように
③ 基本的生活習慣の育成やルール等の理解を図るように
④ 友達とかかわる楽しさと思いやりの素地を育むこと
⑤ 日常生活全般にわたる言葉の指導

図1　聴覚障害者である幼児への指導

　幼児期では、言葉の習得と概念の形成を図る指導や言葉を用いて人との関わりを深めたり、日常生活に必要な知識を広げたりする態度や習慣を育てることに重点が置かれている。

　聴覚に障害のない子供は、身の回りの人々との日常的な関わりの中で、様々な言葉を自然に身に付けていく。一方、聴覚に障害のある子供が話し言葉を習得することには、多くの困難が伴うものであり、より一層日々の関わりを大切にしながら、心情的につながりのある保護者や教師との間で、豊かな言葉のやり取りが必要になる。このため、幼稚部教育要領の解説では、特に言葉の指導を行う際の留意事項を示している。

　こうしたことから、特に幼稚部においては、早期から補聴器や人工内耳を装用して、最大限に聴覚活用を図ることを基本とするとともに、表情や身振りなども含む多様な手段を、子供の実態や場面、状況等に応じて、適切に活用し、日本語の習得につなげていくことが大切である。

　日本語は、後々の教科学習等において欠かせないものであることから、その習得につながるよう配慮した上で、個々の子供のペースを大切にしながら指導する必要がある。

（2）小学部・中学部学習指導要領

　小学部・中学部学習指導要領には、小学部や中学部において、各教科の指導を行う際の配慮事項として、児童生徒の障害の状態や特性及び心身の発達の段階等を十分考慮するとともに、聴覚障害者である児童生徒への指導に当たって特に留意すべき事項を6項目示している（図2）。

各教科の指導計画の作成と内容の取扱いに関する配慮事項
（特別支援学校小学部・中学部学習指導要領　第2章各教科第1節第1款の2）

改　訂（平成29年告示）

(1) 体験的な活動を通して，学習の基盤となる語句などについて的確な言語概念の形成を図り，児童の発達に応じた思考力の育成に努めること。
(2) 児童の言語発達の程度に応じて，主体的に読書に親しんだり，書いて表現したりする態度を養うよう工夫すること。
(3) 児童の聴覚障害の状態等に応じて，音声，文字，手話，指文字等を適切に活用して，発表や児童同士の話し合いなどの学習活動を積極的に取り入れ，的確な意思の相互伝達が行われるよう指導方法を工夫すること。
(4) 児童の聴覚障害の状態等に応じて，補聴器や人工内耳等の利用により，児童の保有する聴覚を最大限に活用し，効果的な学習活動が展開できるようにすること。
(5) 児童の言語概念や読み書きの力などに応じて，指導内容を適切に精選し，基礎的・基本的な事項に重点を置くなど指導を工夫すること。
(6) 視覚的に情報を獲得しやすい教材・教具やその活用方法等を工夫するとともに，コンピュータ等の情報機器などを有効に活用し，指導の効果を高めるようにすること。

図2　各教科の指導計画の作成と内容の取扱いに関する配慮事項

　小学部では、各教科の学習も始まることから、日常生活に必要な言葉、すなわち生活言語の獲得をさらに進めるとともに、その質を高めていく必要がある。例えば、「切る」という言葉は、幼稚部段階であれば、「紙を切る。」「包丁で切る。」など物を切断する意味で用いられるが、この他、「頭が切れる。」「縁を切る。」など、様々な意味で用いられるため、発達の状態や学習内容などに応じて語彙を拡充していく指導が不可欠である。

　また、小学部段階では、教科学習とともに書き言葉の学習が本格的に始まることから、読んだり書いたりする力を育むとともに、各教科で用いる学習言語の習得や言語概念の形成を図ることが必要である。言語には、コミュニケーションや情報伝達の働きがあるとともに、思考の道具としての働きもある。言葉で考え、自分の感情や行動を調節する働きもある。こうした言語の働きを知り、主たる教材である教科書を読んで考えたり、考えたことを書いたりする学習活動を通して、各教科の目標である資質・能力の育成を図る必要がある。

　このように、聴覚障害者である児童生徒の各教科の指導においては、言語に関する実態把握や指導、配慮の側面を十分に考慮する必要がある。図2に示した6項目については、特別支援

学校学習指導要領解説各教科等編（小学部・中学部）にその意味と重視すべきことを解説しているので、指導計画を作成する際には、十分活用してほしい。

　なお、これらの留意事項については、「第２章第２節第１款」において、中学部の指導においても配慮するものとなっている。

　小学部・中学部においては、幼稚部での教育の成果を踏まえ、そこで習得した言語や知識等をもとに、教科学習を進めていく必要がある。

　また、生活言語から学習言語へと、言葉の質も変化しいくことを考えると、言語の拡充につながるよう日常的なコミュニケーション活動を充実させていくことが望まれる。そのためのコミュニケーションの方法についても、個々の児童生徒の実態に即して工夫していくことが大切である。

（３）高等部学習指導要領

　高等部学習指導要領には、高等部における各教科・科目の指導を行う際の配慮事項として、生徒の障害の状態や特性及び心身の発達の段階等を十分考慮するとともに、聴覚障害者である生徒への指導に当たって特に留意すべき事項を６項目示している（図３）。

各科目に関する指導計画の作成と内容の取扱いに関する配慮事項
（特別支援学校高等部学習指導要領　第２章各教科第1節第２款の２）

改　訂（平成３１年告示）

(1) 生徒の興味・関心を生かして，主体的な言語活動を促すとともに，抽象的，論理的な思考力の伸長に努めること。

(2) 生徒の言語力等に応じて，適切な読書習慣や書いて表現する力の育成を図り，主体的に情報を収集・獲得し，適切に選択・活用する態度を養うようにすること。

(3) 生徒の聴覚障害の状態等に応じて，音声，文字，手話，指文字等を適切に活用して，発表や生徒同士の話合いなどの学習活動を積極的に取り入れ，正確かつ効率的に意思の相互伝達が行われるよう指導方法を工夫すること。

(4) 生徒の聴覚障害の状態等に応じて，補聴器や人工内耳等の利用により，生徒の保有する聴覚を最大限に活用し，効果的な学習活動が展開できるようにすること。

(5) 生徒の言語力等に応じて，指導内容を適切に精選し，基礎的・基本的な事項に重点を置くなど指導を工夫すること。

(6) 視覚的に情報を獲得しやすい教材・教具やその活用方法等を工夫するとともに，コンピュータ等の情報機器などを有効に活用し，指導の効果を高めるようにすること。

図３　各科目に関する指導計画の作成と内容の取扱いに関する配慮事項

　特に留意すべき６項目の観点は、小学部・中学部の配慮事項と共通しており、系統的・発展

的な指導を求めているものである。

　このように、聴覚障害者である児童生徒の各教科の指導においては、言語に関する実態把握や指導、配慮の側面を十分に考慮する必要がある。図3に示した6項目については、特別支援学校高等部学習指導要領解説総則編にその意味と重視すべきことを解説しているので、指導計画を作成する際には、十分活用してほしい。

　高等部においては、中学部までの教育の成果を踏まえ、そこで習得した言語や知識等をもとに、教科学習を進めていく必要がある。

　また、より抽象的な学習言語へと、言葉の質、量ともに変化していくことを考えると、日常的なコミュニケーション活動や読書活動などを充実させていくことが望まれる。

3　自立活動について

　自立活動の時間における指導で、言語指導を行う際に、幼児児童生徒の日々の生活や学習と関連を図った指導を行うことは、幼児児童生徒の興味・関心を引き出したり、学習の目的を自覚し意欲を高めたりすることにつながる。

　自立活動の内容のうち、言語に関するものは、「6コミュニケーション」の区分に示された言語の受容と表出、言語の形成と活用、コミュニケーションに関することなどが挙げられるが、他の区分においても言語との関わりを伴うものがある。例えば、「2心理的な安定」や「3人間関係の形成」では、他者とのやり取りや関わりにおいて言語が用いられたり、自分の置かれた状態や気持ちなどを言語を用いて表出したり調節したりすることが必要となる。

　このため、個別の指導計画を作成する際は、聴覚障害による生活上又は学習上の困難さに目を向けるだけでなく、他の区分からの視点に留意して、必要な指導がないかを考えることが大切である。特に、幼児児童生徒の障害の状態や併せ有する障害など、実態が多様化していることから、個に応じた指導目標と具体的な指導内容の設定が大切である。

　特別支援学校教育要領・学習指導要領解説自立活動編（幼稚部・小学部・中学部）においては、幼児児童生徒の実態把握から具体的な指導内容を設定するまでの流れを分かりやすく解説しているので、個別の指導計画を作成する際の参考にしてほしい。

第2節　聴覚障害児に対する言語指導上の配慮

1　幼児児童生徒の発達段階に即すること

　幼児児童生徒のそれぞれの発達段階に即して、言語指導が効果的に行われるよう配慮する必要がある。

（1）乳幼児期

　乳児は、生後すぐに非言語的ではあるがコミュニケーションを始めている。乳幼児期は、保護者を中心とした周囲の人との関わりを通して言葉の存在を知らせ、コミュニケーションの意欲を育むことが大切である。この時期は、聞こえる子供の場合でも、聴覚だけでなく視覚や触覚を用いて、言語獲得のための素地を形成し、身振りや指さしも使いながら、身近な人とのやり取りを始める。その中で、徐々に「ママ」や「ジュース」の概念を形成し、それらを表す日本語の音声を身に付けていく。

　聴覚障害児の場合は、音声の正確な受信に困難や制約が生じるため、言語や情報を音声等の聴覚的情報に限定せず、視覚的情報も活用して言語の存在を知らせ、コミュニケーションの意欲を育むことが大切である。その際、言語と心の両方を育むようにすること、身振りや手話を使う場合は、その後の日本語の獲得に繋がるように関わることが大切である。

　例えば、汽車を表す身振りと「汽車、シュッポッポ」の音声をともに用いて遊ぶ経験を積み重ねると、その後、「汽車」や「シュッポッポ」の音声を聞いただけで汽車遊びを始めたり、身振りで友達に「汽車遊びをしよう。」と伝えたりできるようになると考えられる。

（2）学童期

　小学校段階になると、文字の本格的な学習が始まる。聴覚障害児の文字の学習においては、例えば、「来」という漢字を学習して書くことができても、「来ない」を「<u>き</u>ない」と読んでしまう場合がある。「来る（<u>く</u>る）」や「来ます（<u>き</u>ます）」、「来ない（<u>こ</u>ない）」など、聞こえる子供の場合は、日常生活の中で音声を聴取し、動詞の活用に応じて読み方も変わることを体験的に理解し、読み方を身に付けていくが、聴覚障害児の場合、こうしたことが身に付くよう、保有する聴覚を活用したり、発話をしたり、指文字や文字で確認をしたりするなどの配慮が必要である。

　また、日常生活で箸を使う経験をし、それを手話で表すことができていても、その名称が「はし」であることを知らなかったり、文字で書けなかったりするなど、自分の体験や手話表現と日本語とが結び付いていない場合もある。また、「家<u>で</u>寝る。」や「紙<u>に</u>書く。」の手話表現が

できても、文字で書かせてみると「家<u>に</u>寝る。」「紙<u>を</u>書く。」のように助詞の使い方を誤る場合もある。

　例えば、子供が「アメをもらった。」と言ったら、「誰にもらったの？」と尋ね、「僕は友達にアメをもらった。」のように助詞を使った文を引き出したり、「まだ来ないね。」と子供に話しかけるとき、「こ（来）」の口形を強調して子供に見せたりするなど、小学校段階の低学年における日本語の指導の仕方に配慮が必要である。

　小学校段階の中学年頃から、授業で使われる言葉は、量、質ともに大きく変容し、いわゆる日常の「生活言語」が中心の学習から「学習言語」が中心の教科学習に移行する。理科で「双葉」を観察して、その名前を覚えるというような直接的・具体的な学習が減り、「引力」のように目に見えないものを説明によって理解するといった間接的・抽象的な学習が増える。また、同じ語であっても、例えば、「農民は立ち上がる」は「椅子から立ち上がる」と比べると短い手話で表すことが難しいが、そのような語が次第に増える。教科学習でこのような語が増えると、「驚く」を意味する動詞として「驚く、びっくりする」しか使われない言語環境にいる子供より、「仰天する、驚嘆する、肝をつぶす、腰を抜かす」などの様々な日本語表現がふんだんに使われる言語環境にいる子供の方が、後々、より質の高い日本語の力や学力を獲得する割合が高いと考えられる。「学習言語」はその教科特有のもので日常生活での使用頻度が低い場合もある。また、学習言語の中には、抽象的な意味の用語もあるため、ある場面だけで取り上げて教えても、言語概念が十分に形成されるとは言えない。

　したがって、語彙を増やしたり、抽象的な言葉を身に付けたりするためには、様々な場面や機会で、その言葉を見聞きする経験を積み重ねていくことが大切である。こうした経験を積み重ねることで、子供は、教科書などでその言葉や言い回しに出会ったとき、それまでの経験から類推し、大まかに意味を捉えたり、教師の説明を聞いて言葉の意味をより深く理解し定着させたりするようになる。したがって、聴覚障害児に対しては、学習言語が用いられる様々な場面に接する機会を日常的に設ける工夫が必要となる。

2　聴覚障害教育の基本を踏まえること

　一般に聞こえる子供は、身の周りで耳にする音声情報を基に徐々に言葉を獲得し、やがて書記言語も獲得することになるが、聴覚的情報の受信に困難や制約がある聴覚障害児に対しては、聴覚的情報に限らず、読話や文字、キュー（キューサイン、キュード・スピーチ）、指文字、手話などの視覚的情報の活用を図ることが必要である。

（1）個に応じた指導
　特別支援学校（聴覚障害）に在籍する幼児児童生徒の障害の状態や環境が多様化し、それぞれの実態や発達の段階等に応じた指導、すなわち「個に応じた指導」の充実が求められている。

　一方で、在籍数の減少等から、一斉指導やグループ別指導など集団での学び合いの機会を確保する困難さも生じている。自分とは異なる多様な考えに触れたり、共同作業を進めたりする機会の確保も大切に考える必要がある。

　「個に応じた指導」とは、1対1の個別指導のみを指し示すのではない。子供同士が学び合う場や活動において、皆が話の流れや学習内容を理解し、その活動や指導の目的が達成されるように、個々の実態に応じて必要な配慮や手立てを講じることが重要である。言い換えると、「個に応じた指導」においては、個別指導と一斉指導などにおける指導や配慮とのバランスが大切である。

（2）読解力の育成

　情報化社会における情報通信技術は日々進歩しており、文字情報のやり取りや読解力（リテラシー）が大切になっている。今後、音声認識ソフトによる情報保障が更に進むと、聴覚障害のある人にとって文字を読み書きする力の重要性は一層増すであろう。

　補聴器や人工内耳等の進歩と早期からの教育によって、聴覚活用を通して話し言葉を身に付ける子供も増えてきた。日常会話であれば相手の顔を見ていない場合でも会話が成立するような子供もいる。しかしながら、そのような子供の中には、作文を書かせてみると助詞や語句の使い方に不自然さが見られる例や、日常生活で使用頻度の低い言葉を誤って覚えていたり知らなかったりするといった例も見受けられる。

　したがって、受聴明瞭度や発音明瞭度の高さが、学習言語の獲得に直接結び付くものではないことに留意したい。また、子供のその後の発達を見通し、日本語の学習言語の獲得や読解力の育成を念頭に置いた指導を行う必要がある。

3　コミュニケーションにおける多様な方法や言語指導法の特徴を踏まえること

（1）子供の状況や指導目標による使い分けと組み合わせ

　子供が、身の周りの大量の情報を豊かに取り入れるためには、聴覚活用と視覚活用のどちらがより効率的か、様々な方法をどのように組み合わせるのがよいかは、子供の認知・思考の特性や家庭環境などの要因によって異なる。日本語の獲得を重要な目標の一つとする聴覚障害教育の学校現場では、聴覚活用や発音、読話、キュー、指文字、文字とともに、意味を効率的に伝える手話や、日本語へのアクセスを容易にする手話について、それぞれの特徴を踏まえ、子供の状況や指導目標に応じて使い分けることが大切である。

　また、グローバル化が進む現代社会で、多様な人々との交流を促すためにも、自分にとっての必要性という視点のみならず、相手にとっての必要性やより多くの人々との交流の可能性という視点からも、言語や方法の選択の問題を考える必要がある。すなわち、聴覚障害のある子供が自分の望む言語や方法だけでなく、相手の望む言語や方法も尊重しながら、より多くの人々

と良好な人間関係を保てるような関わり方を自ら工夫できる力を培う必要がある。

（2）視覚的な情報の意義

　視覚的な情報の活用には、例えば、難しい言葉が聞き取れないとき、口形や手話による情報を伴うとそれを手掛りにして正確に受信できる場合があるという意義がある。聞こえる子供の場合でも、相手の顔を見ながら会話をすることの大切さが指摘されている今日、聴覚障害教育においては、なおさら、幼少時から相手の顔も見ながら会話をする習慣の育成を大切に考えて日々指導する必要がある。

（3）手話の活用において留意すること①

　大学生になった聴覚障害学生の経験談として、「自分は口話（聴覚活用、読話）で大丈夫だと思っていたが、手話を覚えて、それまでの自分は受信に精一杯で思考する余裕がなかったことに気付いた。」、「手話と出会って生き方が変わった。」という思いが語られることがある。手話は、意味を効率的に伝え、心理的安定感やアイデンティティの確立と密接に関わる言語・コミュニケーション方法の一つである。

　両親など、本人に密接に関わる人が手話を使う場合は、手話の積極的な使用が豊かなコミュニケーションの蓄積をもたらし、それが後々の学習にプラスに作用する例もある。また、手話を通して、例えば、理科の「光合成」といったある概念を理解することができれば、その後の言葉の習得にも繋がるという「学習の転移」もある。今後、手話を通して雑多な知識や経験の蓄積を図ることの意義についても考えていく必要がある。

　その一方で、日本語の使用は英語の獲得に直結しないのと同様に、手話の使用は日本語の獲得に直結しないことを忘れてはならない。聞こえる人も、英語の獲得のためには英語を直接使う機会が必要とされる。それと同様に、聴覚障害児においても、日本語の獲得のためには、日本語を直接使う機会が必要である。

　例えば、はさみの実物を知っていて手話で表すことができても、「はさみ」という日本語を知らない例や、手話で「椅子に座る」と表現できても「椅子を座る」と書く例があることを念頭に置きながら、日本語の獲得に向けた働きかけを工夫する必要がある。

　そのための方法の一つとして、日本語に直接触れる回数を多くすることが考えられる。例えば、教科書の文章に「やせこけた」という言葉があり、児童に説明する際、「とてもやせた」と手話で意味を伝えたり、子供が分かる言葉に置き換えたりすることがあるが、そのときは意味を理解しても、時間が経つと「やせこけた」の意味を忘れて「やせる／こける」という手話で表す例が見られるので、その授業の中で「やせこけた」を発語や文字、指文字などでも表すようにさせたり、例文を作らせたりするなど、直接その言葉を使う回数を増やすことや、授業以外の場面で機会をとらえて「やせこけた」という語を使ってみせたり使わせたりすることが、

言葉の確実な理解や定着につながる。

（4）手話の活用において留意すること②

　聴覚障害のある子供に対する授業では、聞こえる子供のクラスでの授業と比べると、教科指導の時間の中で、教科書にある単語の解説などの言語指導の時間の占める比率が高くなりがちである。限られた授業時間の中で、子供の言語の力などに配慮しながら、いかに効果的かつ効率的に授業を進めていくかが重要となる。教科のねらいを達成するための指導に費やす時間が少ないと、教科内容の習得が難しくなることから、教科書に書かれている日本語（特に学習言語）の意味の伝え方及びその日本語の正確な伝え方や定着のさせ方を考えることが大切になってくる。

　学習言語の意味の伝え方については、手話によるイメージの固定化を避けるために、指文字や別の手話表現を使う工夫などが必要である。例えば、「～倍」は「もっと」の手話で表されることが多いが、「0.8倍になると、前よりも増えている」とイメージする例がみられたときは、「バイ」という指文字に変えて説明する。また、「正方形は長方形とも言える。」ことを説明するとき、その「長方形」を、通常の手話（長い形の長方形を示す手話）ではなく、四つの角が直角であることを示す手話表現を用いて説明する、というような工夫も考えられる。

　さらに、日本語を正確に子供に届けることについては、例えば、「天気、天候、気候」は同じ「空」の手話で表されがちだが、授業の中でそれらの語が錯綜すると、子供は戸惑いやすい。そこで、どのような手話表現で区別するかをあらかじめ暫定的に決めておくのもよい。「今日の天気」「悪天候」「温暖な気候」の日本語を分かりやすい手話で表して意味が伝わったとしても、「悪天気」「噴火による天気変動」などと書く場合があることに留意しながら、意味と日本語の両方の伝え方を考える必要がある。

　さらに、日本語の定着のための方法としては、例えば、理科の「堆積作用」の学習のときに、生徒が「蓄積」と言ったときは、その後の説明の中で、単に「たまる」の手話ではなく、「タ（指文字）／たまる」という手話で表したり、次回の授業で「土砂の（「たまる」を手話で表しながら）蓄積？　堆積？」と生徒に尋ねたりするというような工夫を積み重ねることが必要である。

（5）より質の高いレベルの日本語の習得を促す指導

　抽象的な語彙やより複雑な文構造など、日本語の質の一層の向上を図る指導のためには、意味を効率的に伝える手話と日本語へのアクセスを容易にする手話の両方を効果的に組み合わせて指導する必要がある。例えば、話すことを意味する日本語には、「言う」「口にする」「口をきく」などがある。また、気持ちを表す言葉として「気」「気分」「心」などがある。これらの言葉の使い分け方を説明することは難しいが、聞こえる子供はそれぞれの語を何回も聞くこと

で「母は、おもしろい話を<u>口</u>にした。」や「今、遊ぶ<u>心</u>になれない。」などの表現は不自然であることを体得していく。これらの単語を手話で表現すると、同じあるいは似た手話になるので、これらを使い分ける力を獲得するためには、豊富な読書体験とともに、これらの日本語を使って話したり読んだり書いたりする経験が必要となる。そのためにも、口話を併用することの意義について考える必要があると思われる。

　例えば、「まだ来ない」や「椅子に座る」という口形を見て「『きない』ではなく『こない』だな。」や「『椅子を座る』ではなく『椅子に座る』だな。」と自ら意識することで、正確な理解と定着に繋げた例や、相手が「ガラス」と話したときの舌の動きを見て「この単語は『ら』を含んでいる。」と、その単語の日本語を頭の中で復唱して定着に繋げた例がある。こうしたことから、聴覚あるいは読話だけで完全な受信が難しいとしても、発音が明瞭でないとしても、聴覚を活用することや発声、読話を併用することの意味を考えながら、いろいろな方法を臨機応変に使い分けることで、言葉の確実な習得と定着を図る必要がある。

（6）文字を活用した指導の工夫

　近年、文字の提示方法については、プレゼンテーションソフトなどを利用して、話者の話し言葉を映し出し情報保障を行ったり、学習で用いる重要語句や言葉の意味を示した教師自作のスライドを授業で活用したりすることが増えたが、その提示の仕方にも工夫が求められる。例えば、「よわまる」や「ざっし」のように平仮名のみで示されると、その言葉のイメージが湧きにくいが、「弱まる」や「雑誌」のように漢字で示されると、意味が推測しやすくなる例が多いことから、学年配当漢字にこだわらず、漢字を多用し、ルビを振るなどした提示の仕方を工夫することも大切である。

　また、近年、認知や思考の特性を把握する発達検査などを活用して、その子供が「同時処理型」と「継次処理型」のどちらの傾向があるかを踏まえた指導の必要性が指摘されている。それぞれの認知や思考の特性に配慮して、漢字の使い方、短文と長文の組み合わせ方、結論を先に伝えるか、後にもってくるかなどを考えた授業の組み立てを工夫する必要がある。

（7）可能性の追求

　第1章で述べたように、言語指導法には、自然法や要素法などいろいろあるが、子供達の聴覚障害の状態などその実態が多様であることから、どの方法がよいなどと一律に評価することには慎重でありたい。なぜなら、子供の実態や環境、教師の個性等によって、効果的な方法が変わってくる場合があると思われるからである。

　特別支援学校や特別支援学級では、指導法の理念や目的といった本質とともに、具体的な指導方法の継承や教師間の共有が大切である。また、各指導法には特徴とともに限界もあることから、他の方法を取り入れる柔軟性をもつことも必要である。さらに、日々の教育実践とともも

に、指導結果や子供の変容などを様々な視点から評価・検証し、記録に留め、授業改善を積み
重ねることが大切である。

　その上で、子供の可能性を最大限に伸ばすという、教育の本質を忘れないようにしたい。

第3章

聴覚障害児への指導等の実践例

　特別支援学校（聴覚障害）等においては、語彙に関することや文章の理解及び表出、対話等に関する能力の育成に留意しながら指導が行われている。

　本章では、人工内耳装用児や重複障害児に対する実践例を含め、発達段階や特別支援教育の場ごとの具体的な指導の例や指導力を向上させる取組について述べる。

第1節　幼稚部入学前段階における教育相談

1　保護者支援の意義

（1）保護者支援とは

　生まれてからの数年間、乳幼児は、あらゆる面で著しい発達を遂げる。言語発達においては、話し言葉の理解は、0歳児から既に始まっており、3歳になる頃には、言葉による簡単なコミュニケーションが可能になる。3歳以降になると、語彙や文法の獲得が加速度的に進み、学齢に達する頃には、日常会話が可能なレベルに達する。

　聴覚に障害があると、話し言葉の獲得が困難な状態となるため、乳幼児を対象にした早期教育を実施する教育相談機関では、保護者に対して、毎日の生活の中で子供にいろいろなことを経験させ、意図的に子供に働きかけるとともに、言葉を獲得するチャンスを豊富に提供できるよう支援する必要がある。また、早期教育における保護者の果たす役割は、非常に大きく、保護者への継続的で適切な支援の有無は、その後の子供のあらゆる発達に多大な影響を及ぼす。

（2）保護者支援の基本方針

ア　保護者の心理面に配慮すること

　まず、考えなければならないことは、相談に訪れる保護者は、子供が聴覚障害という診断を受けてから、間もない時期にあるということである。保護者は、子供が聴覚障害であるという診断にショックを受け、当惑し、不安定な心理状態にある場合もある。相談担当者は、支援を進めていく中で、保護者が子供の障害を冷静に受け止め、前向きな姿勢で養育に取り組むことができるように導いていく必要がある。

　このため、相談担当者は、保護者のその時々の心理的な状態を把握し、抱えている様々な不安を少しでも解消し、具体的な見通しをもてるようにすることが大切である。そのためには、保護者の話をじっくり聞くことが重要である。

　保護者の中には、聴覚障害の子供を育てるという未経験の子育てに対して、戸惑い、自信をもてなくなってしまうことも少なくない。子供にどう話しかければよいのか、子供にどのように接すればよいのかが分からず、子供とのコミュニケーションが、うまく取れない保護者もいる。このため、保護者の心理面に配慮して接することが重要である。乳幼児期は、子供があらゆる面で発達する時期に当たるので、保護者に対しては、聞こえや言葉の問題だけに注意を向けるのではなく、保護者としての役割や、愛情で結ばれた保護者と子供との関係の形成について理解を促し、子供の全体的に調和のとれた発達を見通せるように支援していく必要がある。こうしたことを踏まえ、相談担当者は、望ましい保護者と子供との関係を作る支援をすること

を念頭に置いて、教育相談を行うことが重要である。

イ　個々への対応を通して保護者との信頼関係を築くこと

　子供一人一人の実態が異なるように、保護者も、一人一人聴覚障害に対する受け止め方や気持ちなどが異なる。また、個々の家庭には、それぞれの事情や状況もある。このため、相談担当者は保護者の話をよく聞き、個々の事情を把握した上で、保護者の気持ちや考えに寄り添いながら、支援を進める必要がある。保護者が抱いている疑問の一つ一つに対して、真摯に向き合い、保護者の立場になって支援することが大切である。こうした対応は、保護者の不安解消にも繋がるものである。また、保護者が子育てに対して、どのような考えをもっているのか、どのような子供に育って欲しいと願っているのかなどを把握して、適切に対応することが必要である。保護者とは、一般論で話し合いを進めるのではなく、ケースバイケースで、丁寧に向き合うこと、相談担当者自身が、保護者理解に努めることが大切である。

　特に、相談担当者と保護者との間で信頼関係を築くことにより、保護者と相談担当者が、何でも話し合える関係になる。保護者から信頼される相談相手となって、初めて支援が有効に働くことになる。通常の場合、保護者にとって、聴覚障害の子供の子育てについて相談できる人は、担当の相談担当者しかいないということを自覚して、保護者を支援しなければならない。また、保護者だけでなく家族も視野に入れ、家族支援の観点をもつことも必要である。

ウ　障害の理解を図り、コミュニケーションの重要さを伝えること

　保護者は、インターネットや本などから、聴覚障害についての知識や情報を得ているが、それが断片的なものであったり、偏ったものであったりすると、かえって保護者に混乱をもたらすことにもなる。このため、聴覚障害について、あるいは、聴覚に障害があることでどのような配慮が必要なのかなどについて、個別に、あるいは、保護者を対象とした学習会などを通して、分かりやすく説明する必要がある。また、保護者にとって必要と考えられる知識や情報を取捨選択し、適宜、知らせるようにすることも必要である。場合によっては、地域の他の相談機関、医療機関、保健所などの存在について説明し、必要があれば、そのような他機関とも連携して、保護者支援を進めることが必要である。

　また、乳幼児期が子供の発達上どのような意味のある時期であるのかについても、保護者が理解できるようにしていくことが必要である。日常生活の中で、子供に働きかけ、子供と一緒に活動し、共感しながら、チャンスを逃さずコミュニケーションに努め、それを毎日積み重ねていくことが、子供のあらゆる面での発達において、いかに大事であるかを理解してもらう必要がある。このため、保護者にそれら一つ一つについて、どのように行動等をすればよいかを具体的にアドバイスしたり、提案したりすることが、相談担当者には求められる。特に、子供への接し方を保護者が身に付け、子供と保護者が、豊かなコミュニケーションができるように

することは、聴覚障害の子供の教育相談において、重要な役割を占めている。

　３歳未満児の場合、子供に直接指導できることには限界があり、むしろ子供に対する保護者の接し方について、具体的に伝えたり、助言したりする機会が多くなる。したがって、乳幼児期における教育相談においては、専門的な立場から保護者を支援するという側面と、家庭でのコミュニケーションや接し方などについての必要な知識やスキルを身に付けるよう保護者に支援するという側面の双方を重視する必要がある。

（3）具体的な保護者支援の例

ア　教育相談初期の保護者支援

　教育相談初期の段階の保護者は、心理的に不安定な状態にある。このため、相談担当者の話を冷静に聞けなかったり、断片的に受け止めたり、相談担当者の話を誤って理解したりすることもある。こうした支援の初期段階においては、相談担当者は、口頭で話をするだけでなく、パンフレットや小冊子等の印刷物を使って説明し、それらを保護者に渡して、家庭でも読んでもらうようにすることが大切である。

　保護者は、当初、子供は「補聴器や人工内耳を使えば話せるようになるのか」、「手話も覚えないといけないのか」などと、疑問に思うことや知りたいことをたくさん抱えている。保護者の心理的な安定を図るためには、まずは、それらの疑問に答えていく必要があるが、できるだけ専門用語を使わないようにすることも必要である。また、不確かなことについては、断定的な言い方を避けるなど、誤解されないよう留意する必要がある。

イ　子供の今の状態についての説明

　教育相談において、聴力測定を行った場合、その結果を保護者に説明することはもちろん必要だが、その場合、子供にどのような音や音声が聞こえないか、あるいは聞こえにくいかを具体的に知らせることが大切である。また、補聴器装用を開始するに当たっては、その練習と同時に、子供の補聴器を通しての聞こえの状態について、保護者に理解してもらうことが必要となる。子供の聞こえの状態について、例えば、当初、子供は周囲の大人の仕草など、場面に応じて反応しているだけの場合もあるが、保護者は音に反応したと、過大評価することもある。逆に、反応がなかったから聞こえないと、過小評価する場合もある。乳幼児期は音に気付き、音への反応を学習する時期でもあるので、当初は、音への反応が曖昧で不安定であることが多い。このため、相談担当者は、保護者に子供の聞こえについての確かめ方を具体的に伝えていく必要がある。

　また、保護者は、子供の言葉の発達や発音についても、不安を感じている。例えば、自分の子供が知っている言葉の数はこれでいいのか、少ないのかといったことや、現在は発音が不明瞭だが、将来は明瞭になるのかどうかなどの不安を感じていることがある。このため、相談担

当者は、保護者の不安を受け止めつつ、今は言語発達の土台となるコミュニケーションの意欲や態度を育む時期であり、言葉の数よりも、子供と保護者がコミュニケーションできるようになることが大事であることなど、子供の発達全体を見通して、理解してもらえるよう伝えていく必要がある。発音についても、基本的なこと（母音と音節数）は、子供の発音を確認したり発音を促したりして把握するが、各音については、発声器官を自分でコントロールできるようになってから、本格的に指導を始めるということを保護者に伝えることが大切である。その他、保護者が子供の聞こえや言葉の今の状態を客観的に捉えることができるよう、定期的な聴力測定の結果や言葉の発達の指標などを用いて、丁寧に説明することも大切である。さらに、聞こえや言葉だけでなく、子供の全体的な発達にも気を配れるように導くことが大切である。

ウ　子供を交えた活動を通した支援

　保護者が、子供とのコミュニケーションや子育てに必要なスキルを身に付けるため、ブロック遊びやお絵描きなどの活動を設定し、その場で具体的に指導や助言を行ったり、相談担当者がモデルを示したりする。この活動は、保護者を対象としており、例えば、以下に示すようなねらいが考えられる。相談担当者は、保護者と子供の関わりの様子に合わせて、細かなねらいを設定し、それに応じた活動を提案することになる。

①子供の気持ちに共感し、コミュニケーションを楽しめるようにすること

　・保護者と子供が、感覚や気持ちを表情・仕草・言葉などで表現し合う。

　・保護者と子供が、気持ちを共有し、その気持ちを親子で同じように表現することで、親子のコミュニケーションを楽しめるようにする。同時に、子供には、保護者に注意を向け、模倣するという習慣を育てていく。

　・子供が、保護者の動作や表情を自然に模倣するようになれば、やがてそれは、意図的な動作模倣や言葉の模倣へと発展していく。

②子供とのコミュニケーションのためのスキルを獲得すること

　・コミュニケーションが、保護者からの一方通行にならないよう、子供からの表出を、保護者が「待つ」ことができるようにする。

　・子供の音声、視線、表情、動作などの非言語的な発信から、子供の気持ちを読み取れるようにする。

　・最初は、動作優位のコミュニケーションが中心になるが、次第に、言葉でコミュニケーションができるようにする。動作中心のコミュニケーションを続けていると、子供は、動作をコミュニケーション手段として学び、言葉を用いる必要性や便利さなどを感じ取る機会が得られなくなる可能性がある。「言葉が分からないから、動作を使う」のではなく、「言葉の理解を助けるために、動作を使う」と考える。

③子供への話しかけ方のスキルを獲得すること

・子供と同じ高さになり、こちらの顔が、子供に見える状態で話し掛ける。このことは、注意をこちらに集中させるために必要であり、読話もしやすくなる。
・口をはっきり動かして話す。発話が明瞭になり、読話もしやすくなる。このことには、早口を防ぐねらいもある。
・補聴器の近くでは、大声で話し掛けない。補聴器のボリュームは、普通の声の大きさに合わせてあるため、大声で話しかけると、音が割れてしまう。
・普段は、不自然にゆっくり話さない。普通の速さで話し掛け、普通の速さの会話に慣れさせるようにする。

④話しかける内容を工夫すること
・子供が何かを見たり、触ったり、味わったり、においをかいだりしている時、その時の感覚を言語化して話し掛け、感覚と言葉を結び付ける。
・子供の気持ちに共感し、気持ちを言語化して話し掛け、気持ちと言葉を結び付けるようにする。
・子供が行っている動作を言語化して話し掛け、動作と言葉を結び付ける。
・子供が興味をもっている物について、話して聞かせる。
・食事や着替えなど日常繰り返される生活行動に対して、その都度同じような言葉で話し掛け、場面や行動と言葉を結び付けるようにする。
・実物や写真などの視覚的な教材を活用して話し掛け、視覚的なイメージと言葉を結び付けるようにする。

エ　保護者を対象とした学習会の開催

　保護者に、共通して知っておいて欲しいことや、多くの保護者が知りたがることを話題にした学習会を、年に数回開催するものである。テーマによっては、幼稚部の保護者の学習会と合同で行うことも考えられる。幼稚部の保護者から、子育てや成長についての経験談を聞くことは、我が子の成長を見通す際に、参考になる。学習会では、読んだだけでも分かるような資料を用意し、参加できなかった保護者にも配るようにする。

　学習会の内容としては、次のような事項が考えられる。

❶　様々な生活場面で配慮すべきこと
❷　聴覚障害について理解すること
❸　聴力検査について理解すること
❹　補聴器や人工内耳について理解すること
❺　音や音声に関する知識を習得することと、音環境へ配慮すべきこと
❻　コミュニケーション手段（音声、手話、指文字）についての理解を促すこと

❼　聴覚障害児の言語発達の特徴について理解すること

❽　情緒や行動上の問題点について気を付けること

❾　兄弟姉妹に対して、配慮すべきこと

❿　子供の学びの場（幼稚園や学校等）について理解すること

（4）コミュニケーション手段に関する配慮

ア　保護者への様々なコミュニケーション手段の紹介

　乳幼児期のコミュニケーション手段としては、視線、表情、手差し、指差し、身振り（ジェスチャー）、話し言葉、書き言葉、手話、指文字などがあることを保護者に紹介することである。説明する際は、各コミュニケーション手段を平等に取り上げ、それぞれの特徴や言葉の発達に及ぼす影響、使い方の留意点などを丁寧に説明するように留意し、保護者が、各コミュニケーション手段に対して、正しい認識をもてるようにする必要がある。その上で、相談担当者や当該の相談機関が、各コミュニケーション手段について、どのように評価しているのか、どのコミュニケーション手段を、どのタイミングで、どのように使用するのかを説明することが大切である。

イ　相談初期のコミュニケーション手段について

　相談担当者は、個々の家庭でのコミュニケーションの実態を把握し、それをもとにコミュニケーション手段を、より効果的に使ったり、コミュニケーション手段を拡大したりしていけるように、アドバイスすることが求められる。また、相談担当者は、コミュニケーションの状態や子供の発達の状況などに応じて、徐々に、非言語的なコミュニケーションから言語的なコミュニケーションへと、移行していくよう保護者に働きかけていくことが求められる。その際も、子供の状態に合わせて、適切なコミュニケーション手段が使えるように、保護者と話し合いながら、アドバイスしていくことが求められる。

ウ　言語的なコミュニケーション手段の選択について

　3歳に近づくにつれ、コミュニケーションは、より言語的なコミュニケーション手段を用いたやり取りへと発展していく。その際、口話中心でいくのか手話中心でいくのかについて、相談担当者や相談機関の考えと保護者の考えが一致するとは限らない。相談担当者は、子供の状態だけでなく、将来のことも視野に入れつつ、現時点で最も妥当と思われるコミュニケーション手段を保護者に勧めることになる。その場合でも、保護者の思いや家庭でのコミュニケーションの実態をもとに、保護者の意向を尊重しつつ、多様なコミュニケーション手段の使用も、柔軟に考慮する必要がある。コミュニケーションに使用する手段を何にするかは、将来の子供の学習や生活にも関わる重要な問題である。このため、コミュニケーション手段のもつ特徴や、

そのコミュニケーション手段が、将来の学習や生活にどのように結び付いていくのかなどを説明していくことが大切である。そして、子供の状態等に応じて、柔軟に変更することも考慮する必要がある。

2　乳児に対する理解を深める支援の例

ア　実践例の概要

0歳児クラスでの個別指導やグループ指導を通して、教育相談初期の保護者が、子供からの発信を受け止め、子供の動作や気持ちを言語化しながら関わることができるよう支援を行った。

イ　幼児の実態（0歳児1名）

・新生児聴覚スクリーニング検査により発見され、重度難聴の診断後、5ヶ月時に初来校した。両耳に補聴器を装用し、週1回の早期支援を開始した。

・運動発達が緩やかではあるが、聴覚以外は定型発達であると見られる。

・アイコンタクトが良好であり、補聴器を付けると「アーアー」と、よく声を出す。

・保護者は、育児そのものが初めての経験であり、戸惑いも大きい。しかし、できることは何でもしたいと積極的に情報を集め、熱心に関わろうとしている。

ウ　ねらいと指導の方針

（ア）ねらい

子供からの多様な発信を受け止め、子供の気持ちに沿って関われるようにする。

（イ）指導の方針

視線や表情、音声や動作など、子供の前言語期における多様な表現を意味あるものとして捉え、それを言葉にするなどして適切に応じられるよう、教師も仲立ちして関わり、保護者と話し合う。

エ　経過

（ア）個別指導やグループ指導での働きかけ

0歳児の個別指導やグループ指導は、概ね以下のような流れで行う。

活動内容	留意点
①登校	保護者と子供の体調に気を配り、保護者から話したいことや尋ねたいことがあれば、それをまず受け止める。
②補聴器装用	音や装用状態を確認し、付けた時に声を掛けるよう促す。
③自由遊び	発達に合った玩具が用意された場で、保護者と子供で自由に遊ぶ。
④親子遊び	教師のリードで行う手遊びやふれあい遊びなど。
⑤休憩	おむつ替えやミルク。
⑥話し合い	活動を振り返って気付いたこと、家庭でどのように関わったらよいかなどを話し合う。

　自由遊びの時間には、子供がどこを見ているか、何に興味をもっているかなどを観察しながら、じっくりと関わるよう促す。また、音声だけではなく、微細な表情の変化や動作からも、子供の気持ちを想像するよう誘いかけ、「あれ？何かなあ」「もっとやって！」などと、教師が子供の気持ちを代弁してみせ、子供に対する保護者の反応を引き出す。

　親子遊びの時間は、保護者も一緒になって、大いに楽しんでもらいたい時間であるが、子供の反応や変化に注目してもらいたいポイントをあらかじめ伝えておく。例えば、次の場面を取り上げ、その時、子供の心がどのように動いているかを、よく観察するよう呼び掛ける。

・『たいこをドンドン（楽器遊び）』で、音が鳴り始めたり鳴り終わったりした時の様子
・『ぶらんこゆれて（シーツぶらんこ）』で、揺れが終わって下ろされた時の様子
・『しゃぼんだま』で、シャボン玉が消えた時の様子

　保護者との話し合いの時間には、活動の中で見られた具体例を挙げながら、以下のような関わり方のポイントも伝えていく。

・関わりやすい位置（子供の表情がよく見える位置、子供の視界を遮らない位置）
・アイコンタクト（子供と目を合わせて表情で応じる、子供の視界に入り子供が見ている物を一緒に眺める）
・模倣（子供の動作や発声を真似る、子供が真似るよう誘いかけるなど）
・やり取り（物の受け渡し、「どうぞ」「ちょうだい」などの言葉掛けや模倣の促し）
・子供が、心地良さを感じる抑揚のある声やリズムの良い繰り返し言葉、子供の動作に合わせた言葉など

（イ）保護者の変容

（1）自由遊びの場面で

保護者の当初の姿や思い	関わり方の変化
子供がじっとしたままだと「何もしていない」「もっと動いてほしい」と捉える。	子供の視線の先を追って一緒に眺め、「〜が見えるね」「何かなあ」と言葉をかける。
子供が耳に手をやり、補聴器を外そうとすると、慌てて制止する。	「あ、補聴器が取れたね」と、いったん子供の動作や意向を受け止め、「アアー、よく聞こえますよ」と、耳に当てて聞く姿を見せてから、再び装用させる。
子供が手を伸ばしたガラガラを引き寄せ、「こうするよ、振ってごらん」と手を取って、遊び方を教える。	「いい物があったね。どうする？」と、子供自身が鈴を掴んで確かめるのを待ち、その後、「リンリン」と振って見せる。
子供が手に持った物を舐めるのを、止めさせようとする。	形や感触を舐めて確かめていることを理解して見守り、「あむあむ、これは丸いなあ」と代弁したり、「こっちはどうかな」と別の物を示して働きかけたりする。
隣にいる子に手を伸ばすのを、「だめよ」と制止する。	「これは、○○ちゃん。こんにちは〜」と一緒になって触れる。

大声で泣き出すと、「泣かない、泣かない」と慌ててあやす。	「びっくりしたの」「恥ずかしかったのね」と、気持ちを汲みながらあやす。

（2）親子遊びの場面で

　親子遊びの時間には、予定を次々と進めるのではなく、一つ一つの活動にどのような意味やねらいがあるかを保護者に伝え、子供の反応を確認しながら、ゆっくりと進めていった。最初は、主に教師が、子供の気持ちを代弁していたが、一緒に活動を楽しんでいるうちに、保護者からも、子供と気持ちを重ね合わせた言葉が、自然に出てくるようになった。

活動例と注目点	子供の気持ちの言語化（代弁）
『ぶらんこゆれて（シーツぶらんこ）』 子供を載せたシーツを揺らし終えて床に下ろし、「おしまい」と伝えた時の様子に注目する（にっこりしたり、びっくりしたり、手足をバタバタさせたり、泣き出したりする）。	「いいきもち！」 「あれ？もうおわり？」 「もっと、もっと！」 「おわっちゃ、いやだ〜」
『たいこをドンドン（楽器遊び）』 太鼓の音が止まった時、音がなくなったことに気付いて、どのような反応を見せるか。	「あれれ？」 「なーい」 「もっとたたいて」
『しゃぼんだま』 しゃぼん玉が、ゆっくりと降りてくる時の子供の目の動き、しゃぼん玉が消えた後の表情に注目する。	「わー、きれい！」 「ここにもあるよ」 「あ、なくなった」 「おしまい」

（3）活動を振り返っての話し合いで

　活動を終え、印象に残った場面について、保護者が気付いたことや教師が感じたことを話し合った。その中で、子供からの発信をどのように受け止めたか、また、それをどのような言葉にして返していくかを、一緒に考えた。保護者からは、「まだ赤ちゃんだから、何も言わないと思っていたけれど、赤ちゃんなりに考えていることがあるのだと分かってきた。」「家でも、子供が、表情や全身で訴えていると、感じることがある。」「大人の都合で先取りしたり、勝手に終わらせたりしていたことを、反省させられた。」などの感想が出された。

　他にも、子供の気持ちが、動いている場面があるかを話し合ったところ、次のような気付きが出された。

・学校に来て、部屋に入る時（「ここはどこ？ちょっとしんぱい」「だれかな。みたことがあるな」「じっとみられたらはずかしいよ」など）

・片付けの時（「まだ、あそびたいよ」「おもちゃをどこへもっていくの？」）

・保護者が子供から離れる時（「どこへいくの？」「ママがいないよ、えーん」など）

　このような気付きを話し合いながら、保護者は、子供にとって見通しが得られにくい場面で、子供が不安そうな顔をしていることが分かり、子供が理解できるペースでゆっくり進めたり、今から何をするか伝えたりすることも大切であると、気付くことができた。

　また、家庭で、子供に分かるように伝える工夫をしているかについて話し合ったところ、次のような報告が話された。

・「ガーゼでゴシゴシこする身振りをしながら、＜お風呂行こう。チャプチャプしよう＞と話し掛けると、手足をバタバタさせて喜ぶ」

・「ミルクを作る時に、哺乳瓶を見せて＜ミルク作るよ。待っててね＞と手話で伝えると、泣かずにじっと見ている」

・「おくるみを見せて＜お散歩しよう＞と話し掛けると、目がキラキラ輝く」

　このような保護者自身の試みや気付きは、他の保護者とも話し合う機会を設けて、保護者同士での共有を図った。

オ　考察

　0歳児期は、言葉の理解や表現がまだ始まっていないように見られがちだが、子供は、五感を通して、周囲から学び取り、様々な形で発信しようとしている。身近な大人が、子供からの発信に気付き、意味付けをして応じることで、子供は、コミュニケーションしようとする意欲を高めていく。

　本実践では、保護者と子供でじっくり関わりながら、子供から発せられる"言葉の前の言葉"に、保護者が着目し、子供の気持ちを汲み取って関わることができるようになることを意図している。最初は、教師がモデルとなる関わり方や言葉かけをして見せたり、保護者と子供の間に入って、関わりを促したりしていた。次第に保護者自身が、子供のわずかな変化にも気付いて、子供の思いやすることを言語化できるようになっていった。

　保護者は、言葉かけを多くして、刺激を与えなければならないと誤解している場合がある。活動の中で見過ごされがちな場面を取り上げ、「ここで子供の変化を待ちましょう。」「どんな気持ちかな？よく見てあげてくださいね。」などと、教師が保護者に呼びかけることは、保護者の気付きを促し、活動後に振り返って話し合うのに有効である。子供の視点に立ち、どのような状況にいて、どのように感じているか、常に想像力を働かせるよう、保護者に働きかけていく必要がある。

　子供を意思ある存在として捉えるようになった保護者は、子供に対し、周囲の状況や今からすることなどをできる限り伝えようとする。言葉で表現するだけでなく、実物や写真を見せたり、サインや指さしをしたり、様々な方法を試みて理解を促している。「伝わったかな？」「どう思っているかな」と気遣うことが、保護者と子供のコミュニケーションを深めていく第一歩となろう。

3　グループ活動を通じた支援の例

ア　実践例の概要

　子供への関わり方を保護者が理解し、家庭生活で生かすことをねらい、1 歳児のグループ活動において、親子活動と教師の働きかけを工夫した実践である。

イ　幼児・保護者の実態

（ア）1 歳児 4 月当初の様子

	平均聴力レベルと音への反応の様子	子供の実態	保護者の実態（抱えている不安）
A	100 dB 以上（補聴器装用。太鼓の音の有無が分かる。）	好奇心が旺盛で、視覚に入った刺激にすぐ反応して動く。一つの遊びが、長続きしない。指さしで伝えてくることが多い。	両親共に聴覚障害者である。子供と向き合おうとする意欲が高い。しかし、子供のペースに左右され、しつけに自信がもてないでいる。
B	100 dB 以上（補聴器装用。太鼓の音の有無が分かる。）	おっとりとした性格で、母親の言動に関心が高い。母親のすることを真似て、褒められるのを喜ぶ。手話で 2 語文の表出が見られる。	両親共に聴覚障害者である。生活においてのコミュニケーションでは、困っていない。遊びにおいては、見守っているという姿勢が多い。
C	70 dB（補聴器装用。左右共に 35 dB の音に反応が見られる。）	勝ち気な性格であるが、一方で、恥ずかしがってもじもじすることもある。音声で、2 語文の表出が見られる。	両親共に聴者である。初めての子供ということもあり、先々のことや育児全般において、いろいろなことに対して不安を抱いている。

ウ　ねらいと指導の方針

（ア）ねらい

　保護者が、遊びや生活場面を通して子供への関わり方を工夫することで、子供のコミュニケーションに対する意欲を伸ばし、語彙獲得につなげる。また、他の親子の様子を見たり聞いたりすることにより、様々な関わり方があることに気付く。

（イ）指導の方針

　音に気付くことができる遊び、声を出す楽しさを味わえる遊び、親子のやり取りが行いやすい遊びなど、様々なことが経験できる生活場面（食事、散歩など）を設定する。

　子供の興味に合わせて遊ぶ。活動すること自体をねらうのではなく、活動の中で子供が何に関心を示したかを把握し、それを保護者がどう受け止め、子供に返したかという点を重視する。

　保護者がリラックスして子供との遊びを楽しめるようにする。教師も一緒に遊びに加わり、

盛り上げたり見守ったりする。

　活動の振り返りでは、互いのよい点や参考になった点を伝え合い、保護者がよりよい関わり方に気付くことや自分の関わり方に自信をもつことを大切にする。

エ　経過

（ア）活動の概要

活動の流れ（60分）	使用教材	活動内容
① 親子で、ノートにシールを貼る。	カレンダーノート（月ごとに季節の絵が描いてある。）シール、日めくりカレンダー、色鉛筆、絵に関する具体物等。	学校に着いてから、上履きに履き替え、部屋に入る。荷物を置いてノートを取り出し、シールを貼るまでの活動を、親子でやり取りをしながら行う。
② 音を聴く、声を出す遊び	大太鼓、うちわ太鼓、バチ（大1本、小3本）、マット、メガホン　シフォン布、	大太鼓の音で、マットから飛び降りる。保護者が、太鼓の音に合わせて、歩いたり走ったり、止まったりする。保護者の頭をシフォン布で隠し、周りのみんなで「おーい」と呼ぶと、「ばあ」と出て来るなど。
③ 親子活動	家庭にある一般的なおもちゃや素材（布、段ボール、缶、積み木、風船、ボール、ままごとセット、ミニカー、マグネット、パペットなど）	子供の興味に合わせて、親子で素材を選び、やり取りをしながら遊ぶ。（※散歩する、おやつを食べる、共通の素材で遊ぶ等、テーマを設けることもある。）
④ 振り返りタイム質問タイム	通信や記録用紙、録画映像（遊びでのやり取りの様子を2分程度ずつ録画した物）、絵日記	保護者同士で、その日の遊びの様子や感想、互いの関わり方や子供のよい点を見つけて、述べ合う。日頃の生活場面で、気付いたこと、困っていることなどを話題にする。互いの絵日記を見合って、子供の視点で、生活を見つめることの大切さに気付く。

（イ）目指す保護者の姿と教師の配慮や働き掛け

> 活動①　毎日、繰り返される生活場面の一つ一つで、丁寧に伝える

・子供の目線やテンポに合わせてゆっくりとやり取りができるよう、時間に余裕をもって登校する。子供とのやり取りに教師も共感してみせ、時間の余裕は保護者の気持ちの余裕や豊かなやり取りにもつながることを実感できるようにする。

・時には教師がモデルとなって子供とのやり取りをしてみせ、活動を基にやり取りを膨らませていけることを知らせる（知っていることを安心して繰り返し伝え合うことの楽しさや、その時ならではの新しい話題を加えることの大切さを知ってもらう。）

活動②　保護者が、リラックスして、子供との遊びを楽しむ

・音に合わせて体を動かすシンプルな遊びを導入に設定することで、保護者が抵抗なく遊びに入り込めるようにする。親子それぞれが、役割を交代しながら盛り上げていくようにする。

・子供は、保護者が一緒になって行うことや保護者の動きを見ることが嬉しい。その期待感や嬉しさが表情によく出ているので、保護者には子供の表情に注目するよう促し、その気持ちの理解を図る。

・皆と一緒の活動から逸れる子供がいる場合、やりたくないという気持ちに共感し、寄り添うようにする。活動しなくても、保護者と一緒に他の親子の様子を見ながら、それに合わせたやり取りをすればよいことに気付かせる。

活動③④　子供と、共感的な関わりに努め、親子のやり取りを深める。

・子供の興味に合わせたやり取りを盛り上げるため、「子供の行動や発言のまねをしてみよう。」と提案したり、教師が一緒に行ったりする。

・子供の視線や表情に注目し、何を思っているのかを想像して、代弁してみようと提案したり、教師による手本を見せたりする。

・活動の振り返りタイムを設け、時にはビデオ視聴や観点を示した振り返りシートを活用する。自分の姿を映像で客観的に見て、保護者自身が自分の関わり方によって子供の反応に違いがあることに気付くようにする。

・互いの感想を聞いたり、互いのよい点、参考になる点について述べたりして自分の関わり方の参考にするなどし、子供との関わりに自信がもてるようにする。

・教師からも、「こんなこと言っているね。ママに伝えているね。よく分かっているね。」と子供が考えていることや理解していること、成長の様子などを丁寧に保護者に伝えていく。

・日常の生活場面についての話なども、絵日記を見せ合いながら話題にする。聞こえる保護者や聴覚障害のある保護者が、同じ子育ての話題でやり取りする中で互いが分かるような話し方が工夫できるよう助言や支援をしていく。

（ウ）Ａ親子の遊びにおける変容

　Ａ親子の遊びでは、当初、やり取りの食い違いが見られた。子供が、指人形をメガホンの穴に落とす遊びをしている時、子供が母親を見る度に、「カエルだね」「○○マンだね」と指人形の名称を語りかけていた。母親としては、子供とのやり取りを広げようとして話し掛けていたものの、子供が母親の語りかけに最後まで注目しておらず心を痛めていた。

　一方、子供の様子を見ると、いろいろな形の指人形が小さい穴に入るかどうかを試して遊んでいる様子だった。そして、指人形が穴に入ると、母親を見て「入ったよ！」という気持ちを伝えていた。

　こうしたやり取りの食い違いが度々起こると、子供はだんだん母親を見なくなり、自分一人

の活動に集中するようになる。母親は、「やり取りを広げるとは新しいことを教える」と思っていたようだった。この日、活動後にビデオを見て振り返りをしたところ、「（自分の言葉掛けは）押し付けがましかった。それよりも『入ったね！』と驚いた顔で、繰り返し応じてあげた方が、もっとやり取りが続いたと思う。」と自ら気付いたことを話してくれた。

　半年後、この親子は、「熱を測って薬を飲む。横になって休む。おでこをタオルで冷やす。」という病気ごっこや、店での買い物ごっこなどの再現遊びを行うようになった。役割を交代しながら、繰り返し根気よく子供の遊びに楽しんで付き合う母親の姿があった。振り返りの時に、他の保護者から「何度も繰り返す中で、その都度子供からのいろいろな表現が増えてきている」と感想が出された。保護者は、子供が何に興味をもっているかを考えて、その気持ちに寄り添って遊ぶことができるようになった。（いずれも実生活であったことを絵日記の題材にし、体温計などのパーツが取り外せるように工夫してあった。）

（エ）保護者の感想と意識の変化（１年後）

Ａ保護者：以前は教えようとしても少しも見てくれなかったが、徹底的に遊ぶうちに、最近では、私が何を言うか、興味をもって見てくれることが増えてきた。他のお母さんから「動作が大きくて表情が豊かだから、自分の子供が、ＡちゃんやＡちゃんのママのことが大好きだよ。」と言ってもらえたり、絵日記を褒めてもらえたりして自信になった。日頃の子育ての苦労を話し合えて参考になった。

Ｂ保護者：初めは、ここに来る意味があるのかと思っていたが、今は私も子供もここに来ることが楽しみになった。聞こえる保護者のママが、手話を覚えようと一生懸命いろいろ聞いてくれるのが嬉しい。「丁寧に話をしているね。子供がよく見てくれるね。」と褒められることが、励みになった。

Ｃ保護者：初めは、手話で話すお母さんたちが、何を言っているのか分からなくて、孤独だったが、日頃の子育ての話や体験談を聞いて、どんどん親近感が湧いてきた。うちの子も同じようなことを感じるのだろうと思うと、一つ一つの体験が、貴重な情報になる。手話や表情など表現の仕方やその効果を目の当たりにして、たくさん学ぶことができた。

オ　考察

　１歳児は、目に見えて大きく変化し、理解語や表出語が増える時期である。そのような成長は、日常生活で繰り返し行われる事柄や事物、人との関わりを通してなされるものである。このため、保護者が、日々の家庭生活に価値を見いだし、子供と接することができるようにすることが重要である。このことに保護者が気付くことができるよう、学校では、家庭や日常生活に身近な場面や出来事を取り上げ、保護者自身がその場を楽しむことができるようにすることを大切にしたい。

　グループ活動の良さは、母親がリラックスして遊びに入り込めることや、母親同士で子育て

の悩みや不安を共有できること、他の親子の様子を見たり意見を聞いたりする中で保護者自身の気付きや見方・考え方の広がりが生まれやすいことにある。

　また、聞こえる保護者と聴覚障害のある保護者の親密な交流の機会がもてることも大事である。聞こえる保護者にとっては、聴覚障害のある保護者自身の体験をその都度聞くことにより、自分の子供や育つ環境について理解を深める機会となる。

　人とコミュニケーションを取ることが苦手な保護者は、個別相談の方がうまく話せるという場合もあるが、グループ活動への参加により大きく変わる場合もある。どの活動に重点を置くかを考慮しつつ、グループ活動と個別相談を併用することも大切である。

4　福祉、医療等の関係機関との連携を通じた支援の例

ア　実践例の概要

　聴覚障害児の早期からの相談支援において、福祉機関、医療機関と特別支援学校（聴覚障害）とが連携して取り組んだ実践である。

イ　A県の聴覚障害児の早期療育における実態

　A県では、新生児スクリーニング検査でリファーとなった乳幼児の多くは、福祉関係機関B（以下、Bという。）で再検査を受ける。再検査により、聴覚障害が発見された後は、聴覚障害児の療育に関わる福祉関係機関C（以下、Cという。）に紹介され、聞こえに対する支援を開始する。Cでは、補聴器の装用指導を開始し、遊びを通して、聴覚活用や言語の訓練、保護者への支援を行っている。

　また、幼児の実態や保護者の希望などを考慮して、人工内耳を適用する幼児については、医療機関D（以下、Dという。）が紹介される。さらに、幼児の実態や保護者の希望に応じて、特別支援学校（聴覚障害）が紹介される。特別支援学校（聴覚障害）の教育相談を利用している保護者の中には、CやDを併用して支援を受ける人もいる。

ウ　連携に至る経過

　Cには多くの聴覚障害乳幼児が通所している。他機関と連携して支援を行うため、特別支援学校（聴覚障害）においても、長年にわたり、必要に応じて情報交換を行ってきた。その後、年2回程度、情報交換会として正式な会議を行うようになり、幼児に関するケース会議としての役割をもつようになった。また、県教育委員会の事業として、特別支援学校（聴覚障害）が年2回、特別支援教育への理解を深める幼児体験学習会を開催しているが、それはCの保護者講座の事業にも組み込まれている。このため、多くの聴覚障害乳幼児や保護者の参加があり、特別支援学校（聴覚障害）を知ってもらう絶好の機会となっている。

　この幼児体験学習会には、0〜6歳児の幅広い年齢の幼児とその保護者が参加しており、幼

稚部の授業参観を行うとともに、在籍児との合同保育も行っている。乳児の保護者の参加も多く、特別支援学校（聴覚障害）の幼稚部の幼児が手話や音声を用いて楽しそうにコミュニケーションをしている様子を見たり、保護者同士が会話をしたりしている様子を見て、聴覚障害教育について理解し、子供が成長し楽しくコミュニケーションをする姿を思い浮かべることができる場となっている。この時に、希望する方には、個別に教育相談を行っている。

　幼児体験学習会から特別支援学校（聴覚障害）の教育相談につながるケースが増え、教育相談から幼稚部入学に至ることもある。

　A県の人工内耳の装用施術とリハビリテーションについては、Dが開設されるまではE大学が担っており、特別支援学校（聴覚障害）に在籍する人工内耳装用児についての情報交換を行うために、人工内耳担当者会を定期的に行ってきた。特別支援学校（聴覚障害）の在籍児や教育相談を利用している人工内耳装用児については、Dと人工内耳担当者会を行って、子供の聴覚活用の様子やコミュニケーション状況などについて情報交換を行ってきた。

　特別支援学校（聴覚障害）は、これら2つの機関とそれぞれ連携してきたが、CとDと特別支援学校（聴覚障害）教育相談の3機関を併せて利用する幼児が増え、この3機関が集まって協議をする必要性が増した。そこで、「ネットワーク会議」を開催し、幼児一人一人のケース会議を行うようになった。（なお、乳幼児の療育に関わるネットワーク会議は、従前、C、E大学の外に、市町の保健センター、児童発達支援センターを招いて開催しており、県全体の聴覚障害乳幼児の療育について、話し合う貴重な場であった。）ネットワーク会議において、一人一人の乳幼児の実態や保護者支援の在り方等について協議することにより、よい支援につなげることができるようになった。

エ　ネットワーク会議について

　ネットワーク会議では、それぞれの機関が該当する幼児の資料を持ち寄り、聴覚活用、言葉、発音、保護者への支援などについて成長した面や課題、今後の支援の方針等について協議している。重複障害児や保護者への対応など、特別な支援が必要なケースについては、支援の方針をより具体的に相談したり各機関が担う役割を確認したりしている。各機関が一堂に会することで、情報の共有や今後の支援方針について互いに意見を出し合いながら協議することができるようになった。

　また、保育園や幼稚園へどのような支援をしているかを話し合うことで、必要な情報や支援方法を、適切に在籍園等に伝えられるようになった。このネットワーク会議では、特別支援学校（聴覚障害）に在籍する人工内耳装用児についても情報交換を行っている。

　各機関が、共通の認識をもつことで、保護者が悩んでいることや就園、就学について、具体的にどのような支援を行っていくかを明確にすることができるようになった。

オ　幼児への支援の実践例

　地域の保育園に在籍している聴覚障害と発達障害を併せ有するＦ児への支援を例に挙げる。Ｆ児は、新生児スクリーニング検査により聴覚障害が発見され、Ｃで支援を受けるようになった。その後、人工内耳の装用手術を検討する時期からＤにも通うようになった。

　また、人工内耳の手術後、聴覚活用や言語の獲得などにおいて、丁寧な支援が求められることから、２歳児から特別支援学校（聴覚障害）の教育相談を利用するようになった。

　さらに、発達面への支援も必要であることや、保護者に対しては、聴覚活用や言葉を育む関わり方、併せて、発達面に考慮した関わり等について丁寧な支援が必要であることから、ネットワーク会議等で時間をかけて協議し、保護者の思いを共有したり支援の方針を協議したりしてきた。Ｆ児の様子と今後の支援方法について、協議した内容は、次の通りである。

（年少時）

　各機関で週１回ずつ支援を受けている。音への気付きはよい。覚えている手話が少しあるが、コミュニケーションで使うことはあまりない。教育相談では、絵本や絵カードを使って、覚えた手話を母親や教師とのやり取りで使い始めるようになった。幼児が好きな遊びや絵本を通して、特定の場面で同じ手話を使っていくことで、手話の定着を図り、手話で思いが伝わる楽しさを感じられるようにする。親子で関わる場面を意図的に作っていくようにする。

（年中時）

　音や呼び掛けへの反応はよい。周りを見ながら状況判断をして、行動ができるようになりつつある。特定の人に対して、手話をコミュニケーションの手段として使うようになってきた。言葉の理解が進み、手話の表現も増え、手話に音声が伴うようになってきている。母親は言葉に意識が向きがちであるが、Ｆ児は母親に対して、抱っこを求めたり、なでてもらうことを喜んだりする。それらに適切に対応することで、次第に母子関係がよくなっている。

　支援場面においては、母子でじっくり関わるように努め、母子で共感する時間を作るようにする。一方、場面に合わない行動をして気を引くことが増えているので、発達に応じた行動を促すよう保護者に伝えていく。親子で関わる時間を作るため、医療機関に通う回数を月４回から２回程度にするなどの対応も講じた。

（年長時）

　場所や関わる人によって、違いがあるものの、覚えた手話を生活の中で使うようになってきた。手話と音声で、相手と通じ合う経験ができ始めた。母親とのコミュニケーションがスムーズになり、家族でカードゲームを楽しみ、親子の関わりが増えた。母親自身が、Ｆ児との関わりについて自信をもてたように思う。保育園でも、手話をするようになっており、先生と意思

疎通を図ることができ始めたが、まだ子供同士の関わりは少ない。

　特別支援学校（聴覚障害）の教育相談に訪れた時に、合同保育や昼休みの遊びに参加する機会を設け、子供同士で関わる機会を作るようにした。保育園の卒園と同時にＣの利用が終了となった。また、特別支援学校（聴覚障害）幼稚部の教育相談が終了して、小学部の教育相談に移行した。

　このように、相談回数が減ることに、保護者が不安を感じていたため、小学部の教育相談に適切に引き継ぎをするとともに、就学が予想される地域の小学校への支援についても具体的に伝えていく。

（就学後について）

　特別支援学校（聴覚障害）小学部の教育相談を、月に１回程度利用し、コミュニケーションや言語に関する学習を行っている。また、教育相談の担当者が、小学校に出向き、特別支援学級の授業参観、保護者を含めた協議、交流学級の児童への啓発授業も実施している。教育相談やＤで支援を受ける機会は、母親が担当者とＦ児の成長を確認したり、関わり方や学習等について気軽に相談したりできる場となっている。

　Ｆ児は、特別支援学級に在籍し、交流学級での授業にも楽しく参加している。母親は、家庭学習にも積極的に関わっており、Ｆ児は音声による言語の受容や表出も増え、楽しく学校生活を送っている。

　Ｆ児については、３機関で協議をしていたため、幼児期における支援方法、保育園への働きかけ、就学についてなど、機関相互が共通認識の下、支援に当たることができた。支援機関が連携していることは、保護者の安心にもつながった。

　また、特別支援学校（聴覚障害）小学部の教育相談につなげることで、保護者、本人共に安心して就学を迎えることができ、小学校への支援も継続して行うことができている。

カ　連携の成果と課題

　複数の機関を利用している乳幼児の増加に伴い、関係機関が連携を図ることで、乳幼児・保護者への支援の在り方を、共有することができるようになった。各機関で、幼児が見せる姿、保護者の関わり方や語られる思いを、相互に伝え合い、話し合うことで、子供の実態や保護者の気持ちをより深く理解して、支援につなげることができるようになった。各機関が連携していることで、親子で安心して支援を受けられ、幼児の成長につなげていくことができると思われる。今後も、それぞれの機関の独自性を発揮しながら、連携して必要な支援を行っていきたい。

　また、Ａ県では、教育や療育、相談等に関わる関係機関有志による「難聴児を育む会（仮称）」を立ち上げた。Ｅ大学、難聴児の親の会、人工内耳装用児の会、県内の難聴特別支援学級代表、

福祉関係機関Ｃ、医療機関Ｄ、特別支援学校（聴覚障害）の関係者が集まり、会を運営している。この会で、聴覚障害のある幼児児童生徒の在籍する園や学校に呼び掛け、学習会や情報交換会を行っている。

　乳幼児については、特別支援学校（聴覚障害）、Ｃ、Ｄが幼稚園や保育所に呼び掛けて、参加を募っている。関係機関と聴覚障害児、保護者、在籍園の教員が、つながる場として機能していくことが期待されている。

　乳幼児から高校生に至るまで、子供を支える教員が、聴覚障害のことを学習したり相談したりできる場があることは、本人や保護者にとっても安心であろう。

第2節　幼稚部段階における指導等

1　話合いの素地となる態度を育む指導例

ア　実践例の概要

　人との関わりやコミュニケーション面において実態の異なる3名からなる3歳児学級において、話合いの素地となる傾聴する態度の育成を目指した実践である。

イ　幼児の実態（3歳児3名）

（ア）個々の実態

幼児	平均聴力レベル 装用時の平均聴力レベル	コミュニケーション、人との関わりなど
A	右　95 dB 右　45 dB（HA※） 左　90 dB 左　40 dB（HA）	・友達のすることをよく見ており積極的に関わっていく。 ・声や身振り、指差しや表情等で伝えたり理解したりしている。
B	右　110 dB 右　55 dB（HA） 左　115 dB 左　55 dB（HA）	・友達への関心があまりなく、一人遊びをしていることが多い。 ・表出は身振りや手話が中心である。理解力はある。
C	右　− dB 右　30 dB（CI※※） 左　85 dB 左　40 dB（HA）	・友達に関心はあるが、自分からは関わっていけない。 ・身近な内容であれば、片言の話し言葉でやり取りできる。

　本書では、次のように表記している。

　※ HA…補聴器（Hearing Aid）　※※ CI…人工内耳（Cochlear implant）

（イ）学級の様子（入学当初）

　コミュニケーション面でも、友達との関わり方の面でも、個人差がある学級である。自由遊びの場では、友達と関わりながら遊ぶよりも、それぞれが一人遊びをしたり大人を相手に遊んだりする様子が多く見られた。

ウ　ねらいと指導の方針

（ア）ねらい

　本学級の幼児の実態から、傾聴態度を身に付けるために、次のようにねらいを設定した。

・教師（担任）や友達に関心をもつ。

・相手の働きかけを分かろうとする。

（イ）指導の方針

・一人一人の幼児の実態を把握し、信頼関係を築く。

・教師と個々の幼児との関係を土台に、教師と複数の幼児や幼児同士の関係につなげていく。

・幼児が「分かった」「分かってもらった」と実感できるやり取りを積み重ねる。

エ　経過

（ア）教師の働きかけ

【やり取りにおける配慮】

・実態把握と信頼関係の構築のため、一人一人の幼児とのやり取りを大切にする。

・幼児の行動や表現（表情、視線、指差し、身振り、声、言葉、手話等）をよく見て、幼児の気持ちや考え、行動特性などをつかむようにする。

・幼児に話し掛ける時は、必ず視線が合ってから話す。特に、具体物を利用する時には、物に目が向いている時ではなく、待ったり誘ったりして、視線が合ってから話すようにする。

・一つ一つの内容が分かり、確認もできるよう、短く分かり易い言葉で話し掛ける。

・幼児が使っている表現の手段を教師も使ったり、具体物や視覚的な物を使ったりして、幼児が教師の働きかけを分かったと実感できるようにする。

・幼児が教師に分かってもらったと実感できるように、幼児の表現を見逃さずに受け止める。また、受け止めたことが分かるように幼児に返す。具体的には、幼児の表現を同じように繰り返して表現してみせたり、幼児の表現からくみ取ったことを幼児が分かる方法で示してみせたりする。

・幼児同士が、互いに関心をもてるように、一人の幼児の気付きや表出を他児にも知らせ、話題を共有して楽しむ場を多く作る。また、一人遊びをしている幼児同士が互いに関われるよう、教師が仲立ちをする。

【活動場面の設定における配慮】

・自由遊びの時間をできるだけ確保する。幼児の自発的な遊びに添いながら、実態把握を行うとともに、信頼関係を作るようにする。

・全員が集まる場面では、全員が興味をもって行えること、全員が楽しめることに十分留意して活動を考える。友達や先生と一緒にいると楽しい、いいことがあるという実感がもてるように活動を工夫する。

・活動内容については、幼児の気持ちの動きや状態に応じて、柔軟に対応し、準備した活動や定例的な活動にこだわらないようにする。

（イ）指導の経過

　上記に配慮して行った指導場面の例を挙げる。

【事例1】教師が幼児とのやり取りを重ねながら、幼児の指差しの意味を理解した場面である。教師は、Aの表現を繰り返すことで、Aにその気持ちを受け止めたことを伝えながら、やり取りした。最終的に、Aは教師に分かってもらえた、伝わったと実感できたと捉えることができる。（表1参照）

表1

Aの様子	教師の働きかけ	教師の働きかけの意味及び意図
ア、ア（教師の洋服のボタンを指差す） （にっこり笑う）	→あ、あ。 ボタンあったね。（ボタンを指差しながら）	Aの表現を繰り返す。 Aの言いたいことをつかんで言葉にして返す。
アー！（黒板上部を指差す）	→あー！（黒板上部を指差す） これかな？（掲示してある花の絵を指差す）	Aの表現を繰り返す。 指差している物が曖昧なため、教師が推測した物を指差してAに確かめる。
（首を傾げて怪訝な表情をする）	→違うんだ。 じゃあ、こっちかな？ （黒板上の磁石を指差す）	Aの表情から気持ちをくみ取って言葉にする。 Aが指差したい物を推測し、指差す。
アーアー！（指を強く振って指差しを続ける）	→あーあー、だね。あれあれ、かな。（Aの動きを真似ながら） どれかなあ。じゃあ、おいで。（Aを抱き上げて指差させる）	Aの表現を繰り返す。Aの言いたいことをくみ取って言葉で表す。 指差したい物に触れて具体的に伝えられるようにする。
（チョークで描いた丸に触れて指差し、満足そうに笑う。その後、ボタンを指差す）	→あー、これだ。丸だね。 ボタンと同じだね。	Aの言いたいことをくみ取り、言葉で表す。

【事例2】一人の幼児の気付きをクラス全員で共有した場面である。Cの気付きを取り上げて、全員の話題とし、靴下の模様という具体物を通して、友達に関心をもったり全員が話題を共有したりすることができるようにした。（表2参照）

表2

幼児の様子	教師の働きかけ	教師の働きかけの意味及び意図
C：ア、ホシ（靴下の模様を指差して）	ほんとだ、星だね。星が描いてある。 Aちゃん、Bちゃん、見て。（二人にAの靴下を指差して見せる）	Cの単語による表現を文に表し、聞かせる。 全員で共有できる話題と考えたため、Cの気付きを他児に知らせる。
A：アー（Cの靴下を見た後、自分のズボンについている星の刺繍を指差す）	あ、あった。Aちゃんにも星、あった。	Aの言いたいことを言葉にして聞かせる。
B：（ティッシュをいじっている）	Bちゃんにもあるかな。星、あるかな。（身振りも交えて。Cの靴下も再度見せる）	他児がやっていることに関心を向けさせるためBに向けて再度働きかける。分かるように身振りも使う。
B：（自分の洋服を見て星を探す）（身振りで「ない」と伝えてくる） B：（うなづく）	ない。星、ないんだ。（身振りも交えて）	Bの言いたいことを、分かる身振りを使いながら言葉でも表し、聞かせる。
A、C：（Bの所へ寄っていき、二人で星を探し始める。それを見てBも再度探し始める）	（見守る）	子供同士で夢中になって探しているので、十分探し切って子供から教師への働きかけがあるまで声かけはせず待つ。
C：アッタ！ホシ、アッタヨ！（Bの洋服のタグについている星のマークを見つけ、指差す）	あ、あった。星、あった。ここにあったね。（タグを引っ張って、A、Bにも見せる）	Cの表現を繰り返す。 「ここに」を補って聞かせる。
B：（ほっとしたように笑う） B：（うなづく）	よかったね。星、あったね。（身振りも交えて）	Bの気持ちをくみ取り言葉にして表す。分かるように身振りも使う。
A：アッアー！（笑って）	あったね。Bちゃんに星あったね。	Aの表現を繰り返す。Aの表現に言葉を補って、文にして聞かせる。
A、B、C：（お互い顔を見合わせて笑う）	Aちゃんにも星あった。Bちゃんにも星あった。Cちゃんにも星あった。星、星、星。みんなあった。嬉しいね。（身振りも交えて）	子供たちの気持ちをくみ取って言葉にして表し、聞かせる。一文は短くし、一文ずつ内容が子供に分かるようにする。一文ずつ間をとって話す。Bにも分かるように身振りも使う。

【事例3】自由遊びの中で、幼児同士の関わりをつくった場面である。Cが、教室の隅でミニカーを走らせて遊び、離れたところでBがままごとをしていた。Bが、おもちゃの果物を教師に渡してくれたため、教師はそれを持ってCのところへ行き、トラックの荷台に果物を載せて走らせて遊んだ。すると、Cが果物を欲しがった。教師は、すぐに果物を渡すことはせず、Bからもらったことを伝え、一緒にBのところへ行く。そして、やり取りのモデルを見せながら、BとCにやり取りを促す。その後、Cは自

ら何度もBのところへいろいろな食べ物をもらいに行き、車に載せて遊んでいた。しばらくすると、Bが食べ物のおもちゃを持ってCのところへ行き、自分も車に載せて遊び始めた。

【事例4】幼児の気持ちに配慮し柔軟に活動を変更した場面である。入学当初から、具体物があると、子供たちは興味をもって集まってきた。そこで、各幼児のマークのシールを貼った名札を用意し、全員で集まって朝の挨拶をした後、名札を付ける活動を取り入れた。始めのうちは全員が喜んで行っていたが、しばらくすると、Bが名札付けの活動を嫌がるようになり、泣いてその後の活動に参加しなくなることが多くなった。自分で名札をうまく付けられず、しかし、大人に頼るのは嫌で自分でやりたいということが理由として考えられた。3歳児の初期においては、自分で思うようにならなくて、泣いたりぐずったりすることがよくあるが、これは、自分の気持ちを調整できるようになるためには、大事な経験だと考える。しかし、この時点では、名札付けを行うことよりも、Bが安心して、友達との活動に参加できることが大事であると考え、名札付けは、全員で行う活動から、いったん除き、登校時に、教師と子供が一対一で関わる時間に行うようにした。そうしたところ、Bは、全員で集まる活動に喜んで参加するようになった。

　これらの指導を通じて、1学期末には、自由遊びの場面では、同じ遊びをしたり一緒の場所で遊んだりして楽しむことが増えた。その分、友達とのトラブルもよく起こるようにもなったが、友達の顔を見てやり取りしたり、気持ちをつかもうとしながら関わったりする様子が見られるようになってきた。また、着席する場面では、教師が前に座ると自然と視線が集まるようになり、一人が話をし始めた時に注目を誘うと、「何だろう？」という表情で友達を見て、その話に気持ちを向けることが増えてきた。

オ　考察

　日々の様々な場面で、幼児としっかり視線を合わせること、見ていたら楽しいことがあった、分かった、分かってもらったという経験ができるように心がけることは、幼児の見ようとする気持ちや、分かろうとする気持ちを育てることにつながる。すぐに結果としては表れないが、毎日繰り返すことにより幼児の変容につながった。

　本実践は、傾聴態度を身に付ける際の入り口に当たる部分の実践である。傾聴態度を育むためには、引き続き、幼児の育ちに合わせて、継続的に実践することが必要である。

2　経験と言葉を結び付ける指導例

ア　実践例の概要

　3歳児に対して、絵日記指導と出来事の発表を通して、相手に伝えたい気持ちを高めながら、言葉の習得と語彙の拡充、文章での表出を目指した実践である。

イ　幼児の実態（3歳児と4歳児、3名）

（ア）聴力レベル、コミュニケーションや言語発達の状態など

幼児	平均聴力レベル 装用時の平均聴力レベル	コミュニケーションや言語発達の状態
A	右　110 dB 右　27 dB（CI） 左　90 dB 左　42 dB（HA）	3歳7か月で、本校幼稚部に入学した。コミュニケーション手段は、主に音声と身振りである。自我が強く、気持ちを言葉で表現することが難しいため、思うようにならないと、泣いたり、手を出したりすることがある。活動に見通しがもてると、自分で考え、状況判断しながら、行動することもある。
B	右　110 dB 右　72 dB 以上（HA） 左　110 dB 左　73 dB 以上（HA）	3歳4か月で、本校幼稚部に入学した。コミュニケーション手段は、主に手話である。
C	右　105 dB 右　24 dB（CI） 左　90 dB 左　47 dB（HA）	4歳2か月で、本校幼稚部に入学した。コミュニケーション手段は、主に音声である。

（イ）学校での様子

　指文字を覚え、それで友達の名前を表しながら、「○○ちゃんが△△した」などの話を教師に伝える場面が多く見られた。

　友達同士の会話では、主なコミュニケーション手段が異なることから、なかなか自分の意思を伝えることが難しい。また、相手の話を最後まで聞くことができず、よそ見をする。見聞きした内容の短期記憶についても課題がある。

ウ　ねらいと指導の方針

（ア）ねらい

　入学1年目（3歳児）から、絵日記指導を通して、生活に密着した言葉（物の名前や動き、様子を表す言葉）の拡充と定着を図り、言葉で伝える力を育むことをねらう。

（イ）指導の方針

・幼児との会話を通して1日を振り返り、印象的な出来事について絵と簡単な文を書き、教師の手話や指文字と音声とを同時に模倣させる。保護者と連携して、家庭で連絡帳を見ながら、絵日記を介して会話を繰り返し継続する。

・帰りの会（振り返り発表）や朝の会（トピックス、出来事の発表等）において、自分が話したい内容に関して、表出した言葉を基に教師が手話や指文字と音声で表現した2〜3語文の模倣を繰り返し行う。

エ　経過

＜教師の働きかけと指導の経過 〜A児の場合〜＞

1学期

　入学当初の表出言語が、家族の名前（ママ、じいじ、姉の名前）、せんせい、ぶーぶー、ピーピー等10個程度であったため、絵日記を使った指導の中で、次のことを行いながら話し言葉を中心とした生活言語を身に付けさせる。

・出来事や経験、興味をもったことについて、共感しながら様子や感情を言語化する。

・実物、絵や写真と一緒に文字を添える（絵カード等）ことで、ものに名前があることに気付かせる。

　一日の出来事を振り返る際、予定表（天気、活動場所、内容、人物）や壁面（季節に関する事物等）の掲示カードを用いて、楽しかったことを伝えようとする姿が見られるようになった。持ってきたカードの単語を口声模倣し、言葉を聞きながら口を動かすことを繰り返した後、絵を描き、横に文字を付加した（図1）。

　また、A児の言いたいことを短い文にして、手話や指文字と音声で教師が提示し、それを模倣することを繰り返した。すると、帰りの会で、楽しかったことを発表する時に覚えた単語を1〜2個表出するようになった。

図1

図2

「てんとう虫」と「中庭」のカードを持ってきた。「Aくんが、てんとう虫をお庭でつかまえたね」と話をしながら絵日記を書く。（図1）てんとう虫の手話をしながら、「てんとうむし」と口声模倣を行い、「てんとう虫」の手話をして、赤いクレヨンでてんとう虫を塗っていた。（図2）

［2学期］

友達や先生、家族の名前、場所、食べ物、動物、色、形や数、自然現象など、身近な言葉が増えた。（実物、写真や絵を見て、名称を音声と手話で表現でき、教師が音声で尋ねて、実物や絵カードから選ぶことのできる名詞が38個、音声と手話で表現できる動詞が7個、様子を表す言葉が6個）

「一緒、同じ」の手話を使って表現したり、要求や禁止、自分の思いを友達や教師に対して、手話や指文字と音声で表現したりしようとする姿がよく見られるようになった。さらに、語彙の拡充と既習言語の定着を図るため、次のことを行った。

・季節に関することや、自然現象、出来事や経験など、興味をもったことについて、既習の言葉をつなげて短い文を作り、手話や指文字と音声で表現する。

・実物、絵や写真と比較したり、確認したりできるよう、教室に言葉絵じてんや図鑑、チラシ等を置いておく。

1日の振り返りの中で、「だれと」「なにをした」の二語文での表出が多くなった。絵日記にも「これ　A」「これ　○○。」と、書いたものを用いて説明したり、足りないものや書いてほしいものを伝えようとしたりした。帰りの会の発表の時に、自分から絵日記を持ってきて、譜面台に置いて発表するようになった。

新しい経験をした時に、言葉絵じてんを一緒に見ながら、新しい言葉を指文字や手話と音声で確認す

図3

ると、絵日記を書く時に、言葉絵じてんを持ってきて、覚えた言葉のページを開き、手話と音声で表した後、指文字でも表現できるようになった。大雨で雷が落ちた日の翌日、友達と絵日記（図3）と言葉絵じてんの絵を指さしながら、「Aと、Bちゃんと、Cちゃんと、雷（手話）ぴかぴかー（音声と身振り）見た（手話と音声）ねぇ。」「ぴかぴかー」「かみなり（指文字）」など、手話や音声でやり取りする姿が見られた。

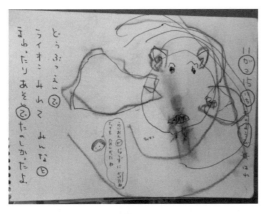

図4

図5

　遠足で、動物園に行ったことを家庭で話をしながら、ライオンの絵を母親と一緒に描いた（図4）。朝の会で、「動物園に行った。ライオンが好き。」と発表した。休憩時間に、「ママとじいじと○○（姉）と、ガオー（音声と身振り）、ケーキ（手話）、ろうそく、フー（身振り）楽しかった（音声と手話）」と言うので、「ケーキ、食べたの？」と聞くと、誕生日で、ケーキを食べた時の絵日記（写真5）を開いて、持って来た。「Aくんの誕生日に、ライオンのケーキを、みんなで食べたのが、楽しかったという、お話だね。」と伝える。ライオンから想起されて、誕生日のことを思い出し、教師に伝えたくなったと考えられる。

|3学期|

　家での出来事や、経験したことと結び付けて、話をすることが増えてきた。また、「これだれ？」「これ　なに？」等の質問をするようになってきた。振り返りの場面だけでなく、保育の場面でも、「どこで　なにを　どうする」と、三語文で表現することが増えてきたので、既習語の定着と、文での表現を引き出すために、次のことを行った。

・出来事や経験したことなど、興味をもったことについて、既習の言葉をつなげて、主語と動詞を含む、三〜四語文を作り、手話や指文字と音声で表現する。

・会話の中で「だれと　したの？」「どこに　いったの？」など質問をし、答え方が分からない時は、絵日記を基に教師が答え方を示し、模倣を促した。

　出来事を振り返る時に、経験したことや気持ちを言葉で詳しく表現するようになった。「DくんとCちゃんとBちゃんと、一緒にバスに乗って、お店に行った。赤いりんご　買った。楽しかった。」「きょう、○○先生が赤鬼で、棒　持って、来た。ぼくは豆を投げた。鬼は外！」と手話や指文字と音声で、詳しく様子を話し、またそれを絵に描いて、表現するようになった（図6）。友達の発表を聞いて、自分と同じ話をした時は、「一緒！」「これは

図6

誰？」と同意したり、質問したりする様子も見られるようになった。

オ　考察

　経験したことを言語化していくことを繰り返すことで、相手に伝えたい気持ちを高めながら、生活に密着した言葉を獲得することができた。さらに言葉で出来事や気持ちを伝える活動へとつなげていくために、経験したことと言葉を結び付ける活動として絵日記指導はとても有効である。

　教師、友達に伝えるだけでなく言葉のやり取りが伴うことで、聞いてほしい、共感してほしい気持ちも育ってきている。

　保育の中で新しい経験をした時や発見した時、即時的にフィードバックし、新しい言葉や既習の言葉を、実物、写真、絵、文字を用いながら、音声とともに指文字や手話を同時に模倣することで、さらなる言葉の拡充や定着につながり、獲得した言葉を生活の中で使ったり、言葉から経験を想起したりする姿が見られるようになった。

3　新たなコミュニケーション手段の獲得を目指す指導例

ア　実践例の概要

　3歳児学級（5名）において、キュード・スピーチを導入し、口形文字も用いて、コミュニケーション手段や日本語の獲得を図ることをねらった実践である。効率的な言葉の習得につながるように、家庭の協力を得ながら、一年間にわたる計画的な言葉の概念化を促す学習を行った。

イ　幼児の実態（3歳児5名）

（ア）個々の聴力やコミュニケーション、言語発達等の実態

幼児	平均聴力レベル 装用時の平均聴力レベル	コミュニケーションや言語発達の様子など
A	右70 dB 右30 dB（HA） 左70 dB 左30 dB（HA）	・日常の会話を聞いて理解できることは、単語で言える。 ・手指の細かい動きは、苦手である。 ・知的障害を併せ有している。
B	右100 dB 右40 dB（CI） 左95 dB 左40 dB（HA）	・視覚的に状況を捉えて、感じたことや要求を身振りや指差しで表す。 ・衝動的に行動することが多い。 ・家庭の都合により、祖母が付き添いをしている。
C	右90 dB 右45 dB（HA） 左90 dB 左45 dB（HA）	・日常会話を、単語や二語文程度でやり取りすることができる。 ・発音は、不明瞭であるが、様々なことに興味をもち、気付いたことや感じたことを伝えてくる。
D	右100 dB 右55 dB（HA） 左110 dB 左60 dB（HA）	・日常会話を単語でやり取りする。発音は不明瞭で、慣れた場面や相手以外には、なかなか言葉を発しない。 ・理解度は高く、視覚的な情報により、目の前で起きていることは分かる。
E	右80 dB 右40 dB（HA） 左70 dB 左35 dB（HA）	・身近な言葉は理解して使うが、曖昧に覚えている言葉が多い。 ・障害の発見が遅かったため、補聴器の装用期間が短い。 ・家庭の事情により、欠席しがちである。

（イ）学級の様子

　生活場面で、幼児達は、感じたことや気付いたことなどをすぐに表現したり、行動に移したりする様子が見られる。意思のぶつかり合いが多い。一方で、なかなか自分から表出できずに、友達の様子を見ている子供もいる。まだ言葉を介してのやり取りは、子供同士ではほとんど見

られない。どの幼児も、歌や手遊びには積極的に参加して、楽しむ姿が見られる。

ウ　ねらいと指導の方針

（ア）ねらい

○幼児の話したい気持ちを受け止め、コミュニケーションに対する意欲を育てながら、普段の会話や絵日記でのやり取りで、疑問詞による質問に答えられるようにする。

○口形文字の使用に慣れ、形を見て、口形を合わせられるようにする。

・キュード・スピーチを模倣する習慣を付け、身の周りの物の名前や毎日の活動の名称、活動場所を理解できるようにする。

・友達とのやり取りの場面を捉え、少しずつ言葉によるやり取りができるようにする。（1学期終了まで）

・自発での表出を誘い、日常的な言葉をキュード・スピーチで言えるようにする。（2学期以降）

（イ）指導の方針

・個に応じて、聴覚活用に配慮しながら指導する。

・体験を通して、幼児が必要な言葉を獲得したり、言語概念が形成されたりするよう、次の学習をバランスよく行う。

○遊びや体験が、言語概念の形成につながるよう日課の「ことばの時間」において、キュード・スピーチを段階的、計画的に活用する。

○家庭と連携し、ことばの時間で身に付けた事項を協力しながら、取り出して指導したり、保育全般の学習に取り込んで指導したりしながら、効率よい言葉の獲得を促す。

エ　経過

（ア）キュード・スピーチの導入方法と留意点

① キュード・スピーチの用い方

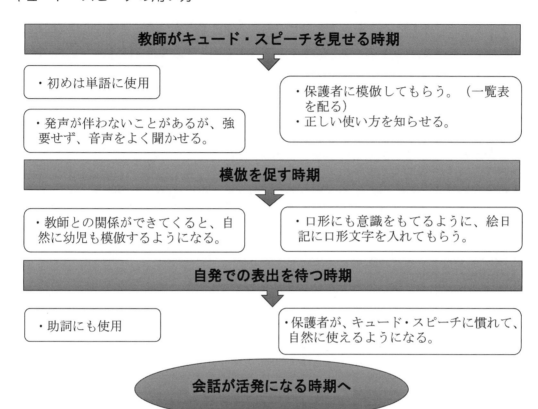

② 活用の際の留意点

・一人一人の幼児の聴覚活用や言語の習得の状況を把握し、個に応じて、音声の聞かせ方や
キューサインの速さに留意する。

・言葉の抑揚やイントネーションは、聴覚を通してしか入らないことを意識して、口声模倣を
丁寧に繰り返す。

・一人一人の幼児の発音の習熟度を把握して指導に当たり、授業の流れを妨げない程度の注意
を促す。口形の模倣を正しく行えるように、口形文字も活用して、常に口形を確認する。

・キュード・スピーチの活用に慣れてきたら、手の位置や形、口形などを正確にできるよう
にしていく。また、幼児の状態を見て、発声も促すようにする。

概念化学習の内容の一部（3歳児）

項目	3歳児前半	3歳児後半
分類	物と人（何・だれ・色・いくつ） 動物（鳥・魚・人）　など	おもちゃ・文房具 食べ物・飲み物・お菓子・果物
仲間集め 仲間外れ	色・形・大きさ・量 何・だれ・色・いくつ 野菜・果物　　など	お店（パン屋・魚屋・八百屋） など
物事の関係	乗り物と走る場所 持ち物と所有者、ある場所 対関係（歯ブラシとコップなど）	
物の用途・ 機能		動詞の概念化 ・切る（ハサミ・包丁・のこぎり） ・ポット（お湯を入れる）　など
類概念・ 上位概念	食べ物・飲み物・着る物・履く物・乗り物　など	
疑問詞・ キーワード	何・だれ・どこ・いくつ・どうして・どうしたの 反対語（形容詞）　など	

（イ）概念化学習の内容と幼児の様子

① 概念化学習の内容

　日課に30分程度「ことば」の時間を設け、計画的・系統的な言語指導を行う。

　保護者には、隔週のおたよりで活動予定を知らせ、ねらいや扱う言葉を伝える。

　また、家庭生活の中で般化していくよう、励ましながら促す。

② 指導の経過

時期	活動内容	幼児の様子
1学期 前半 後半	要求の言葉を使う （初期は設定された 場面で） ※話し手に注目す る態度や話したい 気持ちを育てる。 出欠の確認や健康 調べの場面で、友 達のことを話す。 （教師を介して） 二語文で表現する。 （形容詞＋名詞「赤 い○○」、人＋動詞 「□□ちゃんいな い」など	・毎日の繰り返しで、活動場面の言葉を覚えていった。 ・要求の場面が増えてくると、自分から「抱っこ」「やって」などキュード・ 　スピーチを使うようになった。（B 児） ・保護者との関わりから、徐々に教師に直接関わりをもとうとする。 　慣れてくると、一緒にキューサインを模倣しようとする。声が伴う 　ことをほめると、繰り返して言おうとするようになった。（D 児） ・色の名称を覚えて、言えるようになった。手話を使って表すことも 　多かった。（E 児） ・自分や友達の名前を覚えて、キュード・スピーチで言えるようになった。 ・友達への興味が高まり、欠席の話を伝えてきたり、席順で主張し合っ 　たりするようになった。（B 児・C 児） ・キュード・スピーチでの挨拶語がなめらかになってきた。（A・C・ 　D 児） ・二語文から、三語文で話すようになるが、手話や身振りも混ざって 　いることも多い。（C 児） ・口形文字に興味をもつことが増え、口形に気を付けて話そうとする 　ようになった。（D 児）
2学期	動詞・助詞を使う。 （の・と・を・は など） 疑問詞（なに・だれ・ いくつ・どこ　な ど）を理解する。 　なに　　だれ 当番活動	・キュード・スピーチに、声が伴わないこともよく見られた。 　（B 児・D 児） ・意味を理解して、見ていることが増えてきた。一緒に言えるように 　なると、教師の支援を手で制して、一人で言うから待ってという様 　子が見られた。（B・C・D・E 児） ・動詞は、身振りで表現していることが多い。教師がキュード・スピーチ 　で繰り返し言うと、じっと見るようになった。（C 児） ・キーワードの質問と答えのやり取りに留意すると、絵日記を手がか 　りに、「だれ」「なに」の質問に答えられることがあった。（C・D 児） ・繰り返し行っている場面や、状況に助けられれば、「だれ」「どこ」 　の質問に答えられることがあった。（A・C・D 児） ・持ち物で「（だれ）の帽子」とか、「（だれ）と（だれ）と遊んだ」 　など、促すと助詞を使うようになってきた。（A・C・D 児） ・当番となり、前で挨拶することを喜ぶ。（全員）

3学期	キーワードを使う。	・日常の会話の中で、疑問に思ったことを「どこ？」「なに？」と尋ねるようになってきた。（C・D児）
	経験を複数の単文で話せるようにする。	・経験したことを、絵日記を手がかりに話すようになった。（C・D児） ・互いの絵日記を見て、同じような経験について「一緒だね」と分かり合う場面が出てきた。（全員）
	友達の話に興味をもち、聞く。	・友達の絵日記に、知らない物があると、「なに？」と尋ねることがある。（全員）
	1つの絵で複数の疑問詞に答える。 りんごの絵　など 	・1つの絵を見て、「なに」「何色」「いくつ」の質問に正しく答えることができた。（C・D児）

③　学級の様子（変容）

・毎日の活動の中で、キュード・スピーチを用いてのコミュニケーションが自然にできるようになった。音声のやり取りをキュード・スピーチで視覚化することができ、自発語が増え、言葉による会話が成立するようになった。

・保護者によっては、扱った言葉をすぐに使い、その場面を絵日記に描くなど、積極的に活用する様子が見られた。幼児も新しい言葉を繰り返し使うようになった。

オ　考察

①　キュード・スピーチによる効果

　聴覚障害の程度が重い幼児にとって、キュード・スピーチは、音声による話しかけを受信できる有効な手段と考える。発話が不明瞭であっても、幼児の言葉を大人が理解することにより、音声によるコミュニケーションを活発にできる。

　キューサインには、発音誘導の機能があるため、日常の活動中に発音の指導ができ、有効な場面があった。また、五十音の行ごとにサインが決まっているため、ひらがなの習得に効果的な幼児がいた。

②　キュード・スピーチの使い方の工夫

　聴覚障害の程度が軽度の、あるいは人工内耳を装用する幼児には、部分的な使用が有効である。発話の速さに手指の動きが追いつかず、ぎこちない話し方になることがあるため、キュード・スピーチは、新出語彙を確認したり発音を指導したりする場面で、ゆっくりとした速さで使用するなどの工夫が必要である。

③　キュード・スピーチ以外の手立てが必要な場合

　絵カードや身振り、手話を使うことにより、意味を理解しやすい幼児もいる。その場合には、

手話などで意味を理解してから、キュード・スピーチで音韻に留意させ、単語を少しずつ身に付けられるようにする必要がある。

　発達がゆっくりで、対人関係を築きにくい幼児の場合には、じっくりと時間をかけて、個別的に支援を行った。好きな遊びを通して、顔を見てやり取りする場面を設け、キュード・スピーチよりも、身振りや手話など、意味の捉え易い方法で、まずは伝え合うことを中心に指導する必要がある。

4　個別の指導や配慮と学級指導（集団）とを関連付けた指導例

ア　実践例の概要

　主なコミュニケーション手段や言語発達の状態等、幼児の実態が多様化する中、人工内耳装用児に対して、集団指導と個別指導のねらいを明確にして、指導を行った実践である。

イ　幼児の実態（4歳児2名）

（ア）聴力レベル、コミュニケーションや言語発達の状態等

幼児	平均聴力レベル 装用時の平均聴力レベル	コミュニケーションや言語発達の状態など
A	右　－dB 左　110 dB 右　28 dB（CI） 左　49 dB（HA）	2歳5ヶ月で人工内耳装用。乳幼児教育相談を経て、幼稚部に入学。人工内耳の効果は良好で、コミュニケーションは、音声を中心に、手話も使用して行っている。家庭においても、音声とともに、手話を使用した丁寧なコミュニケーションを行っている。
B	右　84 dB 左　－dB 右　43 dB（HA） 左　32 dB（CI）	2歳2ヶ月で人工内耳装用。当初、幼稚園に通っていたが、年少組の2学期から幼稚部に入学。人工内耳の効果は限定的で、コミュニケーションは、音声使用とともに、手話と身振りも使用している。家庭では、身振りや簡単な手話と、音声でやり取りをしている。

（イ）幼稚部及び年中児クラスの様子

　幼稚部には、3学年で15名が在籍している。そのうち7名が人工内耳装用児である。聴覚活用の状況や主なコミュニケーション手段、言語発達の程度等、個々の実態は多様である。年中児クラスには、上記の人工内耳装用の2名を含め、5名が在籍している。1名は知的障害を併せ有する重複障害児である。

ウ　ねらいと指導の方針

（ア）ねらい

　人工内耳装用児に対して、個別の実態に応じて、聴覚活用を最大限促し、日本語の習得を目指すとともに、共通のコミュニケーション手段として手話を位置付け、相手や場面に応じたコミュニケーションの意欲や態度を育む。

（イ）指導の方針

・幼稚部全学年での「合同遊び」、学級での「話し合い活動」、「個別指導」を組み合わせて教育を行い、それぞれの場で一人一人の全体的な発達を促す。

・聞こえにくいことを様々な場面で自覚することで、望ましい障害認識を育てる。

・人工内耳を施術した医療機関と定期的に情報交換会を行い、本校の教育方針や幼児の発達の状況を説明して、協力関係を構築する。

エ　経過

(ア) 合同遊び (全学年)

ねらい	・幼児が主体的に友達や環境と関わることで、幼児同士の豊かなコミュニケーションを促す。 ・異年齢での関わりを通して、社会性や思いやりの気持ちを育て、よりよい人間関係を構築する。
時間の設定	週3日実施
活動内容	・泥砂遊び　・色水遊び　・空港ごっこ　・新聞紙遊び　等
配慮事項	・幼児の主体性を大切にし、遊ぶ場や遊び方を選択したり、発展させたりできるように、遊びの環境を工夫する。 ・個から集団へ発展的に遊べるよう、道具や場の設定を工夫する。 ・教師の過剰な介入により、幼児の自由な発想や思考を阻害することがないよう留意する。 ・自然な形で、口声模倣を促しつつも、幼児の主体的な遊びを優先しながら、場に応じた言語指導を行う。 ・集団の場での共通のコミュニケーション手段は、音声と手話とするが、幼児によって、得意な手段が異なるため、状況に応じて、教師が音声を手話に置き換えたり、手話を音声付き手話で表したりする。 ・幼児同士の関わり合いを大切にし、トラブルが発生した際にも、可能な限り自分たちで解決できるように、教師の介入は、最小限に控える。 ・活動後には、教師全員で環境構成、関わり方について振り返り、指導を共通理解することで、系統的な活動が展開できるようにする。
幼児の様子	・一人遊び→教師と1対1の遊び→物を介して友達と遊ぶ→言葉を介しての友達とのやり取りへと発展が見られた。 ・友達との関わりが増え、思いを手話や音声、身振りを用いて伝えられるようになり、トラブルを自分たちで解決できる場面が増えた。 ・友達と話し合い、役割分担をして遊ぶ様子が見られた。 ・相手に応じて、コミュニケーション手段を使い分ける様子が見られるようになってきた。 ・相手の言葉が分からない時に、教師に通訳を求めたり、友達に聞き返したりできるようになってきた。

(イ) 話し合い活動 (学級)

ねらい	・体験を言語化し、日本語の定着を図る。 ・幼児同士での豊かで確かなコミュニケーションを促し、互いの思いや考えの違いに気付かせる。
時間の設定	合同遊び後に各学級にて実施

活動内容	・合同遊びについての話し合い 　自分がしたこと・友達がしたこと・感想・次回にしたいこと　等	
配慮事項	・共通の手段である手話の使用を促しながらも、教師が幼児の発言した内容を確認したり、手話と音声で復唱したりして、話題を共有できるようにする。 ・話し合いのルールを周知する。 　　　発言の際には挙手し、発言することを示す。 　　　前に出て注視を促す。 　　　音声だけではなく、指文字や手話も使用する。 ・既習の言葉だけではなく、新たな表現も意識して使用し、語彙・表現の拡充と定着を促す。 ・絵カード等の視覚教材を活用し、語彙と話題の理解を促す。 ・単語の羅列での表現については、幼児の実態に合わせて、文に置き換え、復唱を促す。	
幼児の様子	【A児】 ・助詞も使用して、４〜５文節文で経験を表現できるようになってきた。 ・友達の話を受けて、自分の考えや経験を話せるようになった。 ・友達や教師の話を理解し、疑問に思ったことは、進んで質問するようになった。 ・新たに覚えた言葉を積極的に使い、表現することができるようになった。 ・相手に応じて、コミュニケーション手段を使い分けられるようになってきた。	【B児】 ・手話の語彙が増えたことで、内容の理解が深まり、表出が増加した。 ・新たに覚えた言葉を使いながら、２〜３語文の音声や手話で表現できるようになった。 ・話題を理解し、簡単な質問に答えることができるようになった。 ・自分のことだけでなく、友達のことについても話すようになった。 ・音声の聞き取りが難しく、友達の発言が分からない際には、自ら相手に手話を求めたり、聞き返したりできるようになった。

（ウ）個別指導の設定

	A児	B児
ねらい	・個に応じた聴覚学習、日本語の指導を行い、言語発達を促す。	
	・音の弁別や発音等、聴覚を活用しながら、語彙を拡充し、様々な表現に触れさせる。 ・文字の使用により、日本語の確実な定着を図る。	・音を使った遊びを通して、聴覚の活用を促すとともに、発音練習により音韻意識を育てる。 ・絵カード等で理解を促しながら、語彙の拡充を図る。
時間の設定	週１〜２回保育時間後に実施	

指導内容	・環境音の聞き取り弁別 　　音当てゲーム ・かるた取り 　　読み手を交代しながら行う ・仲間集め 　　白いもの、丸いもの、 　　こわいもの、速いもの　等 ・しりとり、なぞなぞ ・記憶遊び 　　動物や果物の名前、数字を1つずつ 　　増やして覚えていく ・発音練習 　　母音・子音の発音 　　単語の発音 　　文の発音	・音の数の聞き取り ・楽器音の聞き取り 　　太鼓、ラッパ、鈴　等 ・色カードの聞き取り遊び 　　あお、あか、みどり　等 ・家族や友達の呼称の聞き取り 　　パパ、お兄ちゃん　等 ・同じ音節数の言葉の弁別 　　いちご、ばなな、りんご　等 ・かるた取り ・発音練習 　　姿勢の保持 　　口・舌の体操 　　息遊び 　　母音・子音の発音
配慮事項	・指文字や文字での確認を行い、聞き誤りを確認する。 ・幼児の興味・関心を把握し、指導に取り入れ、集中の持続を図る。 ・板書や文字カードの提示により、語彙や表現の確実な定着を図る。	・絵カードや文字カードで指示や言葉の理解を促す。 ・口の周りだけでなく、体全体の発達を促しながら、実態に応じて進める。
幼児の様子	・聴覚を活用し、音声でのやり取りが活発になった。 ・語彙が増加し、経験や考えを豊かに表現できるようになってきた。 ・「なぜ」等の質問にも答えることができ、会話を広げることができるようになってきた。	・音声の聞き取りは難しいものの、環境音には反応でき、意識して発音できるようになった。 ・自分の聞こえに関心をもち、聞き誤りがあることに気付いた。 ・語彙が増加し、経験したことを具体的に表現できるようになった。

（エ）その他の活動

　自由遊び、朝の会、帰りの会、絵日記指導、給食指導等、様々な場面において、幼児の実態に応じて、季節や行事、日常生活に関すること等を取り上げ、言語指導を行った。

（オ）医療機関との連携

　幼児が受診している病院と、定期的に情報交換会を行い、医師や言語聴覚士と幼児の情報を共有し、学校と医療機関が良好な関係を築くことで、保護者が安心して子育てを行うことができている。

オ　考察

　集団と個別の指導でのねらい、配慮事項を明確化し、整理することで、教師全員が一貫した

関わり方ができた。また、集団での活動で個の課題を見出し、個別指導の内容をより実態に応じたものにすることができた。

　音声でのやり取りが中心の幼児でも、指文字や文字を導入することにより、正確な書き言葉の習得に生かすことができた。

　また、手話を共通の言語として位置付け、様々な場面で手話に触れる機会を多く設けることで、幼児同士でのコミュニケーションが活発になった。場所や活動によって、自分の聞こえの状態に違いがあることに気付くなど幼児期なりの障害の特性の理解を促すことができた。

第3節　小学部・中学部・高等部段階における指導

1　教科学習の基盤を培う指導例

ア　実践例の概要

　小学部低学年児童に対して、教科学習の基盤を培うため、話し言葉の質的向上と書き言葉につなぐことを意図した指導（渉りの指導）の実践である。

イ　児童の実態

（ア）聴力レベル、コミュニケーションや言語発達の状態など

児童	平均聴力レベル 装用時の平均聴力レベル	入学時のコミュニケーションの状態など
A	右　110 dB 右　34 dB（CI） 左　90 dB 左　45 dB（HA）	・他機関から小学部に入学してきた。 ・主なコミュニケーション手段は、音声を伴う手話である。話し言葉の表出は、単語レベルであり、脱落や置換が見られる。
B	右　95 dB 右　47 dB（HA） 左　100 dB 左　49 dB（HA）	・他機関から小学部に入学してきた。 ・音声のみで言葉を理解することは難しい。主なコミュニケーション手段は、身振りや手話、指差しである。音声が伴うことは少ない。

　※授業時はFM補聴システムを活用している。

【入学時の児童に共通する言語発達の課題】

（聞くこと・話すこと）
・口声模倣が習慣化していないため、話し手を注視・傾聴することが難しい。
・経験した事柄について説明された内容でも、理解が難しい場合がある。
・問答に慣れておらず、簡単な問いに答えることが難しい。
・手話での表出の際に、音声や口形が伴うことが少ない。
・表出が単語レベルにとどまり、主述のはっきりした表現ができにくい。
・物事の意味や用途などを、言葉を使って説明することが難しい。
（読むこと・書くこと）
・平仮名を指文字に変換することはできるが、音声や口形が伴わないことが多い。
・一字一字を拾いながら読むことが多い。語をまとまりとして捉えることが難しい。
・身近な経験について書かれた文を読んで、理解することが難しい。
・自分の描いた絵や描かれている絵を見て、出来事や様子などを口頭で説明することは、まだ難しい。
・身近な名詞であれば、平仮名で書くことができるが、置換や脱落が見られる。
・自分の経験や身近な話題について、簡単な文に表すことができにくい。

（イ）入学時の学級の様子

　児童は、乳幼児期から保護者との愛着関係を確立しながら、実際の生活場面を通じて、言葉を身に付ける指導を受けてきている。保護者とのコミュニケーションは良好である。一方で、保護者等の関わり方として、児童の分かる言葉での関わりに留まったり、児童が曖昧な表出をしてもやり取りを終えてしまったりすることが少なくない。その結果、話し言葉が十分身に付いておらず、他児の表出を理解できなかったり、自身の表出が他児に伝わらなかったりするなど、児童相互のコミュニケーションが成立しない状況にある。

　児童の共通する言語発達の課題は上述のとおりである。教科学習を進めるに当たっては、活動や経験に即して、話し言葉の習得に努めるとともに、その力を質的に高め、書き言葉につながるようにすることが必要となる。

ウ　ねらいと指導の方針

（ア）ねらい

　話し言葉の習得を目指すとともに、身に付けた話し言葉を質的に高め、書き言葉の基礎を築くこと。

（イ）指導の方針

　主として、自立活動や国語科の時間において言葉の指導を行うこととするが、必要に応じて、学校生活全体を通して指導を行う。また、家庭の協力を得るため、個別の指導計画や学級通信等を通じて指導の意図を理解してもらう。

　なお、視覚と聴覚の両面から日本語の受容ができるよう、教師は音声を伴いながら手話を用いることにする。併せて、日本語を正しく使う習慣を身に付けさせることを目的として、口声模倣を重視し、児童には音声と手話で表出を求めるようにする。

エ　経過

（ア）教師の働きかけ

・話し言葉、書き言葉、音韻意識の指導に係る教師の働きかけは、次の表のとおりである。話し言葉の指導が書き言葉の基礎を築いたり、音韻意識の形成につながったり、また逆に、書き言葉の指導が話し言葉の充実につながったりすると考えられることから、互いに関連付けて指導を行うことにする。

　なお、以下①～③のⅠ～Ⅴ段階は、校内で設定した目指す姿や態度である。

① 話し言葉の指導

目指す児童の姿や態度	教師の働き掛け
Ⅰ段階 ・今ここで経験していること、感じていることなどについて、音声を伴った手話を使い、正しい文でやり取りができる。 ・促されなくても、口声模倣ができる。	・体験的な学習や遊びの場面など、児童が何かを伝えようとした場面を活用して、指導をする。 ・口声模倣は同時模倣、即時模倣、遅延模倣を段階的に取り扱うようにする。 ・問答は、「事象の名称、動作の内容（何、どうした）」を中心に扱う。問答が成立しない時は、口声模倣を行った後に、再度問い直し、問いと答えを一致させてやり取りを終えるようにする。 ・他児の経験や表出に関心がもてるよう、他児が口声模倣をしている場面を見せるようにする。
Ⅱ段階 ・過去に経験したこと、感じたことについて、音声を伴った手話を使い、正しい文でやり取りができる。	・児童が経験した事柄を絵に描き、その絵を題材にして、やり取りを行う。状況をより詳しく説明できるよう、「人（だれ）」「場所、観点（どこ、どちら）」「時（いつ）」「数量・程度（いくつ、どれくらい）」「方法、手段（どのように）」「様子、状態（どのような）」「原因、根拠（なぜ）」を中心に扱う。 ・時系列に説明できるようになれば、複数の場面を絵に描き、場面間を接続詞でつないだり、結果から原因を説明する話し方を口声模倣させたりする。 ・児童の表出は、文字にして提示し、話した事柄が書き言葉で表現できることに気付かせる。
Ⅲ段階 ・友達が経験したことや身近な話題について、音声を伴った手話を使い、正しい文でやり取りができる。	・児童の絵日記を題材にして、話し合い活動を行う。初期は絵を提示して行い、児童同士のやり取りが成立するに伴い、視覚的な手掛かりは減らしていく。 ・他児の話が理解できているかを確認するためにやり取りをする。理解が不十分な時は、聞き手の児童に自身の過去の経験を想起させたり、話し手の児童に例を挙げて説明させたりする。 ・話し合い活動では、取り上げた話題について、目に見えない性質や働きなどの機能面、他の事柄との共通点などについても触れるようにし、言葉を言葉で説明させるようにする。

② 書き言葉の指導

目指す児童の姿・態度	教師の働きかけ
Ⅰ段階 ・身の回りの言葉について、読んだり書いたりすることができる。	・身に付けさせたい言葉について、品詞ごとに分けたプリントを作成し、絵と仮名文字、口形を結び付ける。 ・名詞については、理解した語彙の増加に伴い、性質や働きなどについても、児童の経験と関連付けて考えさせる。

Ⅱ段階 ・身に付けた言葉を使って、主述のはっきりした短文を作ることができる。 ・簡単な文を読んで、理解することができる。	・絵を見て、児童に口頭で文を作らせた後に、2〜3文節の主述のはっきりした短文を書かせる。 ・口頭での作文ができるようになったら、拡充模倣をし、新しい表現や今後の学習で扱う表現にも触れる。併せて、他児の短文や算数の文章題、なぞなぞ文を読んで、書かれている事柄を絵で表現させる。 ・連絡事項を黒板等に書き言葉で示し、書き言葉から情報を得ることを習慣化する。
Ⅲ段階 ・日常生活文を読み、それを文に書き直すことで、問いに答えることができる。	・読むことに関する題材は、他児が書いた日記文や過去に経験した事柄などとする。 ・初期は、文章の大筋を事前に伝え、児童の過去の経験を想起させた上で読ませるようにする。また、読みながら、話し言葉でやり取りをし、問いの答えが書かれている部分を確認させるようにする。
Ⅳ段階 ・日常生活文を読み、文脈の理解を要する問いに答えることができる。	・言葉でやり取りをしながら文章を読ませるようにし、文中に書かれていない事柄は、教師が補い、補った事柄は、書き言葉で示す。併せて、学校生活では、教師の行動の訳をつぶやくなどして、意図的に知らせる。これらの際には、口声模倣をさせる。 ・教師による手掛かりを徐々に減らしていき、やり取りをしながら、文中に書かれていない事柄を話し、児童に言葉で説明させるようにする。

③ 音韻意識の指導

目指す児童の姿・態度	教師の働きかけ
Ⅰ段階 ・身に付けた言葉について、日本語の語調（リズム）に基づいて、話すことができる。	・語をまとまりとして捉えられるようにするため、②のⅠ段階で身に付けた言葉に、語調を表す記号を付し、日本語のリズムが崩れないように音声で表出させる。 ・日本語のリズムに沿って表出できるようになったら、手指サイン等を使って、「きゃべつ」を「きゃ、べ、つ」といったモーラ単位に分解させ、それができるようになったら、文字単位に分解させるようにする。
Ⅱ段階 ・身に付けた言葉を使って、言葉遊びができる。	・音を操作する力を育むため、しりとりやアナグラム、なぞなぞなどの言葉遊びを行う。 ・初期は文字を提示するようにし、ある程度できるようになったら、口頭のみで行うようにする。
Ⅲ段階 ・書かれている文を流暢に読むことができる。	・リズムを崩さずに単語を表出できるようになったら、短文、日常生活文、国語の教材文と、読む量を増やしていく。 ・初期は、児童に提示する文章は分かち書きにし、文節途中の改行を行わないようにする。また、語調を表す記号も付す。流暢に読めるようになってきたら、それらの手掛かりは、徐々に減らしていく。

（イ）指導の経過

・時期別の指導事項は、次の表のとおりである。入学初期は、話し言葉の指導と仮名文字の習
　得、読みの能力に関連する音韻意識の指導に重点を置いた。その後、話し言葉の充実、音韻
　意識の形成に伴い、書き言葉の指導に重点を移した。

・話し言葉と書き言葉の指導については、段階が上がっても、前段階の指導は、継続して取り
　上げ、児童の生活言語の一層の充実を目指した。

	第1学年時			第2学年時		
	1学期	2学期	3学期	1学期	2学期	3学期
①話し言葉の指導	Ⅰ段階 Ⅱ段階	Ⅱ段階 Ⅰ段階 Ⅲ段階	Ⅱ段階 Ⅲ段階 Ⅰ段階	Ⅱ段階 Ⅲ段階 Ⅰ段階	Ⅲ段階 Ⅱ段階 Ⅰ段階	Ⅲ段階 Ⅱ段階 Ⅰ段階
②書き言葉の指導	Ⅰ段階 Ⅱ段階	Ⅰ段階 Ⅱ段階	Ⅰ段階 Ⅱ段階 Ⅲ段階	Ⅱ段階 Ⅲ段階 Ⅰ段階	Ⅲ段階 Ⅱ・Ⅳ段階 Ⅰ段階	Ⅳ段階 Ⅱ・Ⅲ段階 Ⅰ段階
③音韻意識の指導	Ⅰ段階	Ⅱ段階 Ⅲ段階 Ⅰ段階	Ⅲ段階 Ⅱ段階	Ⅲ段階 Ⅱ段階	Ⅲ段階	Ⅲ段階

※文字サイズは指導における重点の軽重を表す

オ　考察

　口声模倣が習慣化したことで、傾聴、注視する態度が身に付いた。あわせて、児童の手話の
表出に音声が伴うようになり、それらの表出は、書き言葉の指導を経ることによって、日本語
として正しいものとなった。

　また、言葉をまとまりとして捉えるとともに、音を操作できるようになったことで、多音節
語や特殊音節を含む語であっても、正しく記憶できるようになった。また、長い文章でも流ちょ
うに読めるようになった。

　やり取りが成立するに連れ、話し言葉で状況を詳しく説明できるようになり、そのことによっ
て、口頭での作文から、経験した事柄を書くことに円滑に移行できた。

　話し合い活動を繰り返すことによって、他児の意見を聞き、自分の考えを経験に基づいて話
したり、言葉を言葉で説明したりする態度が育った。

　さらに、定着するまでには至らなかったが、結果から原因を考えさせたり、教師の思考過程
を提示したりすることによって、話し合い活動の中で、目に見えない事柄を推測する態度が見
られるようになった。また、文中に書かれていない事柄についても、説明しようとする態度が
見られるようになった。

2　教科学習等における指導例

（1）　国語（小学部）

ア　実践例の概要

　小学部3年生の児童1名に対して、説明文を通して、体験に基づく言葉の習得と概念の形成をねらった実践である。

イ　児童の実態（小学部3年生・1名）

　（ア）平均聴力レベル　右95dB　左90dB

　　　　装用時の平均聴力レベル　右55dB（HA）　左50dB（HA）

　（イ）生育歴・教育歴

　　　　2歳の中頃から特別支援学校（聴覚障害）の教育相談に通い、3歳から幼稚部に入学した。体力がなく病気がちであり、欠席が目立った。

　（ウ）コミュニケーションや言語発達の状況など

　　　　学年対応の検定教科書（国語）の学習が難しい児童である。具体的には、小学部3年生であるが、小学部1年生程度の言語力であり、「みかん」「かわ」のような名詞は分かるが、「あたたかい」「あまい」「ならんで」「出ます」のような形容詞や動詞の理解が不十分な児童である。また、「どんなところ？」「どんなあじ？」という問い掛けに対しては、選択肢があれば選べる。主に、聴覚口話でのコミュニケーションである。必要に応じて、表情や身振り、具体物を使い、話のやり取りをしてきた。

ウ　目標と指導の方針

　（ア）目標

　　　　日常生活に関わりが深い説明文について、体験や資料を通して、詳しく読み取ることができるようにする。

　（イ）指導の方針

　　　　体験や視覚的な資料を手掛かりにして、話のやり取りをしながら、説明文を丁寧に読む。

エ　経過

　（ア）教師の働きかけ

　　　・ねらいを達成するため、『特別支援学校小学部聴覚障害者用　こくご　ことばのべんきょう三ねん（下）文部科学省著作教科書』を用いて指導した。

　　　・単元計画

　　　　第1時〜第5時　秋の果物について、読み取る。

第6時～第9時　あぶり出しについて、読み取る。

第10時～第13時　おちばについて、読み取る。

・本時のねらい（第2時）

みかんについて書かれた文章を、体験や資料を手掛かりに読み取る。

> 一　秋
>
> 1　くだもの
>
> 　みかんは、あたたかい　ところで
> とれる　くだものです。
>
> 　**かわを　むくと、十ぐらいの**
> **ふくろが　ならんで　います。**
> **食べると、ふくろから　あまい**
> **しるが　出ます。**
>
> 　りんごは、さむい　ところで
> とれる　くだものです。
> かわを　むくと、白っぽくって
> きれいです。
>
> 　しかし、そのままに　して　おくと、
> 色が　しだいに　かわります。
> でも、しお水の　中に　入れておけば、
> かわりません。

特別支援学校小学部聴覚障害者用国語
言語指導
「こくご　ことばのべんきょう
三ねん」

・指導の様子

目指す児童の姿や態度	授業の経過（やり取りの概要）	教師の働きかけ
	（本時の導入部分と第1段落の部分は省略） T：「それで、みかんはどうやって食べるの？」 C：「（動作で表す。）」 T：「（児童と同じ動作をしながら）こうすることは、何て書いてあるの？」 C：「かわをむく。」 T：「今日はね、これを持ってきたよ。」「何かな？」 C：「みかん！」	・拡大した教科書の本文を黒板に貼っておく。
かわをむいたみかんの様子について、読み取る。	T：「（教科書の本文を指しながら）『かわをむく』をやってみて。」 C：（かわをむく動作を行う。） T：「かわをむくと、どうなっているの？何て書いてある？」 C：「十ぐらいのふくろがならんでいます。」 T：「ならんでいますって、どんなことかな？」 C：「・・・・・・」 T：「（ラジオ体操の写真を見せて）これも並ぶって言うんだよ。」 T：「みかんは、かわをむくと？」 C：「ふくろがならんでいる。」 T：「ふくろって、どれのことかな？」 C：「これ。」 T：「これがいくつあるのかな？数えてみて。」 C：「（数える）十一あった。」 T：「あれっ？十じゃないね。」 C：「一ちがう。」	・実物のみかんを用意し、食べる経験を通し、書かれていることを確かめる。 ・ラジオ体操で並んでいる写真を用意しておき「ならんでいる」を理解しているか確かめる。 ・実物を使って、「ふくろ」を理解しているか確認し、実際に数えさせる。

	T：「少しちがうね。だから、十じゃなくって、何て書いてあるの？」 C：「十ぐらい。」	・事前に教師が味見をした上で、みかんを食べさせて、甘い汁が出ることを知らせる。
食べた時、どのような味か、どうなるかについて読み取る。	T：「食べてごらん。」「どうですか？」 C：「おいしい」 T：「おいしいの他に、何と言えばいいかな？」 C：「あまい」「水」 T：「それはね、しるって言うよ。」 T：「教科書には、食べるとどうなるって書いてある？」	
本時のまとめをする。	C：「ふくろからあまいしるが出ますって書いてある。」 T：「そうだね、書いてあるとおりだったね。」 【まとめとして、いくつかのポイントを再度尋ねて、言葉で答えられるかどうかを確かめる。】	

（イ）指導の経過

・拡大した教科書の本文を黒板に貼り、話のやり取りの中で、いつでも文章を見ることができるようにした。第1時〜第5時では、教師が促すことによって、本文を見ていたが、第10時〜第13時では、自ら本文を見るようになってきた。

・説明文の学習部分を、教師の声と指差しを手掛かりに音読させた。第4時の頃までは、読んだ内容について、尋ねても答えることができず、書いてあることの絵カード（りんご、みかん、なしの絵）を黒板に貼って、選ばせる活動をした。しかし、だんだん学習している文章について、「何のお話？」と問えば、言葉で表現しながら絵カードを選ぶようになった。

・これまでの果物を食べた経験やあぶりだしの経験、落ち葉で遊んだ経験について話し合ったが、だんだんと自ら経験したことを話すようになっていった。

・第2時の本文の第1段落で、「みかんは、どんなところでとれるの？」と尋ねた際、『さむいところ』『あたたかいところ』の文字カードを無言で選んでいたが、第12時、第13時では、「いつの話？」という発問に対して、『あき』と話しながら選ぶようになった。

・第2時では、『日本地図（白地図）』『産地が書かれたみかん箱の写真』『県の場所がわかる本』『みかん畑・なし畑の写真』を用意しても、教師の発問の後に発言していたが、第12時、第13時では、視覚的な資料から分かることを、自分から「あかいはっぱ」などと発言するようになった。

オ　考察

　本教材は、書かれていることを実際に体験しながら、本文を読み進めることができる教材である。書かれている内容を実際に体験させながら、確認したことを本文の言葉を用いて説明できるようにすることが大切である。

　例えば、りんごについて書かれた文章があり、「そのままにしておくと、色がしだいにかわ

ります。」という文があるが、実際に、少しずつ変色するりんごの様子を見せて、書いてある文と比べる場面を設けた。

　また、あぶり出しについて扱っている部分では、「くだもの」「おろしがね」「ガーゼ」「紙」「ふで」「でんねつき」「しるを入れるもの」という言葉が本文中に出てくるが、それぞれが、何をするものなのかを考えさせながら言葉で説明する学習をした。このことは、身の回りのものについても、何をするものなのかを言葉で説明するきっかけになった。

　このほか、「十ぐらい」「白っぽい」という言い方も出てくるが、体験を通すことにより、「ぐらい」や「～ぽい」の使い方について理解を深めていく。

　また、1年を通して、春夏秋冬それぞれの話題が取り入れられている。生活語彙が十分に獲得されていない児童にとっては、言葉を獲得していく機会となろう。このため、学校における指導だけでなく、保護者の協力を得て、日常生活の中で、買い物の体験、旅行経験等を積み重ね、産地等についても関心をもたせてもらうようにすることも重要である。

（2）　国語（小学部）

ア　実践例の概要

　小学部4年生児童3名について、国語の授業と、他教科の学習や生活場面での体験活動等を関連させて、単元の指導計画を作成し、日々の教育活動全体を通して、児童の思考力・判断力・表現力等を育てることを目指した実践である。

イ　児童の実態（小学部4年・3名）

（ア）聴力レベル、コミュニケーションや言語発達の状態など

児童	平均聴力レベル 装用時の平均聴力レベル	実態
A	右　－ dB 右　16 dB（CI） 左　76 dB 左　40 dB（HA）	聴覚を活用し、音声中心のコミュニケーションをする。相手や場面によって、手話を併用する。読書好きで、テレビや新聞などからも情報を得ている。
B	右　105 dB 右　54 dB（HA） 左　80 dB 左　40 dB（HA）	手話が主なコミュニケーション手段である。獲得している語句が少ないため、自分の思いを的確に表現できないことも多い。
C	右　83 dB 右　41 dB（HA） 左　84 dB 左　40 dB（HA）	聴覚を活用し、音声中心のコミュニケーションをする。相手や場面によって、手話を併用する。聞き取れない場合には、相手に手話での表現を求めることがある。

（イ）学級の様子

　自分が経験した心情を言葉に置き換えることができなかったり、経験そのものが少なかったりするために、国語の学習では、登場人物の心情にうまく迫れないことがある。また、場面の流れを考えず、目に入った言葉を用いて、場当たり的に答えてしまうこともある。

ウ　目標と指導の方針

（ア）目標

・場面の移り変わりに注意しながら、登場人物の気持ちの変化や情景を想像して読むことができる。

・単元全体を通して、既習の内容や自分の経験、身に付けた言葉を活用して、思考・判断・表現することができる。

（イ）指導の方針

　授業における指導法や手立ての工夫を行いながら、日々の教育活動全体で、教師が意図的に、児童が体験を通して言葉を身に付けたり、思考・判断・表現したりする場面を設定して指導する。

エ　経過

（ア）教師の働きかけ

・目標を達成するため、授業においては、次のような工夫をした。

項目	手立ての内容と配慮事項等
発問	その授業における主題に迫る主発問と、それを支える補助発問とに分類し、児童の実態に応じて、児童の思考の流れをくみ取りながら発問計画を立てる。発問は、「簡潔に分かりやすく」を心掛けるとともに、様々な尋ね方、答え方を児童に経験させる。また、補助発問を重ねた時には、必ず、最後に主発問で問い直し、答えさせるよう心掛ける。
板書	児童の思考の流れや1時間の授業の展開を確認できるよう、板書を整理する。キャラクター等を登場させ、児童が他者の意見と自分の意見を比較できるよう工夫する。
教室環境づくり	黒板、ホワイトボード、拡大した本文、既習の内容をまとめた掲示物、言語事項についての掲示物等の位置を、児童がいつでも欲しい情報が得られるよう工夫する。

ワークシート	児童の思考の流れを予想してワークシートを作成し、児童の実態に応じて、板書とリンクさせたり、思考の手助けとなるイラストや図等を用いたりする。穴埋め式にした場合は、記入後に、必ず全文を読ませて、文の形で理解させる。
学習内容の情報共有	職員室のホワイトボードにコーナーを作り、今、学習している単元名や児童に覚えて欲しい言葉や言い回しを掲示して、教員で情報を共有する。全職員がそれを見て、休み時間や給食時間に、それらの語句を用いて話しかけたり、話題にしたりする。

（イ）指導の経過

　単元の学習を、以下の表のように事前・学習中・事後の三つに分けて全体をデザインし、児童が自分の経験や身に付けた言葉を使って、思考・判断・表現できるようにする。

「単元計画の基本モデル」

	事前	学習中	事後
国語の授業	○難語句の学習① 　・意味調べ ○題材に関する話合い	○発問 ○板書 ○掲示物（心情曲線・場面のまとめ） ○答え方のモデルを示す ○ワークシート ○根拠を示す答え方	○難語句の学習② 　・短文づくり
その他の活動	○実態把握 　・難語句 　・情報収集（事象・心情・経験） ○難語句の使用 　・保護者や職員への協力依頼	○学習内容の活用（掲示） 　・難語句 　・言い回し	○心情に関わる語句を日常的に使う・使わせる ○学習内容に関わる話合い

○授業実践例『初雪のふる日』（光村4年はばたき）

	事前	学習中	事後
国語の授業	○難語句の学習① 　・意味調べ ○話合い「雪」	○発問 ○板書 ○掲示物（心情曲線） ○答え方のモデルを示す ○ワークシート ○根拠を示す答え方	○難語句の学習② 　・短文づくり

その他の活動	○体験活動「石けり」 ○実態把握 　・キーワード 　・難語句 　・過去の体験 ○キーワード使用の場を仕組む 　・保護者 　・職員 　・サイコロトーク ○「気もちの木」 　・心情を表す言葉集め	○学習内容の活用（掲示） 　・難語句 　・言い回し	○心情に関わる語句を日常的に使う・使わせる ○学習内容に関わる話合い

《手立ての工夫》

・読解の鍵となる登場人物の心情について、児童がこれまでに経験したことがある心情なのかを日常生活の中で確かめたり、保護者に尋ねたりして実態把握を行った。

・児童が経験したことがなかったり、経験しても言葉に置き換えらなかったりした心情表現については、家庭や学校で経験する場を設けたり、気持ちに関する言葉集め（「気もちの木」）や、朝の会を利用してキーワードを使わせる活動（サイコロトーク）をしたりして、日々の生活の中で心情を表す言葉を学習するよう努めた。

・主人公の置かれている状況や心情の変化を振り返られるように、心情曲線を用いて、児童の思考の助けとなるように工夫した。

・複数の教師で指導する際は、他の教師も児童役になり、答え方のモデルを示すことで、根拠を示しながら答えさせるようにした。

《児童の変容》

・事前に話合いや体験活動をしたことで、イメージをもって教材文を読むことができた。

・授業でキーワードとなる心情表現を取り上げ、その経験があるかどうかを保護者に尋ねた。学習中、理解が難しい時に保護者から聞いておいたエピソードを基にして説明することで、心情を理解することに役立った。また、保護者が、児童の理解していない語句や心情について、積極的に体験させるよう努めることにもつながった。

・キーワードとなる心情表現を、朝の会のサイコロトーク（各面に心情表現を書いたもの）で取り扱うことで、少しずつその言葉の意味や使い方の理解につながった。

・「気もちの木」の取組みにより、児童の心情表現の語彙が増えた。

・心情曲線は、主人公の現在の状況や心情、これまでの変化の過程を確認し、物語文全体を通して、心情理解について思考・判断するのに有効であった。児童が思いつきで発表することが減り、自分なりの根拠を示しながら、意見を発表することができるようになった。

・指導者がねらうキーワードを、児童は事前の体験の中で身に付け、授業中にその言葉を用いて発表することができたものの、単にその状況に合う言葉を見付けて発表しただけと思えることもあった。児童の実感を伴う言葉となるよう、継続して生活の中で使っていくことが必要だと感じた。

・主人公の心情を表す言葉で、児童が使いこなせないものについては、この単元の学習後も、日常生活の中で繰り返し使用させる場を設けるようにした。その結果、日記や日常生活の会話でも使えるようになった。

オ　考察

　事前に十分な教材研究と実態把握を行い、単元全体を計画することで、教師が機会を捉えて必要な指導を行うことができる。児童は、そこで学んだことを思い出しながら、考えを深め、言葉を使いこなせるようになった。

　学校生活・家庭生活のあらゆる場面で、児童が体験した心情を丁寧に言葉に置き換えたり、周囲の大人が自分の心情を言葉にして児童に伝えたりすることで、児童が心情の表現方法を学び、国語の学習にも生かせるようになった。

（3）　社会（小学部）

ア　実践例の概要

　5年生の学級（4名）において、手指法※、特に指文字を活用した学習用語理解とプレゼンテーションソフトによる視覚的な教材の提示で、社会の学習内容の定着を目指した授業実践である。

　※手指法・・同時法で実践されている口話に対応させて手話や指文字を併用する表現方法。

イ　児童の実態（5年生の4名）

（ア）聴力レベル、コミュニケーションや言語発達の状態など

児童	平均聴力レベル 装用時の平均聴力レベル	コミュニケーションや言語発達の状態など
A	右　89 dB 右　45 dB（HA） 左　83 dB 左　45 dB（HA）	主なコミュニケーション方法は手指法である。情操は豊かである。語彙力、構文力などは、小2程度である。

B	右　109 dB（HA） 左　95 dB（HA）	コミュニケーション方法は、手話と手指法である。助詞の使い分けが、曖昧になることがある。
C	右　107 dB（HA） 左　95 dB（HA）	手指法が中心だが、読話と口話を用いることもある。語彙力は高く、クラスで中心的な役割を好む。
D	右　93 dB（HA） 左　98 dB（HA）	小学部4年生のときに転入してきた。口話中心のやり取りであったが、手指法を習得し、友達とのやり取りが円滑になってきた。

（イ）学級の様子

　4名のうち3名は、幼稚部から継続した学年の集団である。1名は、昨年度転校してきた児童である。互いを気遣いながら、学習や生活を行っている。共通のコミュニケーション手段として、手指法が浸透しつつあり、時間経過とともに、関わりが深まったことで、やり取りのぎこちなさが減り、今年度は、学級全体で親和的で活発なやり取りが常態化している。笑顔の絶えない学級である。

ウ　目標と指導の方針

（ア）目標

　音韻の違いを区別しながら、学習用語の意味を理解し、自信をもって学習に向かう態度を育成しながら、学習内容の理解と定着を図る。

（イ）指導の方針

　5年生の社会の内容は、身近な生活から、広がりを加えた内容を学習する段階に入り、学習言語や学習内容の分量が増し、用語理解の段階で、苦手意識をもってしまう児童が増える。また、地図帳や資料集など、学習に活用する冊子も増え、学習においては、児童の視覚的あるいは作業的な負担が大きくなる。

　以上のことから、本取組においては、学習用語の理解を促すために、その手段として、効果的に指文字を活用し、音韻や意味の違いを区別した用語の理解を促す。また、視覚的な教材を作成し、児童の学習上の負担を軽減させながら、効果的に学習内容の定着を図る。

エ　経過

（ア）指文字の活用

　聞こえる児童は、音声をフィードバックすることで、言葉の違いや意味の違いを理解し、そ

れらを下地にして、構文力や思考力を高める。聴覚障害の児童にとっては、指文字が視覚的に音韻の違いを明確に示せる手段の一つであり、音声のフィードバックを補うものである。これを基礎にして、語や文の音韻構造を定着させ、日本語の理解を促し、国語力を高める。

　社会も同様で、児童にとって難解な用語や生活に身近でない用語が増える5年生の学習で、日本語の文章として、その内容を理解するためには、音韻の違いを明確にしながら、言葉の意味を理解することが重要なポイントであると考えた。

　その考えに基づき、指文字の活用については、以下のような取組を行った。

① 教師が指文字で用語の提示をする

　教員は授業の説明の中で、重要な用語については、音声プラス指文字表現を同時に使用し、音韻としての言葉をしっかりと提示する。そのことで音韻の違いと意味の理解が促される。

　　（例）漁業（ぎょぎょう）　　漁港（ぎょこう）　　漁船（ぎょせん）

　　　　まきあみ漁（りょう）　漁法（りょうほう）　漁師（りょうし）

　「ぎょ」と発音する場合は、魚をとる仕事の全体を表現し、「りょう」と発音する場合には、魚を実際にとることを表現しているなど、言葉の意味合いの違いも、音韻の違いを抑えることで気付くことができる。

② 児童が、指文字で、用語の模倣と復唱を行う

　教師の言葉を視覚的に区別できただけでは、用語理解の定着は、十分に図れない。発音を伴った指文字の模倣と音声での復唱によって、児童自身が動作を伴いながら、音韻の違いを意識することで、理解を進められる。後述するが、授業中にそのような時間を確保できるように、授業作りの工夫も併せて考えたい。

③ 助詞を指文字で抑えた学習で、児童が用語の意味や文意を理解する

　用語の理解促進と併行して、その用語を含んだ文の意味を捉えることが重要である。社会の用語は、定型の特徴的な使い方をすることが多い。学習用語の音韻や意味をしっかりと区別しながら、助詞を適切に区別して使い分けられるようになることで、更に学習内容の理解は深まる。教師は、音声に合わせて、しっかりと、指文字で助詞を提示しながら、説明を行い、具体的な用語の用法を定型から理解させていく。

　　（例）日本はアメリカに機械類を輸出する。

　　　　　日本はアメリカから大豆を輸入する。

　主語や表現しようとする文意によって、述語となる用語を区別するとともに、適切に助詞を使い分ける。学習の中で頻出する典型的な文を提示し、繰り返し復唱することで、具体的な用法についても理解が促せる。

④ 学習用語について、家庭で書いたり読んだりすることで、更なる定着を図る。

　児童にとって難解な学習用語が頻出する社会では、家庭学習での振り返りが理解の定着には欠かせない。下図のような家庭学習用のプリントを準備した。語句プリントは自力で、音読プ

リントは家族に確認をしてもらいながら、進められる様式にした。

（例　語句プリントと音読プリントの一部抜粋加工）

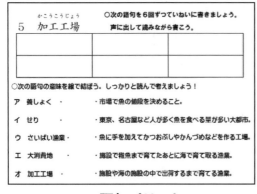

語句プリント

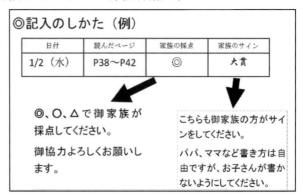

音読プリント記入の仕方（保護者向け）

　語句プリントでは、音韻の違いをふりがなで表示した。指文字で押さえた用語を、文字や音声ともリンクをさせて、理解を促すねらいがある。また、意味については、線結びで確認できるようにしてある。

　音読プリントについては、学校での学習を、家庭にフィードバックするねらいも含まれている。「音読」とあるが、B児の家庭は、手指法表現を音読に替えて、確認してもらうこととした。

（イ）プレゼンテーションソフトで作成した視覚的な教材の活用

　社会では、児童の活動の煩雑さがある。活動によって教科書や資料集、地図帳などを使い分け、さらに、その中の一部の図や資料に着目して読み取ったり、考えたりする。児童にとっては、教師の指示を細かく見分けたり聞き分けたりする負担が大きくなり、集中力を要する緊張場面も増える。聞きながら活動することの難しさが、学習上の負担を生じさせている。

　児童の学習内容の理解に重点を置いた時には、これらの負担を軽減させるとともに、効率のよい学習を目指したい。視覚的に理解しやすい教材を提示することで、児童が学習した事柄同士に関連性をもたせたり、内容を体系的に整理したりすることができ、学習内容の理解の深まりにつながるものと考える。また、目を伏せずに、活動の切り替えができることで、児童の負担が軽減し、教師側は、内容理解の活動に十分な時間配分が可能となり、用語理解のための復唱の時間や話し合い活動など、様々な活動を弾力的に導入できると考えた。

　庄内平野の地形的、気候的な特色を地図や図表から読み取りながら、ポイントとなる用語や文を理解する。

　集約された図や資料から読み取ったり考えたりして、根拠や理由を明確にしながら学習内容のポイントを整理する。

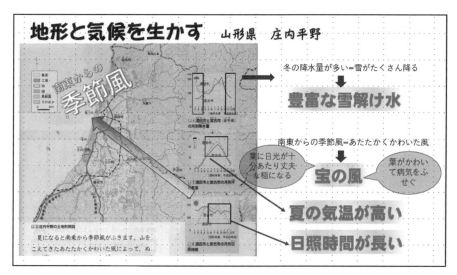

（例）プレゼンテーションソフトで作成した画面表示

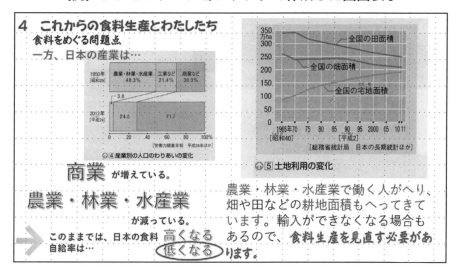

オ　考察

　指文字を積極的に活用し、授業の中での復唱や家庭でのプリント学習、音読学習等を重ねることで、学習内容に関する用語について、音韻と意味を区別し、理解を促すことができた。また、理解できた学習用語が増えたことで、次時以降の授業の内容理解が高まることを実感できている児童が多かった。

　視覚教材は、授業で反復的に提示できることで、繰り返しによる内容の理解と定着の効果が見られた。また、顔を伏せることなく資料や友達に注目し、自分の考えを述べ、互いの意見交換ができることで、相互理解しながら自由で活発な話合いが展開されるようになった。

　内容理解は、学習に対する意欲や自信の向上に結び付いている。今回の取組で、確認テストや単元テストに、意欲的に取り組む児童や、慎重に見直しを行うことができるようになった児童が増えた。また、教科への苦手意識が軽減し、学習や各活動に対しての積極性や粘り強さが見られるようになった。

（4）　算数（小学部）

ア　実践例の概要

　児童の思考力を育てるため、算数において、児童の思考の過程を踏まえた学習活動や指導方法の工夫を行った実践である。

イ　児童の実態

　技能及び基本的な知識・理解については概ね身に付いているが、数学的な考え方には課題がある。また、児童の解答からは、問題から正しく情報を読み取る力、見通しをもち、筋道を立てて考える力及び適切な言葉を用いて考えを論理的に説明する力等の思考力に課題がある。

ウ　目標と指導の方針

（ア）目標

　既習の知識と関連させて考えを整理したり、筋道を立てて考えを表現したりすることができる。

（イ）指導の方針

　思考力を育てるため、知識及び技能の活用を図る学習活動を意識的に取り入れる。特に、1単位時間の授業の思考プロセスを①「つかむ・見通す」②「追究する」③「使ってみる・振り返る」とし、各過程での聴覚障害によるつまずきに対する指導・支援方法を考えた授業モデルに基づき指導する。本モデルは、目に見えない抽象的な事柄を具体化し、視覚化することによって、理解を図り、思考を深めるために、再び抽象化（言語化）することを重視している。

	児童の活動	指導・支援の例
つかむ・見通す	「何」を使って、 「どのように」すればよいか 見通しをもつ。 ・問題の意味をつかむ。 ・情報を整理する。 ・解決の見通しをもつ。 予想されるつまずき ・経験が少なく、語彙が、少ない。 　→問題の意味理解が、困難。 　→総合的にイメージすることが、難しい。 ・知識の結び付きや言葉の結び付きが、 　少ない。 　→必要な情報を整理しにくい。 　→関連のある既習事項が、思い浮かびに 　　くい。	・抽象的なもの→具体化・視覚化→言語との結び付け 　　　　　　　　　　　　　　　　　　（抽象化） ・経験や体験の言語化（手話及び日本語） **イメージ化** ・問題を児童の経験と結び付け、イメージをもたせ、 　言語化する。（手話及び日本語） ・具体物、絵、経験の想起及び体験活動などで問題を 　イメージさせ、再度言語化する。 　（手話及び日本語） **情報の整理と既習事項との結び付け** ・他と関連させて考えられるような発問を意識して行 　い、既習事項を確認させたり、問題中の分かってい 　ることと求めることを整理させたりする。 ・単元の導入時には、具体物や体験活動等で、既習事 　項を確認し、本単元と結び付ける。用語もおさえ、 　言語化する。（手話及び日本語） ・見通しをもたせる発問を行い、考える機会をつくる。
追究する	「何」を使って、 「どのように」すればよいか考え、解く。 ・見通しを参考に、自分で考える。 ・自分の考えを整理する。 「何」を使って、 「どのようにした」のか説明する。 ・図や式、言葉で自分の考えを表現する。 ・自分以外の考えを聞いて、考えを深める。 予想されるつまずき ・経験が少なく、語彙が少ない。 　→自分の考えを言語化することが難しい。 ・知識の結び付きや言葉の結び付きが少 　ない。 　→順序立てて説明することが難しい。 　→理由を説明することが難しい。 ・他の意見を理解できない。	**表現** ・絵及び図等で表現させる。考えた理由も説明させる。 　（児童の思考を整理させる、また児童の思考状況を知 　る。） ・言語化が難しい場合は、手話を用いて説明させ、口 　声模倣、文字及び文で提示する。 ・話型を提示し、言語化して、順序立てて説明しやす 　くする。 **理解** ・「つかむ・見通す」で確認したことを振り返りながら、 　考えさせる。 ・数字を変えて、単純化して考えさせる。 ・児童同士の話合い等、互いの説明の意味を理解でき 　ているか、確認（相互読話）しながら進める。 ・自分以外の考えを聞いて、よいと思うものを見付け、 　その理由を説明させる。
使ってみる・振り返る	「この時間に学習したこと」を使って、「ど のように」するかを考える。 ・本時の学習のまとめをする。 ・類似した問題を解く。 ・自分が何を学んだか、振り返る。 予想されるつまずき まとめを言語化することが難しい。	**まとめ** ・学習したことを言語化し、確認させる。 ・板書を振り返った時に、キーワードとなる言葉が分 　かるようにしておく。 ・まとめの文章をつくり、（　）の中に当てはまる言葉 　を考えさせるようにする。 **適応問題** ・板書やワークシートで、まとめ等を振り返らせる。 ・学習したことを使って、自分で課題を解決できたこ 　とにより、達成感をもたせるようにする。

図１　授業モデル

エ　経過

（ア）思考プロセスを踏まえた授業

　授業においては、授業の開始時から、黒板を3列に仕切り、「つかむ・見通す」「追究する」「使ってみる・振り返る」を意識して学習できるようにした。板書例を図2に示す。

　また、授業モデルを基に、ワークシートの基本形を図3のように作成した。

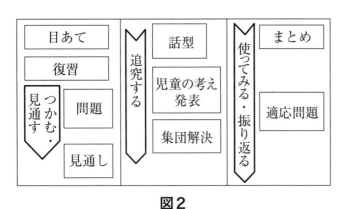

図2

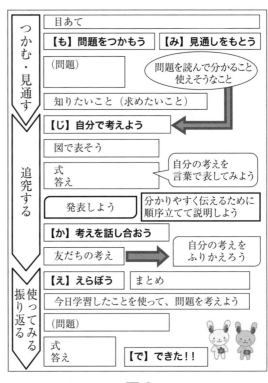

図3

（イ）評価の方法と視点

　評価は、①行動観察②算数科説明力テスト③単元テストの三つの方法で行うこととし、その視点は、表3、表4のとおりである。

表3　行動観察の視点

思考プロセス	評価の視点
つかむ・見通す	○問題を読んで、分かること・求めたいことを、書いたり発言したりしている。 ○既習事項を基に、「何」を使えば問題を解くことができそうかを考え、考えたことを発言している。
追究する	○「つかむ・見通す」で確認したことを使って、図や式に表して、考えている。 ○自分の考えた解決の仕方や結果を「つかむ・見通す」で確認した言葉等を使って、表現している。 ○分かりやすく説明するために、話型を参考にしながら、順序立てて説明している。 ○友だちの考え等から、よいところを取り入れて、自分の考えを修正したり、まとめたりしている。
使ってみる・振り返る	○学習したことを発展させている。（学んだことを使って、適用問題を解いている。）

表4　算数科説明力テスト評価の視点

ア	○問題の言葉や式を正確に読み取り、イメージしている。
イ	○情報を整理し、既習事項や既習経験をもとに解決の方法を考えている。
ウ	○自分の考えを図、式及び言葉で表現している。
エ	○自分の考えを整理し、順序立てて説明している。
オ	○定義、法則、性質及び用語などを使って説明している。
カ	○いくつかの解決方法から、簡潔な解き方を選んで解答している。

オ　考察

　第1～2時では、既習事項と本時の課題解決を結び付けて考えることが難しく、見通しに時間を要し、どの既習事項を使うかに気付かせるための発問が多くなったが、第3時～4時あたりから、既習事項を活用して、見通しをもつことや自分の考えを言葉を使って表現するという行動が見られるようになった。例えば、当初は「一辺が1cmの等しい。」などと記述していた児童だが、第6時には、「右から、長方形がたての長さは、2cmです。横の長さは3cmです。だから、この図形の面積は、6cm²になります。」「左から、長方形がたての長さは、4cmです。横の長さは、3cmです。だからこの図形の面積は、12cm²になりました。」等、つなぎ言葉を使いながら、順序立てて説明できるようになった。

　説明する場面においても、話型を参考にしながら、順序立てて説明する様子が見られた。また、友達の考えを知り、その考えに対する意見や自分の考えと合わせた発言をする様子が見られた。「使ってみる・振り返る」の場面では、授業の流れを振り返ったり、まとめを確認したりしながら、問題を解くことができるようになった。

（5）　数学・理科（中学部）

ア　実践例の概要

　文章を読んで数量関係を捉えることを苦手としている生徒が多い現状から、数学・理科が連携し、両教科が共通に扱う単位の理解を深める取組を行うことで、生活に即した数量感覚の育成を目指した実践である。

イ　生徒の実態（中学部3年生の4名）

（ア）聴力レベル、コミュニケーションや言語発達の状態など

生徒	平均聴力レベル 装用時の平均聴力レベル	コミュニケーションの状態や理系教科の学習状況
A	右　115 dB 右　25 dB（CI） 左　110 dB 左　装用無し	口話・手話を使用。聴覚活用は可能だが、聞き間違える言葉がある。理系教科の基礎的事項の習得に課題があり、苦手意識をもっている。
B	右　117 dB 右　70 dB（HA） 左　104 dB 左　70 dB（HA）	口話・手話を使用。理系教科の基礎的事項を身に付けているが、応用問題の場合は、支援が必要。地道に努力するが、要領よく進めることは、苦手である。
C	右　112 dB 右　装用無し 左　108 dB 左　35 dB（CI）	手話を使用し、読話も可能。内気な面はあるものの、考えて話したり、話題の中心を捉えて発言したりすることができる。

D	右　109 dB 右　装用無し 左　108 dB 左　20 dB（CI）	口話・手話を使用。音声でのやり取りができる。学習には意欲的に取り組むが、文章の読解が苦手である。

（イ）学級（グループ）の様子

　本グループは、数学の習熟度別に編成された２つのグループのうちの一つで、上位グループに当たる。基礎的な計算はでき、数学を得意とする生徒が比較的多い。毎回、予習として、例題をノートに書く宿題を課し、授業の始めに、予習した内容の解説や分かったこと分からなかったところを発表させるなど、読解力の向上に努めてきた。しかし、文章題については、苦手意識がある。また、単位についての基礎的なプリントで課題を出した際も、小学校段階で学習した内容を覚えていない生徒が見られた。

ウ　目標と指導の方針

（ア）目標

　理科の単元「仕事とエネルギー」の導入として、数学の授業で身近な物の重さについて予想し、実際の重さと比較・考察したり、単位変換や文章題などのプリントを理科・数学で共有して使用したりすることで、生徒の数量感覚を育成する。

（イ）指導の方針

　理科・数学科の担当教師間で、繰り返し話し合いの場をもち、単位に関する理科と数学との捉え方や教え方の相違点を確認する。その考え方を、それぞれ担当する授業や共通プリントの作成に生かし、繰り返し指導することで、単位の定着を図る。

　本実践は、数学の授業ではあるが、中３理科「仕事とエネルギー」の導入として、身近な物の重さについて予想し、実際の重さと比較する際に、必要となる内容でもある。このため、様々な重さを表すために、単位が複数あり、適切な単位を選ぶことや、共通の単位に変換することで、比較検討できることを、体験を通して、学ぶようにする。また、理科の内容である「重力」についても、確認しながら指導を進める。

エ　経過

（ア）理科・数学の連携

・理科・数学で、連携のポイントを 4 つに絞り、話し合いを行った。

連携のポイント	話し合いで明らかになったこと
① 理科・数学の指導内容・展開	理科・数学の授業それぞれで、「これまでの数学（理科）で勉強したはず。」と教師が感じることがよくある。しかし、実際に理科と数学の学習内容を比べてみると、理科が先に学習する内容であったり、数学では学習せず、小学校の算数の内容であったりして、同じ単位を扱っていても、教科間で十分に連携が図れていないことが分かった。また、理科では、たくさんの観察から、類似点を探し答えを見付ける「帰納的な傾向」の指導が多いことに対して、数学では、一般的な事実から答えを見付ける「演繹的な傾向」の指導が多いことも分かり、それぞれの教科の指導内容や展開に違いがあることが分かった。
② 単位とそれに付随する用語の意味の確認	同じ意味や現象でも、教科により用語が異なる場合や、同じ用語でも教科により、意味が異なる場合があることを確認し合った。以下は、その例である。 【同じ用語だが、意味が違うもの】 （例：「重さ」は理科では「重力」を表すが、数学では「質量」を表す） 【違う用語だが、意味が同じもの】 （例：「2 点間の一番短い長さ」は理科では「変位」、数学では「距離」） 【用語も意味も同じもの】 （例：「時間」「長さ」「面積」「体積」「角度」など）
③ 共有プリントの作成	・中 1 理科「呼吸と蒸散」→中 1 数学「正の数・負の数」 ・中 1 理科「質量パーセント濃度」→中 1 数学「文字の式」「方程式」 ・中 3 理科「仕事とエネルギー」→中 3 数学「（該当単元はなかったが、導入で小テストとして実施)」 ・高 3 理科「力の合成と分解」→高 3「ベクトル・三角比・平行四辺形」
④ 連携授業の実施	①から③の話し合いの結果、中学部 3 年生の理科と数学の授業で、「重さ」について、高等部本科 2 年生の数学Aと、化学基礎の授業での「濃度」について、連携して行う授業を実施することにした。

（イ）指導の実際

・身近にある物の重さを調べる

　市販されている米 2 kg と水 2 L の実物を教師が示し、どのくらいの重さになるかを全員で予想した。予想は、下の表の通りである。米の購入経験がある生徒や 1 L の水が 1 kg と、知っていた生徒は、正答に近い予想をしていた。生徒Aは、米を赤ちゃんのように抱きながら「赤ちゃんより軽いかな」と比較し、生活経験を予想に反映させていた。

表　「身近にあるものの重さ」生徒の予想

	米	水2L	消火器	サッカーボール	地球儀	補聴器
実際の重さ	2 kg	2 kg	5.3 kg	430 g	2 kg	10 g
生徒A予想	2 kg	3.5 kg	6 kg	1 kg	3 kg	5 g
生徒B予想	1 kg	2016 g	6 kg	300 g	4 kg	15 g
生徒C予想	3 kg	2 kg	7 kg	1 kg	5 kg	14 g
生徒D予想	5 kg	4 kg	30 kg	500 g	2 kg	38 g

　次に、生徒自身が選んだ物の重さを予想した。生徒は、サッカーボールや地球儀、消火器などを選び、重さを調べた（図2）。補聴器の重さを調べた生徒Bは、「補聴器を量ったことがなかったので、こんなに軽いんだと勉強になった。」と、予想よりも軽い重さに驚いた様子だった。他にも「自分の予想より、実際の重さは違っていて、当てるのが難しかった。」「他の物でも確認したい。」などと、重さに対して興味を示す反応があった。

図1

図2

・共有プリントを活用した学習

　単位の読み方や単位変換を学習するための数学・理科の共有プリントを活用した学習を行った。単位については、事前の理科の授業で行っており、生徒Cは「2回目やってみたら、意外と覚えていた。」と、単位に関する既習事項の定着が図られていることが分かった。また、「人・ゾウ・バス・ピアノ」を重いもの順に並べる問題、「さとう、スプーン1杯は、5（　　）」の（　　）に適切な単位を書く問題など、重さや単位に関する内容を新たに学習した。

・数学の授業で理科とのつながりを学ぶ

　最後に、数学と理科では、「重さ」について、考え方が違うことをプリントを用いて説明した（図3）。「重さ」と「質量」の違い、力の単位であるN（ニュートン）の説明などを行った。

重さ・質量

氏　名＿＿＿＿＿＿＿＿

1　質量の単位の読み方を書きましょう。

g（　　　）　kg（　　　）　mg（　　　）　t（　　　）

2　単位変換をしましょう。

1000g　＝（　　　）kg 、2000g　＝（　　　）kg 、 1500g　＝（　　　）kg
100g　＝（　　　）kg 、 200g　＝（　　　）kg 、 150g　＝（　　　）kg
10g　＝（　　　）kg 、 20g　＝（　　　）kg 、 15g　＝（　　　）kg
1t　＝（　　　）kg　＝（　　　）g　＝（　　　）mg

3　単位変換をしましょう。

1kg　＝（　　　）g 、 2kg　＝（　　　）g 、 .5kg　＝（　　　）g
10kg　＝（　　　）g 、 20kg　＝（　　　）g 、 50kg　＝（　　　）g
0.1kg　＝（　　　）g 、 0.2kg　＝（　　　）g 、 0.5kg　＝（　　　）g
1.2kg　＝（　　　）g 、 3.5kg　＝（　　　）g 、 0.5kg　＝（　　　）g

4　重い物から順に並べましょう。

（1）　人（1人）　ゾウ（1頭）　バス（1台）　ピアノ（1台）

（2）　携帯電話（1台）　バレーボール（1個）　カルビ（1人前）　教科書（中3数学）

5　次の（　）に適当な単位を入れましょう。

ヒトの体重　60（　　）、　さとうスプーン1杯　5（　　）
自動車の重さ　1000（　　）、　りんご1個　0.1（　　）

<重さ>　と　<質量>　の違い
<重さ>とは、地球が物体を引っぱる力の大きさのことです。
重さは、月ではかると引っぱる力が小さくなるので、6分の1になります。
<質量>とは、物体が持っている物体そのものの量の大きさのことです。
質量は、月ではかっても小さくなることはありません。

力の大きさの単位　[N]（ニュートン）
1Nは、100gの物体を地球が引っぱる力の大きさ（重力）と、ほぼ同じです。

6　次の質量の物体にかかる重力を求めましょう。

100g　→　（　　　）N　　250g　→　（　　　）N
1000g　→　（　　　）N　　20kg　→　（　　　）N
1kg　→　（　　　）N　　1t　→　（　　　）N

図3

生徒Dからは、「数学（の授業）でも理科をやるとは思ってもみなかった。（理科と数学の内容が）つながってるんだね。」といった理科と数学の関連を意識した感想が得られた。

オ　考察

理科と数学の指導内容・方法、扱う用語などについて比較検討し、その相違点を指導者間で確認することができた。それらの作業を通して、互いに他教科を知るとともに、自分が担当する教科の特性を再確認することができた。また、理数教科が連携することにより、教科で身に付けた学習内容が他教科や他の単元と関連していることを生徒が実感する機会となり、理解に

つながる様子が見られた。

　単位の学習は、小学生の時に行ったものであるが、なかなか生活の中での単位に関する意識ができておらず、定着が図られていない現状があった。そこで、身近な単位として、「重さ」を取り入れた授業を行ったところ、生徒は自分の予想とは異なる重さの値に関心を示し、意欲的に学習に取り組んだ。生活の中にある単位は、既習事項として、中学部や高等部では、取り扱いが少なくなるが、生活経験が増えてくる年齢の生徒だからこそ、生活に即した「単位」を改めて見直すことが、読解力の向上や学習意欲を高められる。

（6）理科（高等部）

ア　実践例の概要

　必修科目「生物基礎」の授業において、高等部1年生6名の生徒に対し、学習語句を定着させたり活発な議論を促したりするために、手話単語や指文字を活用した実践である。

イ　生徒の実態（高等部1年生6名）

（ア）聴力レベル、コミュニケーションや言語発達の状態など

生徒	平均聴力レベル 装用時の平均聴力レベル	コミュニケーションや言語発達の状態など
A	右　80 dB 右　40 dB（HA） 左　83 dB 左　40 dB（HA）	中学校出身で、手話はほとんど分からない。寄宿舎に入舎し、少しずつ理解できるようになったものの、手話に対する苦手意識がある。聴覚を主に活用しており、授業時は、口話での発言が多い。
B	右　90 dB 右　50 dB（HA） 左　－ dB 左　30 dB（CI）	中学校特別支援学級（難聴）出身で、日常会話程度の手話は理解している。口話と手話を併用している。理数科目が得意で、根拠に基づいた意見を述べることができる。
C	右　－ dB 右　30 dB（CI） 左　93 dB 左　45 dB（HA）	特別支援学校（聴覚障害）中学部出身で、日常的には、口話を使用し、手話は補助的に使用している。理数科目に苦手意識があり、授業での発言は少ない。助詞の使い方に誤りが見られる。
D	右　98 dB 右　50 dB（HA） 左　96 dB 左　45 dB（HA）	特別支援学校（聴覚障害）中学部出身で、日常的には、口話を使用し、手話は補助的に使用している。理科は得意で、意欲的に質問するものの、文章読解力に課題がある。漢字が正確に読めないことがある。
E	右　110 dB 右　55 dB（HA） 左　110 dB 左　55 dB（HA）	特別支援学校（聴覚障害）中学部出身で、日常的に口話と手話を併用している。補聴器を装用しても、会話の聞き取りには困難がある。相手に合わせてコミュニケーション方法を変えることができ、授業では、他の生徒に分かるように発言している。

| F | 右　103 dB
右　55 dB（HA）
左　101 dB
左　50 dB（HA） | 特別支援学校（聴覚障害）中学部出身で、日常的に手話を使用している。発言は少ないものの、自分の意見が他人に伝わらない時は、意識して声を出したり、身振りを大きくして伝えようとしたりする姿勢が見られる。 |

※生徒 A と生徒 B は、授業時にデジタルワイヤレス補聴援助システムを使用。

（イ）学級の様子

　本学級は生物に対する興味・関心がある生徒が多いものの、自分の意見や手話表現に自信がなく、積極的に発言できない生徒もいる。発言する際には、考えたことを整理しないままに発言したり、単語のみで発言したりする生徒もいる。そのため、他の生徒に意見が伝わっていないことがある。文章構成等を意識させたり、根拠を明確に述べさせたりして、他の生徒に分かるように説明するよう指導している。また、聴覚を主に活用している生徒や視覚を主に活用している生徒がいるため、教師が発話する際には、手話単語や指文字を付して授業を進めている。

ウ　問題意識とねらい

　特別支援学校（聴覚障害）の高等部段階では、多くの教師が、音声に手話単語や指文字を付して授業を行っている。そのため、音声のみで発話する時と比べ、手話単語や指文字を付した場合は、発話速度が遅くなってしまう。また、日常会話に出てこない語句は、指文字で表現することが多いが、文字数が多い場合に、全てを指文字で表現しようとすると、さらに、発話速度が遅くなる。

　授業時は、手話辞典等を参考にしながら、手話単語を付与している。しかし、一つの語句を表現する際に、複数の手話単語を組み合わせて表現するなど、語句の意味やイメージを優先し、実用的ではない表現も含まれる。そのため、教師も生徒も、手話を覚えたり、使ったりすることに負担があり、教師が説明したり、生徒同士が意見交換したりする場合には、手話を効率的に活用しにくい側面があった。

　理科においては、自然事象を理解する上で、実験、観察を通した生徒同士の活発なやり取りが重要となる。そこで、活発な議論を促したり、学習語句の定着やより効率的な授業を展開したりしていくために、手話単語や指文字などの表現方法の工夫が必要であると考え、生物基礎の授業で実践をした。

エ　経過

（ア）指導時期：高等部1年（4月～5月）

（イ）単元名：生物の多様性と共通性

（ウ）単元の目標：生物の特徴について、観察、実験などを通して探求し、多様な生物の共通性と多様性を見付けて表現するとともに、細胞の構造と働きの概要を理解する。

（エ）単元全体を通した教師の指導上の留意点

・生徒の発言内容は、教師が発話に手話単語や指文字を付して確認したり、板書したりすることで、全員で共有しながら授業を進められるようにする。

・ワークシートや板書の工夫、拡大提示などの提示方法の工夫、デジタル教材や自作教材の活用などすることで、視覚的に理解しやすい授業展開とする。

・身近な生物を多く取り上げたり、中学校段階で学習した内容を随時確認したりすることで、学習内容に対する関心を高められるようにする。

・観察、実験中に教師が説明をするときは、生徒全員の手を止めさせ、視線を教師に向かせてから話すようにする。

（オ）学習語句の表現方法の活用に関する指導の経過

	教師の働きかけ	生徒の反応
単元初期	・各授業において、新出語句を学習する際に、教師が手話等による表現方法を生徒に伝え、授業で使用する。	・手話に対して、苦手意識がある生徒も、興味をもって表現方法を覚え、活用することができた。
単元中期	・各授業において、新出語句学習後、表現方法を生徒とともに考える活動を行う。その際、新出語句の意味や表現のし易さなどに留意させる。 ・様々な細胞の観察を行った後、観察した細胞の共通点や相違点について、細胞小器官の表現方法などを確認してから、グループで話し合う。	・表現方法を考えることで、新出語句の意味や定義を、自分から考えることができた。 ・生徒自身が考えた表現方法を使用することで、意欲的に授業に取り組むことができた。 ・表現方法を確認してから話し合いをすることで、自分で考えたことを意欲的に発言することができたり、他の生徒の意見を容易に理解することができたりと、活発な議論を行うことができた。
単元後期	・新出語句について、教師の表現を撮影し、生徒のタブレット端末から見られるようにした。 ・各授業の予習に生かすとともに、確認に用いた。	・授業時間内に表現方法を確認する必要がなくなり、円滑に授業を進めることができた。 ・授業内に出てきた学習語句について、生徒が自ら表現方法を考え、共有できるようになった。

（カ）単元終了時の生徒の様子

・こちらが提示しなくても、新出語句について予習し、自発的に表現方法を考えられるようになった生徒もいた。

・単元初期に発言の少なかった生徒が、自分の意見に自信をもち、発言することができるよう

になった。

・表現方法を考える際、学習語句の意味や定義を深く考えることで、学習内容の定着につながった。

・表現方法を確認しなくても、授業で活用してきた表現方法を組み合わせることで、新たな語句の表現方法を考えられるようになった。

オ　考察

　本単元では、様々な細胞の観察を行い、観察した細胞の共通点や相違点について意見交換を行った。その結果、自分の考えと他人の考えを比較すること等を通して、生物の多様性を見いだして表現することができた。また、細胞の構造や働きについては、学習語句の表現方法を考える活動の時点から、理解が深まり、本単元の目標は達成できたと考えられた。

　学習語句の表現方法のルールを統一したため、手話について、苦手意識がある生徒も、意欲的に発言できるようになった。また、容易に学習語句を表現したり、読み取ったりすることができ、生徒同士の議論が、活発に行われた。

　特に、中学校や特別支援学級（難聴）から特別支援学校（聴覚障害）に入学した生徒の中には、入学初期は手話に対して抵抗をもつ生徒が少なからず存在する。授業において、表現方法を確認したり、考えたりする方法は、手話に対する抵抗感を軽減できたと考えられた。

　発言する際、表現方法がうまく考えらないことがあり、思考の流れが阻害されることもある。表現方法を予め確認しておくことで、思考の流れが中断したりすることが少なくなったと考えられた。

　教師にとっても生徒にとっても、学習語句を表現する際の負担軽減につながったと言える。例えば、手話の辞典などを参照すると、「葉緑体」は、【葉】＋【緑】＋【左手で細胞の形・右手で粒の表現】の四つの表現を組み合わせて表現すると掲載されているが、本実践で工夫して表現したものは、二つの表現を組み合わせ、一度に表現することができた（図参照）。

　他の単元の遺伝の学習では、遺伝子型を英語の文字の大文字と小文字を区別して表現できるようにした。この結果、表現された遺伝子型を、瞬時に視覚的に捉えることができ、高等学校で行うよりも、短い時間で表現できたり、活発な議論を行うことができたりした。

　なお、普段使用しない手話単語の表現方法を考えることは、将来、手話通訳を利用する際に、手話通訳者と表現方法を確認する際にも役立つとも考えられる。

●細胞小器官の表現（左手で細胞の形、右手で指文字）

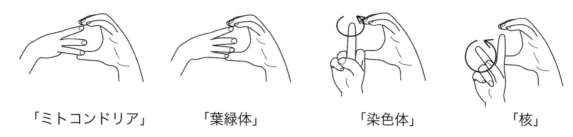

「ミトコンドリア」　　　「葉緑体」　　　「染色体」　　　「核」

●遺伝子型（AaBb）の表現

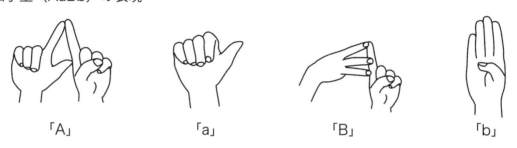

「A」　　　「a」　　　「B」　　　「b」

（7）外国語活動（小学部）

ア　実践例の概要

　小学部6年生の外国語活動において、「おすすめの国」について伝え合うために、単元を通して、外国語に慣れ親しむことができるよう工夫して指導した実践である。

イ　児童の実態（小学部6年生3名）

（ア）聴力レベル、コミュニケーションや言語発達など

児童	平均聴力レベル 装用時の平均聴力レベル	コミュニケーションや言語発達の状態など
A	右　88 dB 右　34 dB（HA） 左　120 dB 以上 左　80 dB（HA）以上	分からない言葉に出会うと、前後の文脈から推測したり、辞書を引いて調べたりするなど、言語習得への意欲が高い。
B	右　－dB 右　27 dB（CI） 左　127 dB 左　55 dB（HA）	人との関わりを好み、時事にも興味がある。聞いたり、見たりした言葉を、日常会話の中で用いることができる。
C	右　－dB 右　装用無し 左　100 dB 左　27 dB（CI）	読書が好きで、本を読むことで、様々な知識を獲得している。自分なりのペースで会話をするため、情報の聞き漏らしがある。

（イ）学級の様子

　学級内での日常会話は、音声言語で行っている。会話の中で、聞こえなかったり、意味が分からなかったりする時には、聞き直したり、手話など音声以外の手段も用いたりして会話している。興味・関心や生活スタイル、居住環境などが各自異なり、様々な面で児童間に情報量の差がある。そのため、それらを埋めるべく、活発にやり取りをする子供達である。

　学習においては、言語や事象のイメージを表現し共有したり、確実な内容理解につなげたりするために、音声言語に加えて、手話や身振り、書き言葉などを用いている。

ウ　目標と指導の方針

（ア）目標

・行きたい国について尋ねたり、話したりする表現に慣れ親しむ。また、簡単な表現を英語で書き写すことに慣れ親しむ。

・「おすすめの国」について、発表したり友達の発表を積極的に聞いたりしようとする。

・世界には、多様な人たちが、多様な生活をしていることに気付く。

（イ）指導の方針

・ICT機器や紙媒体を用いて、英語を聞いたり、読んだり、話したり、書いたりすることで、日本語との相違（音のつながり、強弱など）に気付くことができるようにする。

・家族に向けた発表会を行うことを学習のゴールとし、それに向けて外国のことを調べたり、英語を発音したりして、伝え合うための準備をすることで、学習の必然性を感じながら、主体的に英語を使うことができるようにする。

エ　経過

（ア）教師の働きかけ

　単元の指導計画は以下のとおりである。

時	主な学習活動	支援の手立て
1	様々な国の文化を知り、感想を伝え合おう。 　ALT※の出身地（英国）の文化を知り、感想を伝え合う。	プレゼンテーションソフトウェアで作成した英国紹介を提示する。ALTにも臆することなく質問できるように、関係する物の絵カードを用意する。
2	行きたい国について尋ねよう。 　Where do you want to go?	タブレット端末を用いて、行きたい国の文化について調べたり、画像を保存したりできるようにする。
3	行きたい国でやりたいことを伝え合おう。 I want to eat ～. I want to see ～.	うまく伝えられたところとそうでないところに気付き、次時につなげられるようにする。

| 4 | 家族に「おすすめの国」を紹介しよう。
　学習したことや、前時の改善点を踏まえて発表する。 | 家族と感想を共有し、英語で伝えられた喜びを感じたり、外国の文化について、更に深めたりすることができるようにする。 |

　※ ALT は聴覚障害がない者

（イ）指導の経過

○　授業の導入

　アルファベットは、定着するまでに時間を要したため、毎時間、アルファベットに親しむ時間を設定した。

・アルファベットクイズ

　補助教材に収められている様々なクイズを楽しみながら行うことで、大文字、小文字のアルファベットを覚えることができた。

・アルファベットを書こう。（図1）

　児童用ワークシートとして四線を用意する。果物や動物など親しみのある単語のスペルを一つずつ提示する。初めはアルファベットと読み方の片仮名表記を提示し、慣れてくると、アルファベットのみを提示して発声を促したり、担任の口形を見せながら、音声のみで提示したりした。

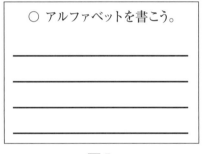

図1

　中学部の英語担当教師と情報交換していく中で、ローマ字学習時の訓令式とヘボン式が結び付かない生徒が多い実態が報告されたため、アルファベットを書く活動は、年間を通して行い、書いた単語を声に出しながら学習を進めた。

○ 新しい英語表現に慣れ親しむ（図2）

　新出表現の学習において、四線と手拍子カードを用いて、チャンツを繰り返して言うようにした。音声のみの学習では、英語のリズムや強弱などを感じることが難しいため、一定のリズム譜（本実践では4拍）を記した四線を準備しておき、新出表現を書き足していった。一定の

図2

リズム譜に示すことで、音が繋がることや緩急などをつかむことができるようになった。4拍のリズムに慣れてくると、新出表現が出てくるたびに、声に出したりリズムを取ったりしながら、自主的に表現する力につながった。

○ 英語を書く（図3、4）

　小学校学習指導要領では、外国語による聞くこと、話すことの言語活動を通して慣れ親しむ

とあり、音声面を中心としているが、聴覚障害を有する場合、文字や単語を扱うことで、理解を促すことにつながるので、なぞり書きや写し書きを行った。行きたい国の食べ物や、見たい物の写真を張り、その下には文字を書く四線を設けたワークシートを作成した。文字と音声と口形を一致させながら、書き進めてきたので、例えば「Brazil」であると、頭文字の「B」を見て、「ブ」の音と結び付き、「ブラジル」と読みを予想することができるようになった。片仮名の読み仮名表記は、確実に発音したり、覚えたりした場合には、削除し、英語だけを見て発音するようにした。

図３

　センテンスをなぞり書きすることも行った。英語の単語とともに、イラストを提示することで、単語の意味理解が進み、単語を読むことへの抵抗感を軽減できた。日本語の文章も書き加えると、動詞を先に言う英語と、最後に言う日本語の文法の違いに気付くことができた。

図４

○ 英語で伝え合う

　外国語活動の時間は、ローマ字表記のネームを付け、友人同士も敬称を付けずに名前でやり取りを行った。また、本学級の人数は３名と限られており、授業を行っていくうちに、行きたい国について、友達に英語を用いて尋ねなくても、自然と分かってしまう現状がある。そうすると、相手のことを知りたいとか、自分のことを伝えたいという意欲が湧きにくい。そこで、ネームカードを首から提げ、校内の職員とコミュニケーションを取る時間を設定した。伝える側と受け取る側で、情報に差があるので、子どもたちは行きたい国名を大きな声で発音することができた。また、相手の話を聞き取ったり、理解したりした単語を模倣したり、相手に確認したりして主体的にコミュニケーションを取ろうとする姿が見られた。このようなネームやカードを用いることで、英語を話す際の照れや戸惑いを軽減することにつながった。

オ　考察

　単元を通してワークシートを書きためておくことで、発表会の時には、それらを児童自らが参考にして表現することができた。単元を超えて取組を継続していくことで、多様な英語表現を確実に習得する力につながっていくと考えられる。

　ICT機器や紙媒体による情報提示は、聴覚障害のある児童が外国語学習を進めていく上で、必要不可欠な教材・教具であった。児童の興味・関心を高めることは言うまでもなく、聴覚情報によって、生きた英語表現に触れることができ、理解を促すことができた。

　本学級の児童は、聴覚を中心に活用しながら学習を進めているため、口や舌の動かし方も適

宜伝えることで、より英語に興味をもち、学習を進めることができた。しかし、平均聴力レベルが重度な児童にとっては、音声を中心とした学習は難しいことが想定される。音声と手話を併用している5年生と合同で外国語学習を行った時には、より多くの絵カードを用意し、日本語の読みを指文字で確認しながら授業を行った。児童の聴力レベルに応じた指導方法を検討していく必要がある。

　なお、英語を書く活動も設定してはいるが、目標はあくまでも英語に慣れ親しむことである。聞くことに慣れることが難しい児童にとって、言ったり書いたりすることに慣れることで自信をもち、楽しみながら英語を使うことにつながると考える。

（8）外国語（中学部）

ア　実践例の概要

　中学部生徒4名について、英語の読み書きの基本を定着させることをねらい、視覚的な手掛かりや説明方法等の支援を工夫した3年間の実践である。

イ　生徒の実態

（ア）聴力レベル、コミュニケーションや言語発達の状態など

生徒	平均聴力レベル／装用時の平均聴力レベル	コミュニケーションや言語発達の状態など
A	右　125 dB 右　80 dB（HA） 左　110 dB 左　75 dB（HA）	聴覚活用は、音の有無が分かる程度で、発音は不明瞭である。家庭でも、様々な話題について、豊かなやり取りをしており、日本語の力（語彙、言語概念の形成、思考力など）が、十分鍛えられている。文法・構文の論理的理解力に優れ、自然な意訳ができる言語感覚がある。家庭学習の取組は、消極的である。
B	右　100 dB 右　50 dB（HA） 左　95 dB 左　45 dB（HA）	音声の弁別能力は、70％程度で聞き違いも多いが、発音は明瞭である。自主学習に意欲的で、単語や文法がよく定着している。文法・構文の論理的理解力に優れているが、文脈に応じて訳をするのは苦手である。
C	右　100 dB 右　20 dB（CI） 左　90 dB 左　45 dB（HA）	聞き取り能力が、比較的高く、発音も明瞭。英文の読み取りでは、話の流れやニュアンスを意識して自然な訳を工夫することができる。英語の構文の主述関係や細かい文法を意識するのは得意ではない。
D	右　100 dB 右　50 dB（HA） 左　105 dB 左　20 dB（CI）	聞き取り能力が比較的高く、発音も明瞭である。英会話が得意で、積極的に話すが、文法・構文を意識して読解・作文することが苦手である。授業の中での理解度は高いが、単語・文法等の長期記憶には、課題がある。

（イ）学級の様子

　授業での取組は、皆積極的である。家庭学習・自主学習への取組は、個人差が大きい。英語の文法・構文等を論理的に捉えるのが得意なグループと、英文の大意やニュアンスを感覚的につかむのが得意なグループに大別される。

ウ　目標と指導の方針

（ア）目標　※将来役立つ力として読み書きの力の育成を中心課題に置いた。

（1）言葉と言葉とを関連付けながら文全体の意味を捉える力を補い、正確に読み書きできる力を育てる。

（2）言葉の意味を多様なイメージで捉える力を補い、単語の意味や機能を豊かに正しく捉えられるように支援する。

（イ）指導の方針

（1）正確に読み書きできるように、授業を構造化して論理的思考を促し、語の構文を視覚的に捉えられる手立てを工夫する。**（構造化・視覚化）**

（2）単語の意味や機能を豊かに正しく捉えられるように、言葉・動作化・図解等様々な角度からの説明の方法を工夫する。**（様々な角度からの説明）**

エ　経過

（ア）教師の働きかけ

・ウの指導方針に対応した主な手立てとその具体的内容は以下のとおりである。

方針	手立て	内容
（1）構造化・視覚化	①板書の構造化	教師が板書する際のルールを明確にすることで生徒の理解を助ける。 ＜板書スペースの区分の例＞ **A ホワイトボード**　パソコン+プロジェクターで、デジタル教科書や自作教材を投影して提示し、マーカーで説明を書き加えていく。 **B 残す板書**　本時のポイントとなる基本表現等大切な内容を消さずに残しておく。 **C 書き直す板書**　その場その場で必要な説明を書いては消せる「消す板書」として活用。ヒントカードを貼ることもある。 ＜チョークの色分けの例＞ 本文・読み・日本語訳＝白、単語の意味＝赤、 構文の説明＝青、細かい文法の説明＝緑、

②記号による文構造の説明	主語と動詞を中心に文構造を記号で表し、視覚的に捉えやすくする。読み取りで使う場面が多いが、作文練習でも活用する。
主語‥ □ be動詞‥ ＝ 一般動詞‥ → 助動詞　〔　〕 補語と目的語‥ ○ 説明‥ 〜〜〜　〜〜〜　〜〜〜 　　　いつ　　どこ　　どのように	例 I am a student I play soccer I will play soccer with my friends in the park どのように　　　　　　　　どこ tomorrow. いつ
③段階的な文構造の説明	読み取り練習で、複雑な構文で生徒の理解が困難な場合は、段階的に基本的な形の英文に戻しながら説明する。
Has Nana been in this room for 2 hours? Nana has been in this room for 2 hours. Nana was in this room 2hours ago. Nana was in this room . Nana is in this room.	応用として、作文指導の場合は、この説明を逆に行い、基本的な構文を複雑な形に変えていく。
④構文カードによる文構造の説明	工作用紙で両面の単語カードを作り、並びかえたり裏返したりして英文を作る練習をさせる。特に入門段階で有効な方法である。
例 You are Ken . → Are you Ken ?	「You」と「you」、「are」と「Are」、「.」と「?」が裏返しになるようにカードを作っておくとよい。
⑤字の大きさによる文構造の説明	複文等で、主たる文（主節）と説明的な文（従属節）との関係がわかりにくい時には、字の大きさを変えて提示して説明する。関係代名詞の用法の説明等で有効である。
例 **The boy** who is reading a book **is my brother.**	

（2）様々な角度からの説明（※単語の説明を例として挙げる）	①単語のタイプに応じた教え方　次の例文の前置詞の用法をいつ　どこ　どのように の3つの記号で分類してみよう。（1) She plays tennis on Sundays.（2) There is a racket on the table.（3) She bought the racket on the Internet.	単語には「A 意味が大切な言葉」と「B 機能が大切な言葉」があると考え、異なるアプローチで説明した。A タイプの言葉は、単語と意味を一対一で覚えていく従来の方法で概ねよいが、B タイプの言葉は用例と共に覚えていくことを原則とした。前置詞は、B タイプの言葉として扱い、例文を通して、用法に注目させて説明した。例　前置詞＋名詞＝「いつ」「どこ」「どのように」を説明する修飾語（副詞句）を作る
	②言葉での説明（具体例）	「never」の意味を「けっして〜しない」「一度も〜ない」と説明する。
	③例文での説明（具体例）	生徒たちがイメージしやすい例文を選び、「Never give up!＝（けっして）あきらめるな！」と説明し、学校生活でも使用。
	④動作化での説明（具体例）	場所を表す前置詞の練習で、「Taro is in front of Hanako.」「Takeshi is between Ken and Tomoko.」のように指示し、生徒たちに指示通りの位置に移動させる。
	⑤図解での説明（具体例）	頻度を表す副詞の練習で、その副詞が表す意味を円グラフで表現させる。

always	often	sometimes	never
↓（いつも）	↓（よく）	↓（時々）	↓（〜しない）

（イ）指導の経過

・中学部1年生から3年生までの英語力の推移を項目ごとに評価し、以下の表に記す。なお、「読解力（直訳）」は、英文の構文・文法を意識して正確に訳す力とし、「読解力（意訳）」は、文章全体の流れや場面ごとのニュアンスを意識して、自然な日本語訳ができる力とする。

※評価の指標は、◎＝学年以上の力、○＝学年相当の力、△＝7〜8割程度の達成度、▲＝半分程度の達成度、とする。評価時期は、各学年末とする。

＜1年目＞

	生徒 A	生徒 B	生徒 C	生徒 D
読解力（直訳）	◎	◎	○	○
読解力（意訳）	◎	▲	◎	◎
作文力	◎	◎	◎	○
英語検定	5 級以上	5 級以上	5 級以上	5 級相当

＜2年目＞

	生徒 A	生徒 B	生徒 C	生徒 D
読解力（直訳）	◎	◎	○	○
読解力（意訳）	◎	△	◎	◎
作文力	◎	◎	○	△
英語検定	3 級以上	3 級相当	4 級以上	4 級相当

＜3年目＞

	生徒 A	生徒 B	生徒 C	生徒 D
読解力（直訳）	◎	◎	○	△
読解力（意訳）	◎	△ or ○	◎	◎
作文力	◎	◎	○	▲
英語検定	2 級相当	準 2 級相当	3 級相当	4 級以上

・生徒Aは、構造化・視覚化による論理的な学習方法がとても有効で、著しく学力を伸ばした。英語力に自信がついたことで自主学習にも積極的になり、日常生活でも、趣味のパソコンで英語を活用し、力を伸ばした。

・生徒Bは、根気よく学習を積み上げ、着実に読解力・作文力を伸ばした。「直訳→意訳」の順に、訳文を考えて生徒同士で発表し、評価し合う活動を繰り返すことで、意訳を考えることも、徐々にできるようになった。

・生徒Cは、構文や文法が複雑になってくると、基本的な主述関係が分らなくなってしまうことが多くなった。その際、（ア）（1）の②③⑤の手立てを活用して、文中の主語と動詞が何であるかに注目させて、学習することが有効であった。

・生徒Dは、作文には課題を残したが、会話文や物語文では、読み取り能力の高さを示した。構造化・視覚化による支援では、複雑な文法の理解は不十分だったが、主述関係等を意識し、基本文型を読み書きで活用できるようになった。

オ　考察

　構造化・視覚化では、「板書の構造化」は、ノートが整理され、振り返り学習がし易くなる効果もあった。「記号による文構造の説明」は、読解力（直訳）や作文力を高めるのに、大きな効果があった。ただし、すべての英文に記号を使用して説明すると、時間もかかるので、特におさえたい英文にしぼって、記号を活用するのがよい。

　様々な角度からの説明を通して、生徒達の単語の意味の捉え方が深まったと感じられる場面が増えた。単語の基本的な意味を基に、派生した意味を類推する力や、他の単語とのつながりの中で意味を捉え直そうとする態度が育った。

（9）　特別活動（中学部）

ア　実践例の概要

　中学部3年生4名について、宿泊を伴う学校行事の学びを通して、生徒が情報を整理し、自覚することをねらい、宿泊先や車中で作文を書かせた実践例である。

イ　生徒の実態（中学部3年生4名）

（ア）聴力レベルや言語発達の状況など

生徒	平均聴力レベル 装用時の平均聴力レベル	コミュニケーションなど
A	右　82 dB 右　35 dB（HA） 左　90 dB 左　35 dB（HA）	文字などで、周囲からの情報を得る力に課題がある。自分で考えて、相手に伝えようとすることが少ない。
B	右　90 dB 右　29 dB（HA） 左　112 dB 左　80 dB（HA）	身近な事例であれば、新聞記事に書かれた事柄の因果関係も考えることができる。聴覚優位で、視覚情報を処理することが苦手である。
C	右　88 dB 右　43 dB（HA） 左　95 dB 左　49 dB（HA）	言葉の意味について表面的な理解にとどまることがある。行動や事実が書かれている箇所を羅列して伝えることが多く、自分の言葉で表現することが難しい。
D	右　98 dB 右　40 dB（HA） 左　95 dB 左　50 dB（HA）	語彙が豊富だが、自分が知っている形式的な表現が多い。物事を字義通りに捉えがちである。感想やその根拠を書くことに、抵抗感がある。

（イ）学級の様子

　生徒から出された話題を、教師が広げて返すと、興味をもち、会話が広がる。行事や新聞記事についてなど、日常的に感想を書く機会を設定しているため、書くことには慣れている。

　しかし、文字情報や話し言葉など、見えたり聞こえたりしている状況だけで判断しがちな傾向がある。具体的な根拠を、自分で考えて書いたり話したりすることは少ない。

　また、相手に分かり易く、順序立てて説明することは、苦手である。

ウ　目標と指導の方針

（ア）目標

・見学した内容や体験についての鮮明な印象が、記憶に残っている宿泊先などで作文を書き、その日の学びを整理し、自覚する。

・順序立てて、説明したり自分なりの根拠を付け加えたりして、読み手を意識した分かり易い文章を書く。

（イ）指導の方針

・見学場所等では、生徒が関心をもったことを中心にやり取りする。その際は、因果関係など思考を深めさせたり、生徒の考えを明確にする言葉や学習用語に馴染ませたりする。

・旅先で、自分の経験を書かせる際に、想定した読み手に伝えることを意識させる。後日の推敲は、読み手に書いてもらったコメントをもとに、客観的に自分の作文を振り返らせる。

エ　経過

（ア）旅先での教師の働きかけと生徒の作文

・書かせる分量は、それぞれの機会に原稿用紙1枚程度とし、書くことへの抵抗感を軽減する。往復の車中と宿泊先で書かせ、その日のうちに提出させる。

・書かせる際は、誤字や表現上の誤りなどがあっても、旅行中は訂正せず、どのように見学し、考えたかを主に把握する。また、生徒から質問があった場合など、必要に応じてやり取りをする。

・同行した教師は学びについてコメントをまとめ、生徒に返却する。

目指す生徒の姿	見学先での教師の働きかけ
・根拠を伴って書く。	・建物の構造などについて、その場でやり取りをする。一般的な例を挙げたり、なぜ、このような構造なのかを質問したりする。さらに、その場で、パンフレットや掲示板を一緒に読みながら、やり取りをする。
・機会を捉えて書く。	・寺社を見学する機会を捉えて、「参道・境内」などの言葉を使わせる。

（生徒とのやり取り）神社の廻廊を歩いている場面

教師：床板になぜ隙間があるの？隙間なく作るとよかったでしょうに。

A：　　わざと隙間を開けてある。（しかし、その理由については答えられなかった。）

　Aの作文　（【　】は、教師とやり取りした言葉、（　）内は生徒の言葉）

【参道】（神社に行く途中）には、鹿のフンがあるため、それを避けて行きました。神社は、水の上にできているため【満潮になっても大丈夫なように】床板が工夫されていて、すごいと思いました。

目指す生徒の姿	見学先での教師の働きかけ
・学習用語になじむ。	・生徒が興味をもったことについて話題にしながら、その中で出された生徒の言葉を、学習用語に置き換えてやり取りをする。

（生徒とのやり取り）堀の鯉に興味をもった様子が見られた場面

教師：鯉を飼うために堀があるのかな？

B：　　（笑いながら）違うと思う。（やや考えて）敵が、来ないようにするため。

教師：そうですね、敵の侵入を防ぐためですね。

目指す生徒の姿	宿泊先での教師の働きかけ
・正しく表現する。 ・考えをより明確にする。	・正しい表現を聞かせたり、生徒からの質問に答えたりする。 ・抽象的な表現について、生徒がどのように捉えているかを確認するために、具体的に説明させる。その内容を表す適切な言葉について、考えさせたり友達に相談させたりする。

（生徒とのやり取り）宿泊先で作文を書き終えて質問に来た場面

B：　　「堀をして」って言いますか。他の言い方が分からなかったから、そう書いたんです。

教師：何かおかしいと思った、その感覚が大事です。気付いたように、「堀をして」とは言わず、「堀をめぐらす」と言います。

B：　　「めぐらす」って初めて聞きました。

教師：周りをぐるりと囲んでいる時に使う言葉です。「掘りをめぐらさない」とどうなる？

B：　　敵が侵入する。

教師：だから？

B：　　堀をめぐらす

教師：家の周りを塀で囲む時は「塀をめぐらす」と使います。

B：　　「堀をめぐらす」ということは、「堀をめぐらして」と、書けばいいですね。

　Bの作文

　城の周りは、堀で囲まれていました。外堀と内堀がありました。【敵の侵入を防ぐ】ために【堀をめぐらして】いました。しかも、内堀まであったということは、その内堀に囲まれていた城が、一番重要なのだと感じました。その時代の様子が思い浮かび、城主の【威光】（思い）を示そうという強さを実感しました。

・言葉の扱い

　言葉を理解するためには、その場でのやり取りが基本である。しかし、それだけでは、言葉の押さえは不十分である。「知恵を巡らす」「世界遺産を巡る旅」「春が巡ってきた」など、学校に戻ってから、辞書などで様々な例文を読ませたり、日常の会話に取り入れたりすることが必要である。

（イ）学校での作文の推敲

① 誤字脱字、文のねじれ、話し言葉と書き言葉、文体の統一などの文法的事項。

② 類語辞典などを使った言い換え。

目指す生徒の姿	教師の働きかけ
・類語辞典などを使い、言葉を選んで書く。	・推敲させたい文を板書し、他の生徒も、一緒に考えさせる。「すごい」を使わずに表現させるために、類語辞典で調べさせる。小学生向けの辞典を使うと、難語句への抵抗がなくなる。 ・いくつかの言葉を取り上げて、友達とやり取りし、選択させる。それについて、納得する言葉を選べたことを学級で互いに認め合う雰囲気を大切にする。

Aの作文

　神社は水の上にできているため、満潮になっても大丈夫なように、床板が工夫されていて、【感服しました】（すごいと思いました）。

③ コメントによる推敲

・表記の推敲を済ませたものを、旅先の様子を伝えたい相手に読んでもらい、読後のコメントをもとに文章を推敲する。コメントは、よいところを褒めるものと、補足を促すものの2枚に分けて書いてもらう。読み手が、文のつながりがスムーズでないと感じたところについて、補足を促すコメントを書いてもらう。その部分を補うことを、推敲の目的とする。そのため、他学年や他学部の教師や寄宿舎職員に推敲のねらい等も説明しながら、読み手役を依頼する。

・補足コメントは、どの点について、どのような文を補足すればよいか、生徒の思考をガイドするような書き方にするとよい。

目指す生徒の姿	教師の働きかけ
・抽象的な言葉について具体的なイメージを添えて書く。	・生徒は、抽象的な言葉で、まとめの部分を書くことが多いが、言葉そのものの理解にとどまることがよくある。そのため、どのような具体的なイメージをもっているか、確認する。 ・具体的に表現できない場合は、旅行時に参考にした資料を見返させたり、改めて見学の印象をやり取りしたりする。 ・旅先での経験により、自分が何に気付いたか、自分の学びを振り返らせることにつなげる。

（具体的なコメント）

（褒める）Cさんの文章は、日記のような書き方にしてあり、時間の流れがよく分かります。見学した場所の段落では、Cさんが感じた疑問と、その答えが、必ず書かれていました。見学場所、それぞれに、Cさんが疑問をもち、その答えを、見学場所で見つけ出したり、自分で考えたりして、答えにたどり着いたことが、よく分かります。

（補足）2日目のまとめのところで、「昔の生活について、想像がつきました」とありましたが、「昔の生活」というのは、具体的には、何を指していますか。世界遺産のお寺やお城を見て、Cさんが、どのようなことを考えたのでしょう。そして、どのような「昔の生活」を想像したのでしょう。それを書くと、Cさんの考えていたことが、伝わってきます。

Cの作文

　2日目の見学場所は、世界遺産になっている2カ所でした。天候に恵まれて、美しく見えたので、特別な思いになりました。【それぞれ、将軍が建立した建物です。実際に自分の目で見ることで、そこで、将軍が豪華な暮らしをしている様子が、思い浮かんできました。】2日目を終えて、昔の生活について、想像がつきました。

目指す生徒の姿	教師の働きかけ
・一般的な視点を知る。	・「一般的には（確かに）、〜しかし〜」という読み手を意識した書き方の短文作りをさせ、文型に馴染ませる。

（具体的なコメント）

（補足）一つだけ、おやっと感じた段落があります。「このお寺と言えば、羽衣の滝です」と書いてありました。もし、私が「このお寺の名前を聞いて真っ先に思い出すのは何ですか」と質問されたら、「舞台」と答えます。Dさんが「このお寺と言えば、羽衣の滝」と考える事実や理由が書いてあると、読む人も「なるほど」と納得すると思います。

Dの作文

　このお寺といえば、羽衣の滝【と舞台】です。【舞台の方が有名ですが、私は滝をおすすめします。】滝についての説明書を……。

オ　考察

　生徒の興味に添った働きかけにより、思考を深めさせることができた。

　宿泊先で、読み手を想定して作文を書かせることは、体験を客観的に振り返らせることにつながった。

　また、教師によるコメントにより、生徒は、読み手を意識して、推敲することができた。

（10）　特別活動（高等部）

ア　実践例の概要

　高等部の生徒を対象とし、食育に関して、生徒に即した言語活動を組み入れ、「食の体験」を、より豊かなものにすることをねらった学校給食の実践である。

イ　生徒の実態

（ア）対象生徒

　高等部本科及び専攻科の生徒全員

（イ）生徒の実態

　一人一人の生徒の実態は多様であるが、日本語の読み書きの習得や学びの深まりに共通の課題がある。J.COSS 日本語理解テスト（以下「J.COSS」という）の結果は、表 1 の通りである。

表 1　J.COSS 日本語理解テストの結果

水準	段階			構成比
第 1 水準	1 語文レベル			4.6 %
第 2 水準	2 ～ 3 語			2.2 %
第 3 水準	5 ～ 6 歳	幼稚園年長		11.1 %
第 4 水準	6 ～ 7 歳	小低前半		24.4 %
第 5 水準		小低後半		2.2 %
第 6 水準	8 歳以上	小高	第 7 水準 2 問以上間違い	33.3 %
			第 7 水準 1 問だけ間違い	4.4 %
第 7 水準	全問正解			17.8 %

　生徒に給食の感想を尋ねると、比較的、生徒が口に合う時に使う「普通」という表現で答える者が多かった。しかし、それ以上に、話を広げることが難しく、特に、「〜ので、おいしい」というような、根拠を明確にした表現は、ほとんど見られない。J.COSS の結果などから、概念の広がりや情報の整理に、課題があることが考えられる。

　学校給食に関わっては、偏食傾向のある生徒は少ないが、食べた経験の無いものや普段と味付けが違うもの、珍しいものなどは、口に合わないと思い込み、始めから食べようとしない生徒が目立つ。また、好きではない食材が使われている料理は、盛り付ける量を極端に減らす生徒もいる。

ウ　目標と指導の方針

（ア）目標

　料理や食材について、一般的な知識や味覚を表す語彙を拡充させるなど、言語活動の充実が、豊かな食の体験につながると考える。「食の体験」に、言語活動を適切に組み込みながら、給食に食育に関する意義を見出し、「食」に対する興味・関心をもたせ、より充実した活動となるようにする。

（イ）指導の方針

　「食の教育」の年間指導計画は、学校給食のメニューと密接に関連付けて作成する。給食メニューは、文化的な背景や生徒の生活とつながりをもたせた構成にする。

　言語活動については、生徒に対し、給食メニューとその解説を示す「給食だより」と、食材に関わる説明資料を活用し、自立活動やホームルーム等において、読みの活動を中心に展開する。

　読みの活動においては、食の体験という具体的で印象の強い体験を、「給食だより」や説明資料の情報と関連させながら、論理的な思考を促すことを重視し、単に嗜好についてのやり取りに終わらず、味覚に関する概念や食の文化に関する興味・関心の拡充・深化を図るようにする。

エ　経過

（ア）手順

項　　目	内　　容
①献立の工夫	・栄養教諭は、「食の教育」の年間指導計画の作成に当たって、珍しい食材や話題になっている食材、日本の伝統的文化や地域性に根付いた行事食や郷土料理を献立に取り入れる。
②説明資料の配布	・栄養教諭は、献立が提供される当日に、食材や献立の背景等を記載した説明資料を各学級に配付する。 ・栄養教諭は、各学級に対し、説明資料の内容と実際の給食が対応するよう説明する。
③生徒の理解の確認	・学級担任は、生徒が説明資料を読みながら、食事している様子を確認する。 ・学級担任は、説明資料の内容を話題にしながら、生徒の内容の理解度を確認する。
④説明資料を使った言語活動	・学級担任は、ホームルームや自立活動等の時間に、説明資料を使って読みの活動を進め、生徒の内容理解を深める。

（イ）働きかけ

・ねらいを達成するため、珍しい食材や普段とは違う味付け、少し特色のある味の料理などを
　意図的に献立に組み込む。

・食の体験を、「料理を見る」「名前を覚える」「臭いを嗅ぐ」「食べる」「片付ける」「挨拶する」
　「掃除をする」という一連の動きがまとまったものと考える。

【指導例：春土用献立】

・春土用の言葉から連想される春の味を体験するメニューである「春土用献立」（図1）では、
　言語活動において、①～④に関する内容を扱った。

② 菜の花のソテー
・「菜の花」は、どんな野菜か。
・どんな色や香りか。
・「菜の花」は、なぜ春が旬なのか。
・「花」なのか。

③ カレイのから揚げ
・「カレイ」は、どんな魚か。
・旬は、いつか。
・どんな味か。

① たけのこごはん
・「たけのこ」が、春が旬なのは、なぜか。
・どこでとれた「たけのこ」か。
・北海道産の「たけのこ」と九州産の「たけのこ」の違いは、何か。
・「たけのこ」は、どんな味か。

④ すまし汁
・すまし汁は、どんな汁物か。
・とろろ昆布の旬は、いつか。
・とろろ昆布は、どんな味か
・以前食べた時と比べて、何が違うか。
・以前食べたことを覚えているか。

図1　春土用献立

・言語化においては、食材の名前や旬等の基本的な知識を、食体験とともに覚えさせる。

・会話や説明資料では、「菜の花は、苦いからまずい」「魚は、骨があるから嫌い」といった自
　分の嗜好の表現ではなく、「春には、苦い食べ物を食べる」「苦い食べ物は、苦手だが、春
　の季節を感じるために食べてみる」といった習慣や知識を元にした表現を多く使うように
　する。

・「以前は、菜の花は、苦くて好きじゃなかったけれど、今は、さわやかな味も感じる」といっ
　た文型を組み込み、以前と比較しながら、現在の味わい力を捉えさせる。

（イ）指導の経過

・魚介類を苦手とする生徒が多いことから、魚介類を使ったメニューを定期的に組み入れた。

【指導例：さけ】

・献立で工夫した点

> ・旬の食材を使用する。
> ・食材が、特徴的に使用できる料理にする。
> ・食材が、よく使用されている地域性を組み入れる。

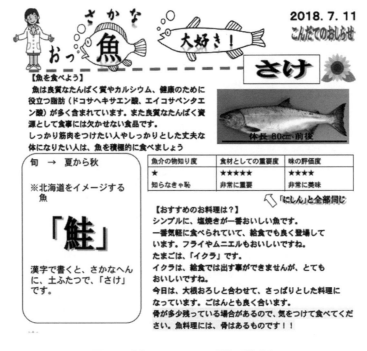

図2　鮭についての説明資料

・説明資料の特徴（図2）

> ・説明資料を読む前に、何の説明資料なのかを、想像できるように、同じ形式で記載する。
> ・魚の良さについて、毎回、同じ内容で記載をする。
> ・本日、食べる料理について、記載をする。
> ・魚偏の漢字を紹介するなど、雑学的知識を記載する。
> ・本校独自の身近な話題を、記載する。
> ・生徒の実態に合わせた言語表現ではなく、あえて、一般的なお便りなどの表現とする。

・生徒の理解の状況

> ・年間テーマ献立の場合は、系統的な内容ではあるが、生徒の読みの実態が多様であることから、読み取れている内容には、個人差が大きい場合が多い。
> ・生徒一人一人が、説明資料の内容の中で興味をもったところと、給食の食べ方が結び付いていく様子がみられる。生徒同士で、説明資料の気になった部分や自分のもっている知識を、説明資料の内容に更に追加して、会話をしながら、食事をする様子が見られる。
> ・説明資料の内容について、周りの教職員に質問をしたり、栄養教諭へ確認をしたりして、知識を深めようとする様子が見られる。
> ・苦手な食べ物ではあるが、ひと口食べて、確かめてみようとする様子が見られる。

・鮭をテーマにした献立の説明資料に書かれている「シンプルに塩焼きが一番おいしい魚です。」「一番、気軽に食べられていて、給食にもよく登場しています。」といった文に、「ので」「から」等で構成される節を加えて、文を作る活動を行ったところ、次のような表現が見られた。

・_____ので、魚はシンプルに塩焼きが美味しいです。
　→「健康のため、役立つ脂肪（DHA）なので、魚はシンプルに塩焼きが一番おいしいです。」
・いくらは、____ので、給食に出すことができません。
　→「いくらは、たまごなので、給食に出すことができません。」（下線部が生徒回答）

・上記の回答からは、前文の内容をそのまま回答として記載したり、視点を替えずに単純に上位概念を記載したりしていることが伺われた。

・学級では、文法指導に継続して取り組むことにより、助詞の誤用が改善されてきたが、因果関係や条件等の表現においては、上位概念と下位概念を表す言葉といった意味の階層性を利用して、根拠を示す力が身に付いていないことが示唆された。

・学級担任は、栄養教諭と連携し、日本語の文法を視覚的に提示する指導法を継続するとともに、意味の階層性を視覚化する手立てを講じた。意味の階層性を明示化する手立てとしては、情報技術の授業で扱っている UML（Unified Modeling Language）のクラス図等を利用した。例えば、「カラスは鳥なので、空を飛べます」というように、上位概念の要素を根拠にした因果関係の表し方を示したところ、「いくら」が、給食で供されない理由として、「いくらは生ものなので、給食に出すことができません」といった回答を引き出すことができた。

オ　考察

　これまで見た目や思い込みだけで、好きではない献立に手を付けない様子も多く見られたが、言語活動を通じて、味覚を概念として捉える働きかけを続けてきた結果、生徒からは「おいしい」「まずい」という表現が目立たなくなり、「この白身魚は、何ですか」「この魚は、今が旬ですか」という表現が増え、嫌いなものでも手を付けることが、全体として多くなった。

　説明資料については、食事中には要点を絞ったもの、前日や翌日には、詳しい内容のものを配布するなど、資料を効果的に活用する工夫が必要である。

　給食の時間が、食について「思考」「判断」「表現」できるような時間となるよう、日常的かつ継続的に活動を続けることで、食を通して、多くの人とコミニュケーションできる力を身に付けることができると考える。

3　自立活動の指導例

（1）日本語の文法指導

ア　実践例の概要

　日本語を書いたり読んだりする活動において、間違えた時には、視覚的手掛かりを基にどこをどのように間違えたのかが分かり、自ら直すことができるようになることをねらい、小学部1年から3年間、自立活動の指導の一部として、視覚的支援を重視した日本語の文法指導を行った実践である。

イ　児童の実態（小学部入学時）

児童	平均聴力レベル 装用時の平均聴力レベル	実態
A	右　60 dB 右　30 dB（HA） 左　68 dB 左　35 dB（HA）	音声中心。手話併用だが、表出・読み取り共に曖昧なことが多い。話し言葉をそのまま文に書こうとして、文に誤りが見られることが多い。J. COSS 日本語理解テスト（以下「J.COSS」という）6項目通過。
B	右　105 dB 右　60 dB（HA） 左　105 dB 左　55 dB（HA）	手話・指文字中心。発音は、音韻数が曖昧である。情報の取りこぼしがある。手話を日本語に置き換えて書くことが多い。両親は、ろう者。J. COSS 4項目通過。
C	右　129 dB 右　70 dB（HA） 左　63 dB 左　35 dB（HA）	音声中心だが、手話も使う。表出・読み取りは、ほぼ確実にできる。用言※の活用や助詞の誤りがある。J. COSS 9項目通過。
D	右　111 dB 右　60 dB（HA） 左　112 dB 左　55 dB（HA）	手話中心。発音は、母音の一致率が高く、積極的に活用する。自分で簡単な文を書こうとする。用言の活用や助詞の誤りがある。両親は、ろう者。J. COSS 5項目通過。

　話すことには、意欲的な子供達である。様々な場面において、スモールステップで繰り返し指導することにより、定着を図ることができると考えられる。

　※用言…自立語のうち、体言に対して活用があり、何らかの事物について、その動作・存在・
　　　　　性質・状態を叙述する働きをもつもの。動詞、形容詞、形容動詞がそれに当たる。

ウ　目標と指導の方針

（ア）目標

・基本的な文法のルールに従って、文を読んだり書いたりすることができる。

・間違いがあった時は、どこをどのように間違えたのかが分かり、直せるようになる。

（イ）指導の方針

・場に応じて、視覚的な支援を多用する。

・入門期には、基本的な品詞の分類に馴染ませるようにする。

・文作りの核になる用言の活用ができるようにするため、動詞や形容詞の活用は、段階的かつ丁寧に指導する。

・助詞に記号を付けたり、記号化した手話で表したりして、視覚的に助詞の意味を考えさせるようにする。

・品詞の分類が定着しつつあり、用言の語彙が増えてきて、それらの活用がスムーズにできるようになったら、初歩的なルールで文を作ることに取り組ませる。

・「J.COSS 日本語理解テスト」の通過項目を毎年見直し、通過していない項目は、繰り返し指導する。

・文法事項を家庭とも共有するため、授業内での学習資料や成果物は、必ず持ち帰らせる。

エ　経過

（ア）動詞の活用に関する指導

【1】児童にとって身近な言葉の中から、動きに関する言葉を集めた。（図1）

【2】五段活用の基本形（基本の形）を連用形の過去形（終わった形）に変えることができるようにした。（例：遊ぶ→遊びました）五段活用の常体の過去形は、音便等があり、活用が変則的なので、敬体の過去形から教えた。（図2）

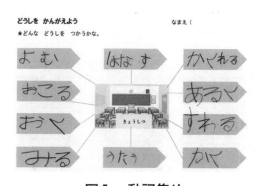

図1　動詞集め

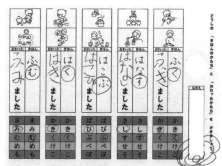

図2　基本の形と終わった形

【3】動詞の活用表を用いて、五段活用ができるように取り組んだ。「あいうえお表」や「て形の作り方の表」を用いて活用できるようにし、活用した動詞を使っての例文作りをさせた。例文作りまでを段階的に指導した後、毎日、宿題で動詞の活用と例文作りに取り組ませた。五段活用の指導が終わったら、一段活用やカ変活用、サ変活用に取り組んだ。（図3）

　　活用の仕方が複雑な五段活用から取り組むことで、それ以外の活用の学習には、抵抗なく取り組めた。宿題で活用に取り組む時には、「あいうえお表」や「て形の作り方の表」、

「一段活用の表」は、いつでも見てよいことにした。（図4）形容詞の学習を終えてからは、動詞と形容詞の活用と例文作りに、毎日、取り組ませ、終わったプリントは、1年間保管した。（図5）

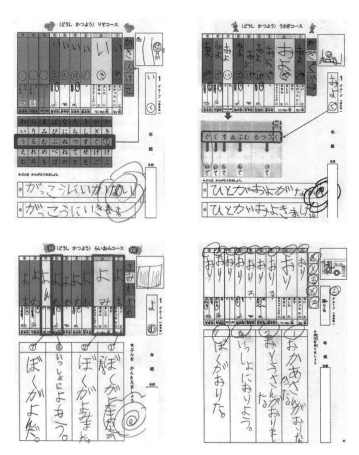

図3　動詞の活用の段階的指導

図4　宿題用ファイル

図5　1年間の宿題

【4】学習した動詞の活用は、日常の指導にも意識して取り入れるようにした。国語の学習では、新出語句を確認する時に、本文通りの活用形を活用表に書き込み、基本形を確認したり、自分で活用表を完成させたりした。（図6）

　また、日々の日記指導の中では、活用表の縮小版を用意しておいて、活用の間違いがあった時には、間違いに気付かせ、自分で直すようにさせた。（図7）

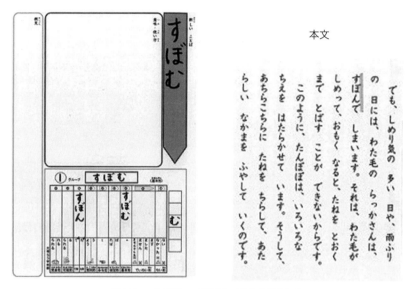

図６　国語の学習（新出語句）

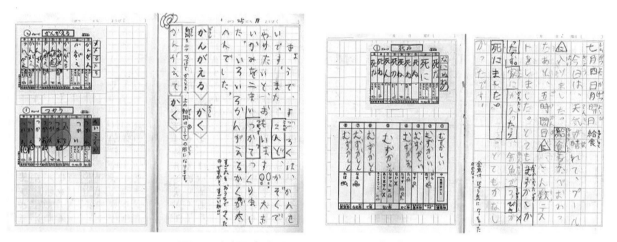

図７　活用表を取り入れた日記指導の例

（イ）助詞の指導

　始めに、言葉をつなげる時には助詞が必要なことを確認し、助詞の記号を確認した。（図８）その後、児童が使う頻度が高い助詞や種類が限定されて視覚的に分かりやすい助詞を選んで、指導に当たった。

　まず、よく使う助詞「が」を指導した。主語になる名詞を対象物に当てると、分かりやすく、これまでに覚えた動詞を使って、簡単な文が作れるようにした。（図９）

　次に、助詞「で」は、「場所」「道具・材料・手段・方法」「範囲」「原因・理由」の４種類の意味を手話記号で表し、「で」を使っている文を読んで、どの意味で使っているのかを判断したり、簡単な文を書いたりできるようにした。（図10）

　さらに、場所に関係する助詞「に」「で」「を」を動詞と併せて指導した。「～に入る」「～でする」「～を出る」というイメージがもてるように、教材を工夫した。（図11）

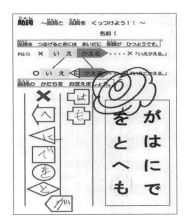

図８　助詞記号

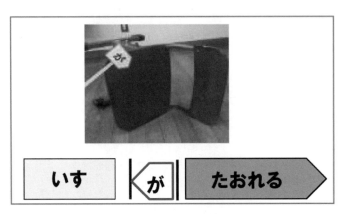

図９　助詞「が」の指導の例

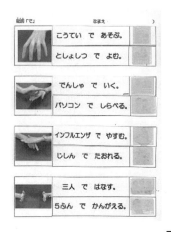

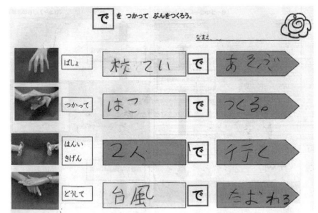

図10　助詞「で」の指導

図11　助詞「に」「で」「を」の指導

（ウ）初歩的な文作りの指導

　品詞カードの配列の方法を理解することによって、正しい文を作ることをねらいとした。これまでの学習を踏まえて、文作りのルールを確認した。（図12）

　しかし、文法指導の中で、初めて文作りに取り組む低学年の児童には、いくつも条件があると混乱するので、初歩的な３つのルールに基づいて、簡単に正しい文を書ける経験を積ませた。文作りの初歩的なルールは、「①表の右側に置く動詞（述部になる）を１つ決める。②表の左側（文を詳しくするための情報になる）と述部の間には助詞を入れる。③左側の１つの言葉と述部で、短い文を作って、正しい文になっているか確かめる。」の３つである。

　まずは、品詞別のカードの配列には、ルールがあることを知るために、単純なイラストを材料に、文作りの初歩的な３つのルールを確認した。次に、児童にとって、身近な体験の写真を材料に、様々な単語を出し合い、それを用いて、ルールに基づいて文を作る経験をした。特に、述部は、動詞を一つだけにするというルールを丁寧に確認した。まとめとして、児童にとって、身近な体験の写真を材料に、様々な単語を出し合った後、２～３人のグループに分かれて、それぞれが伝えたい文を考えた。この際、文作りのルールを定着させることがねらいなので、助詞の選択で、試行錯誤させたり、助詞の連続使用について指導したりすることは、意図的に行わなかった。また、考えた文は、必ず２列の表から、通常の文に書き換えさせた。（図13）。

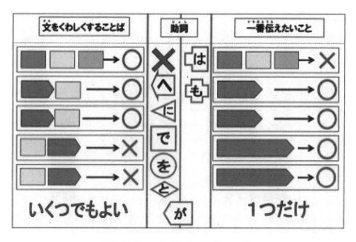

図12　文作りのルール

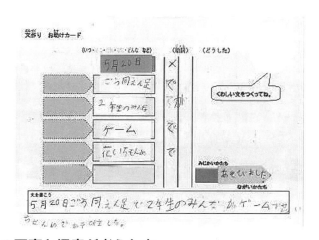

図13　文作りの材料の写真と児童が考えた文

オ　考察

　指導の中で視覚的な支援を多くしたことで、聴覚障害の程度に関わらず、文法の力を付けることができた（図14）。

　手話をそのまま日本語に置き換え、それを羅列するような文を書いていた児童も、助詞に意識をもち始め、用言の活用は、無理なくできるようになった（図15）。

　学習の資料や成果物を家庭に持ち帰らせたり、学習したことを日記の指導などに取り入れたりしたことで、生活やその他の学習の中で、実際に使える生きた文法の力になった。

　品詞の分類、動詞・形容詞の活用に丁寧に取り組んできたことで、語彙が増え、文作りに必要な言葉を集めることができ、「述部に動詞を一つだけ」という、文作りの初歩的なルールを学習する際にも、無理なく進められた。基本的な文法事項の定着を図ることが大切であった。

　文に誤りがあった場合にも、ルールに基づいて確認することで、児童が自覚的に誤りを直せるので、児童の意欲を損なわず、より積極的に取り組む様子が見られた。

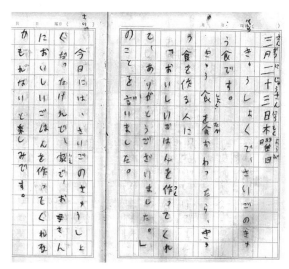

図14　J. COSS の結果（3年間の推移）　　　図15　児童の日記（3年生の後半）

（2）　同音異義語（動詞）の指導

ア　実践例の概要

　文部科学省著作の聴覚障害者用国語科教科書「こくご　言葉のべんきょう」三ねん（上）を用いて、同音異義語（動詞）の指導を行った実践である。同音異義語についての理解を深めるため、手話を使用し、一つの動詞でも、状況によって意味が異なり、また、手話も異なることを自覚できるように工夫した。

イ　児童の実態（小学3年生4名）

（ア）聴力レベル・コミュニケーションや言語発達の状態など

児童	平均聴力レベル 装用時の平均聴力レベル	コミュニケーションや言語発達の状態など
A	右　78.8 dB 右　40 dB（HA） 左　67.5 dB 左　35 dB（HA）	音声と手話を併用。生活で使う言葉は身に付いているが、時々、聞き間違いがある。自信がなく、正解が分かっていても、発表しない時がある。
B	右　58.8 dB 右　30 dB（HA） 左　66.3 dB 左　35 dB（HA）	音声によるコミュニケーションが中心で、話し言葉を身に付けている。拗音の混じった語句や、長い語句を書く時に、表記を誤ることがある。
C	右　63.8 dB 右　35 dB（HA） 左　116.3 dB 左　60 dB（HA）	生活で使う言葉を身に付けており、学習の場面で、知っていることを友達に発表することができる。文を書く時には、助詞の誤りがよく見られる。音声と手話を併用している。
D	右　115 dB 右　25 dB（CI） 左　115 dB 左　25 dB（CI）	人工内耳の効果が高く、音声のみの会話が可能である。音声と手話を併用するが、手話が分からない時は、全て指文字で表すことがある。読書を好み、いろいろな言葉や文章表現を身に付けている。

（イ）学級の様子

　児童それぞれに、聞こえの程度や家庭の状況が異なり、中心とするコミュニケーション手段は、様々であるが、教育活動の場面では、基本的に音声と手話・指文字を併用している。子供同士の会話は、活発である。体を動かす遊びや活動が多い。

　教科学習は、学年対応で進めており、いずれも基本的な語彙は習得しているが、助詞や動詞の活用形等でつまずくことがある。また、文章を読むことに苦手意識があり、音読では知っている単語も、手話ではなく、指文字で表すことが多い。

ウ　目標と指導の方針

（ア）目標

　同音異義語の学習を通して、日本語と手話のそれぞれの語彙や表現方法を拡充する。文章を読む時に、自分で文章の意味を理解し、適切な手話表現ができる。

（イ）指導の方針

　手話は、児童にとって、大切な言語であるととらえ、音声言語（日本語）とともに習得を目指している。

　自立活動の指導は、専科教員が指導を行っているため、日頃から、学級担任と連絡を密に取

り、学級での児童の様子、学習（全教科）の進度を把握しておく。自立活動の時間には、教科学習で習った内容を取り入れるなどして、自立活動と教科との関連を図った指導を行うようにしている。また、学習したことを、学級以外の場で活用したり、別の学習に生かしたりすることで、児童の中でより深い学びとなることをねらう。

　さらに、児童が自身の将来像を描くことができるように、学習内容に関連して、聴覚障害者の仕事や生活の工夫等についても、情報を提供するように努めている。

エ　経過
　＜使用教材＞　国語教科書「こくご　言葉のべんきょう」三ねん（上）（文部科学省）
　　　　　　　　61ページ　　動詞（同音意義語）
　　　「かう（買う・飼う）」、「かける（帽子をフックに掛ける・椅子にかける）」
　　　「なる（実がなる・目覚まし時計が鳴る）」、「きる（切る・着る）」
　　　Tは指導者、Cは児童を示す。

学習活動・内容	やり取りの内容	留意点
1 教科書に載っている二つの絵を見比べて、同じ動詞を使った文を作り、手話で表現する。 　1回目は自由に表現し、2回目は、助詞を指文字で表す。	C：「犬を飼う」の文を手話「犬／買う」と表す。 T：一つの絵を指して、「これはお店でぬいぐるみを買っているね。お金を払っているね。」さらに別の絵を指して、「こちらの絵も、犬を買う？」。 Cから肯定の答えがあれば T：「では、犬はどこで買うの？」 C：児童も違うと気が付いたので、首を横に振る。しかし、別の表現が思い付かない。 T：「えさと水をやって、散歩するね。毎日、毎日・・・」 C：気が付いて、「世話をする」の手話をする。 教師「そうそう。それが犬を『飼う』の手話になるね」	・全員が同じところを見て、やり取りができるように、教科書の絵を拡大したものを黒板に掲示し、キーワードとなる動詞を板書する。 　Cから出てきた文章を板書し、この文章について、考えることを明確にする。 ・「スーパー」「ペットショップ」「レジ」などの語句が出てきたら、手話、指文字の両方で確認する。指文字が表しにくかったら、板書する。 ・3年生の社会科で、「買い物と店の仕事」を学習済みなので、その経験も思い出させる。
2 応用となる文を作って、発表する。	T：「みんなは、家で何を飼っていますか」 C：「犬」「ハムスター」「金魚」 T：「文を作って、発表しましょう」	・最初は単語で答える児童が多いが、次に文を作って答えさせる。 ・動物を飼っていない児童がいた場合は、「大きくなったらどんな動物を飼いたいですか」と質問して、答えさせる。 　例：「わたしは犬を飼っています」「ぼくは大きくなったら、猫を飼いたいです」

3 次の語句に関しても、1　2と同様の活動を進めていく。「かける」「なる」「きる」	「なる」の学習について。 T：「目覚まし時計の話が出ました。みんなは、朝、どうやって起きるの？」 C：「お母さんに起こしてもらう」「自然に起きる」 T：「目覚まし時計を使うとしたら、どうなるかな？」 C：「補聴器をつけていれば、聞こえる」「高い音だと聞こえにくい」「補聴器をつけて寝ると、しんどい」 T：「聞こえない大人の人は、特別な目覚まし時計を使っているんだって」（振動式の目覚まし時計の話をする）	・障害認識の学習の一環として、学習内容に関連付けて、聴覚障害者の生活における工夫や機器などの情報を提供する。
4 四つの動詞を使って作った二通りの文を、まとめてノートに書く。自分の書いた文を見て、手話で表す。 ・まとめとして、同じ言い方をする動詞でも、内容によって、意味が変わり、手話も変わってくることを確認する。		・作った文を自分でノートに記入させることで、定着を図る。また、書き誤りがないかどうかを確認する。 ・今まで確認した手話の選択が適切になされているかを確認する。

オ　考察

　国語の音読などで、文章を手話や指文字を併用して読む場合は、内容を理解しないまま、同音異義語を全て一つの手話で表したり、指文字で表したりすることが多かった。随時、短い文を意識して、手話の表現を考えさせることで、少しずつ文の意味を考えながら読むようになってきており、言葉の意味を捉えながら読もうとする姿勢が育ってきたと考えられる。

　授業の際に、学級でこれまで学んだことを取り上げて、発問することで、児童の学習定着度を確認することができた。また、児童にとっても、前に習ったことが、別の場面や学習にも出て来ることで、今、取り組んでいる課題のヒントとなるといった気付きにつながった。学習したことは、必ず、他の場所や場面でも活用できるということに気付くことは、児童に既有の知識を活用する有用性を実感させることができ、児童自らが意識して、「知識の引き出し」を豊

かにしようとする意欲を高めることができる。自立活動の時間における言語指導と教科学習や学校生活とを関連付けた教科等横断的な指導が、子供達にとって有効であった。

　授業の中に、聴覚障害者の生活に関する事柄を取り入れることで、児童に、今、取り組んでいる課題が、より身近に感じられるようにすることができた。また、自分が、将来成人した時の仕事や生活のイメージをもたせるきっかけとなった。こうした取組も、障害認識に関わる指導の一環であると考える。

（3）　教科指導と関連した指導

ア　実践例の概要

　学んだことを、様々な場面で活用し、深い学びとなるように、学級における社会の指導と、自立活動の障害認識を含めた言語指導との関連を図った授業実践である。

イ　児童の実態（小学4年生3名）

（ア）聴力レベル・コミュニケーションや言語発達の状態など

児童	平均聴力レベル 装用時の平均聴力レベル	コミュニケーションや言語発達の状態など
A	右　88.8 dB 右　45 dB（HA） 左　96.3 dB 左　50 dB（HA）	音声によるコミュニケーションが中心だが、状況に応じて音声と手話を併用している。日本語と手話ともに語彙を増やしていくことが課題である。すぐに答えを求めるため、自分で考える場面を増やすようにしている。
B	右　110 dB 右　30 dB（CI） 左　110 dB 左　30 dB（CI）	音声と手話を併用してコミュニケーションを行っている。日本語と手話の語彙を増やしていくことが課題である。時間はかかるが、自分で考え、答えを導くことができる。
C	右　125 dB 右　30 dB（CI） 左　115 dB 左　60 dB（HA）	音声と手話を併用して、コミュニケーションを行っている。手話の語彙を増やしていくことが課題である。学習内容の定着度は高く、応用的な問題も時間をかけて解くことができる。

（イ）学級の様子

　補聴器の装用効果が高い児童と、人工内耳を装用している児童達である。音声を中心としたコミュニケーションの児童の割合が高い。ただし、聴覚活用のみだと、聞き取りの誤りや聞き漏らしなども見られる。このため、文章を書く際に、助詞や動詞の活用変化の誤りなどが見られることから、児童には、言語習得のための支援が必要となる。そこで、聴覚活用も促しながら、手話・指文字を導入して、視覚的に言葉が分かるような支援を行っている。

　また、それぞれの児童にとって、中心となるコミュニケーション手段は異なるが、授業や集

団活動においては、共通の手段として、音声と手話を併用している。多様な聞こえの児童が集まる集団でも、様々な活動を互いに分かり合える手段で行うことで、社会性が身に付くことをねらいとしている。さらに、将来に向けて、手話は大切な言語であることの意識を育むことも目指している。

ウ　目標と指導の方針

（ア）目標

　4年社会の学習内容の中に、消防の仕事について学ぶ単元がある。目標として、次のことが挙げられている。

・消防署などで働く人の仕事の工夫や努力を知り、具体的な資料を活用して、消火栓や消防指令センターの役割や働きなどを調べる。

・消防署や関係機関などが、相互に連絡を取り合いながら、人々の安全を守るために活動を行っていることや、火災発生時の組織的な対応を理解する。

　自立活動の時間においては、消防署と聴覚障害者の生活に関連した事例を取り上げて、障害認識に関わる学習活動を行うよう指導計画を作成した。また、社会で学習した内容を取り上げ、既習事項として活用するとともに、その理解を深めることを目指した。

　さらに、文章作りなどの言語指導に関わる学習活動も設定した。

（イ）指導方針

　自立活動の指導は、専科教員が行っているため、日頃から学級担任との連絡を密に取り、学級での児童の様子、学習（全教科）の進度を把握しておく。自立活動の時間には、教科学習で学習した内容を取り入れ、自立活動と教科を関連させた指導を進めることを目指している。また、学習したことを学級以外の場で活用したり、別の学習に生かしたりすることで、児童にとって、より深い学びとなることをねらう。さらに、手話は児童にとって、大切な言語であると捉え、音声言語（日本語）とともに習得を目指している。

　そして、児童がそれぞれ、自分自身の将来像を描くことができるように、学習内容に関連して、聴覚障害者の仕事や生活の工夫等についても、情報提供することを心掛けている。

　本題材では、自分が火災や事故に遭遇して、通報することになったら、どうするのかといった場面を想定して、自分ができる方法を考えさせる。

エ　指導の経過

＜使用教材＞　社会教科書、居住自治体の119ファックス用紙（自治体のホームページより取得）

学習活動・内容	留意点
1　社会の教科書を見て、学習した内容を振り返る。	社会科で学んだことについて発問することで、児童の学習定着度を確認する。
2　本時の学習内容を知る。 ※　通報の際には、119番への電話が一般的であるが、聴覚障害者の場合、どうなるのか。自分でできる方法を考える。	自分の生活を振り返って、通信方法を出し合わせる。（通りかかった人に電話をお願いする、メール、テレビ電話、ファックスなど。なお、最近の家庭では、ファックスを置いているところが減っており、ファクスの存在を知らない児童もいるため、ファクスの写真などを準備しておく）
3　119ファックス、119メールがあることを知り、自分の住んでいる自治体のホームページを検索する。各自治体の通報ファックスのフォームを見て、通報の際には、どのようなことを伝えたらいいかを考える。	
4　119ファックスを送る時の文章を、自分で書いてみる。 ※通報ファックス用のフォームを参考にしながら、白紙に書いていく。 ※書き終えたら、互いに発表して、友達が工夫したこと、書き加えたことについて、感想を交換する。	指導者が具体的な火災の場面を設定。 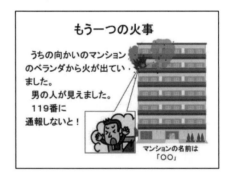
5　まとめ ・通報に必要な事柄は、119電話やメールでも同じである。 ・日ごろから意識しておくことが、大切である。	聴覚障害のある成人は、前もって携帯電話に119メールのメールアドレスを登録しておいたり、自宅のファックスの横に、119ファックスのフォームを用意しておいたりすることも知らせて、子供達に「自分で備えておく」ことを意識させるようにする。

オ　考察

　電話による通報が、可能かもしれない児童にとっても、通報する時に必要な事柄がスムーズに言えるように、このようなファックス通報の文章や必要な事柄を書く学習は有効である。また、119 ファックスや 119 メールの存在を知っておくことが、自分自身の障害認識につながり、今後、災害や非常事態の時に求められる資質・能力が育まれ、生きる力へとつながっていくことを期待する。

　授業の際、これまでに、学級で学んだことを取り上げて発問することで、児童の学習定着度を確認することができた。また、児童にとっても、前に習ったことが別の場面や学習にも出てきて、今、取り組んでいる課題のヒントとなるという気付きが見られた。学習したことは、必ず他の場所や場面でも活用できるということに気付くことは、児童に既有の知識を活用する有用性を実感させることができ、児童自らが意識して、「知識の引き出し」を豊かにしようとする意欲を高めることができる。自立活動の時間における障害認識を含めた言語指導と教科学習、さらに学校生活とを関連付けた横断的な視点での指導が、子供達にとって有効であると考えられる。

【使用した教材「通報ファックス」】

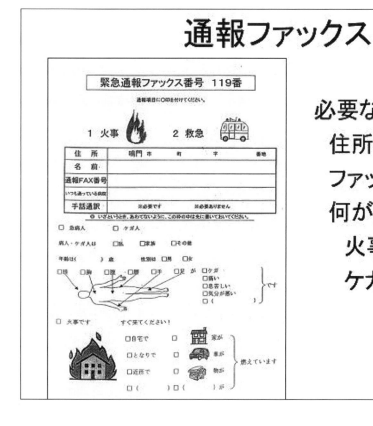

（4）　朝の自立活動の指導

ア　実践例の概要

　聴覚障害教育においては、言語力の育成が課題の一つである。幼稚部から絵日記指導を行う

などして、文章を書く練習や読む練習など積み重ねている。近年は、大学等への進学希望が増加しており、それを具現化するためには、「文章を正確に読み取る力」や「結論と理由を明確に書く力」などを育成することが重要である。こうした力は、日記だけでは身に付かないので、作文指導においても、工夫が必要である。

　中学部では、4月から7月まで、週1回、朝の「学びの時間」を活用して、20分で漫画作文を実施している。生徒の文章表現からは、日常の会話や授業中のやり取りではつかみきれない指導のポイントが見えてくる。また、9月から11月までの週1回は、意見文や説明文を書く学習を行っている。12月からは、読書をする時間に充て、2月に行われる学部行事（読書発表会）に向け、感想文を書いたり、その手話表現を考えたりしている。

イ　生徒の実態

　中学部の生徒の実態としては、年間読書数にはばらつきがあるが、読書習慣が身に付き、助詞等の使用に大きな誤りのない生徒が多い。また、聴力と読書量には相関が見られない。課題としては、小説に使われているような言葉を間違えて理解していることが生徒との会話からうかがえることである。また、近年の若者言葉や話し言葉のまま、文章を書く生徒もいる。

ウ　指導の方針

　近年、特別支援学校（聴覚障害）卒業生の大学入学希望者が増加している半面、必要な学力確保の課題が挙げられる。本校でも、教科指導の研修を毎年行い、その成果発表を校内で実施している。多くの教科からの報告では、知識を十分に身に付けることや思考力も大切な課題だが、それ以前に、問題文を正確に読み取る力が必要であるという意見がある。

　各教科で問題文をきちんと読めているかについては、グラフや図などから事実を読み取れているかという点に集約された。これは、中学部からでも取り組むことができると考えて、作文指導を続けてきた。

エ　経過

　4月から7月までの学びの時間のうち、木曜日を作文に充てている。中学1年は2コマ漫画、2年は4コマ漫画、3年は8コマ漫画を読み、「漫画を見ていない人に200字で、説明する文を書く」という課題である。始めは、漫画を見て、笑っている生徒もいたが、中には、話の流れがつかめていない生徒や、絵から分かること以外の事柄を書く生徒がいることが分かった。そこで、ポイントになる言葉を教員が説明したり、個別に説明したりするようにした。

　9月から11月までは、中学部全員が同じ課題で説明文や意見文を書いている。そして、年間を通して、担任・副担任が中心になって作文を添削している。また、どのような文章がよいのか分からないという生徒からの発言があり、各学年からよく書けている作文を選び、それを

コピーして、張り出すようにしている。

（中2の例）

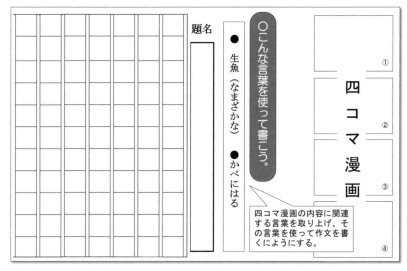

オ　考察

　漫画の説明文として、書かれた文章には、助詞の間違いだけでなく、内容を誤解をしている
ポイント、正しい文章表現ではないポイントなど、共通して間違えているところがある。

　以下の3点が課題であると考えられる。

（1）絵から事実を正しく読み取る力

（2）正しく内容を伝える文章の力

（3）状況を把握する力

　（話の内容に、自分の想像を加えてしまう）

（1）布団が干してあって雨が降り出したため取り込む場面。

（間違えた例）

　・洗濯物を干していると誤解していた。

　・布団を部屋から取り出していると誤解していた。

　これは漫画に雨が降り出した様子が絵と擬音語（ぽつぽつ）で示されていたが、それと人物
の行動を結び付けて捉えていないことや布団干しの経験がないことが原因となっていたと考え
られた。

（2）子供が自分が描いた魚の絵をおいしそうに見せるため、本物の魚を絵にこすりつける場面。

（間違えた例）

　・焼き魚を紙に張り付けた。

　・ゴシゴシして、おいしそうに見える魚に変えた。

155

これは漫画に「ゴシゴシ」と書いてあったことが、このような表現になってしまったと考えられた。

（３）トカゲが思いのほか大きくなったのを見て、恐ろしさに人間の方が檻に入った場面。
（間違えた例）

・トカゲに檻に入れられました。そして、檻に入れられたまま、人生を終えるのでした。

中学部の教員全員に作文指導に関するアンケートをとった結果、生徒に共通して見られた誤りの傾向として上記の３点が挙げられた。

何を根拠にして文章を書いているかを問うと、「なんとなく」と答える生徒が多い。

このほかにも、「である調」で、統一して書くことや丁寧な文で書くこと、言葉遣いを話し言葉のように書かないことなど、書き方のルールを確認する必要がある。

また、漫画の中に「いけず」のように、日常生活では使用しない言葉もあるので、担任から、朝のHRの時間に気が付いたことを説明するようにしている。

個々の生徒の間違えやすいポイントを教師一人一人が分かってくると、各教科での確認事項や発問ポイントが決まってきて、指導が協力して行われるようになる。

９月から行う意見文・説明文では、

（１）地図を書く力。

（２）それを説明する力。

（３）必要なところを強調する力。

昨年は、特に、最寄駅から自宅までの地図で苦労する生徒が多かった。

本校での作文の研究は、５年経過したところである。生徒の作文を分析することで分かったことをこれからの指導に生かし、生徒の作文力が一層向上するようにと願っている。

4　重複障害児に対する指導例

（1）　小学部①

ア　実践例の概要

小学部重複障害学級１年生３名の実践例である。行事の事前・事後における様々な取組を通じて、活動の見通しをもたせ、理解を促す。そして、経験したことを、その後の学習活動に生かし、学習に関わるやり取りや言葉への関心に結び付けられるように展開した実践である。

イ　児童の実態（小学部重複障害学級１年生３名）

（ア）　児童個々の実態と言葉の学習における主な課題（２学期当初の様子）

児童	平均聴力レベル 装用後の平均聴力レベル	学習場面における実態と言葉の学習における課題
A	右　71 dB 右　35 dB（HA） 左　105 dB 左　50 dB（HA）	知的障害があり、ADHD も併せ有している。学習意欲が高く、何事にも熱心に取り組む。しかし、競争心の強さや刺激から影響を受け易いことから、本来の学習のねらいに取り組めないことがある。目と手の協調的な動きが必要な学習課題では、支援を求めることが多い。音声での発語は、活発だが、音韻意識が未確立のため、早口で不明瞭な発話になり易い。文字を表記する際には、脱落や入れ替わりがある。
B	右　93 dB 右　50 dB（HA） 左　95 dB 左　50 dB（HA）	知的障害と病弱を併せ有している。日常生活動作のスキルは高く、自分から進んで取り組んでいる。集団場面では、会話や質問の内容理解に自信がもてず、他児を模倣しながら参加していることがある。予定や友達の名前など、手話を覚え、学級での会話では、積極的に使い始めた。聴覚を活用し、発声も見られ始めているが、音声と文字とが結び付いていることについては、まだ、気付いていない。
C	右　80 dB 右　45 dB（HA） 左　70 dB 左　45 dB（HA）	知的障害と病弱を併せ有している。学校での活動全般に対し、意欲的で、学習への関心も高い。しかし、初めて取り組む学習内容には、緊張した表情を見せることがあり、慣れるまで時間を要する。学習が理解できない時に、人に尋ねたり、支援を求めたりすることができず、受け身の姿勢となることがある。音声・手話を併用して、活発に会話するが、音声と文字との対応関係は、まだ、理解が十分ではない。

（イ）　学級の様子

　１学期は、一日の学校生活の流れや生活上のきまりを理解し、見通しをもって過ごせることに主眼を置き、生活リズムが安定するよう配慮しながら指導してきた。３名とも学校生活に慣れ、学習活動を楽しめるようになってきた。一方で、慣れ親しんだ学習パターンとは異なる新たな取組に際しては、不安そうな様子も見られた。

　１学期に取り組んだ友達や先生の名前の学習を通して、２学期には、平仮名に関心をもち、３名とも指文字と文字とのマッチングや平仮名の視写が行えるようになった。

（ウ）　目標と指導の方針

・生活場面の見学を通して、一日の過ごし方についての見通しをもつ。主体的に活動できるように、動物スタンプラリーの事前学習を通して、「自分が何をするのか」を具体的に理解する。その上で、行事当日に経験したことを印象付ける。

・経験を通して、新しい事柄に興味をもち、新たな学習の展開に少しずつ慣れ、基本的な言葉（一般的な名詞など）を身に付けようとする態度を培う。

児童	個別の目標	授業における個別の配慮事項
A	音韻の数に注目し、文字の配列に注意しながら、文字カードを正しく並べたり、視写したりする。	あらかじめ、指名する順番を相談してから取り組むなどして、学習活動のねらいに意識が向くようにする。
B	指文字のヒントを手がかりにしながら、文字カードを並べて、いろいろな物の名前を作る。	学習を進めていく手がかりとなるヒントを示して、自分で学習を進められるようにする。
C	いくつかの文字カードの中から適切な文字を選んで、自分で物の名前を構成したり、実際に一人で書いたりする。	学習の当初は、進め方について、一つ一つ助言するなどして、戸惑いなく取り組めるようにする。

（集団での学習活動を展開していく上での配慮事項）

・既知の事柄や経験、学習ルールを生かしつつ、その都度、予告した上で学習活動の展開の仕方に変化を加え、その変化にも、少しずつ見通しをもって対応できるようにする。

・文字で書かれた言葉を見て、事象を理解したり、自ら文字で書き表したりする力の定着を図るため、国語の授業の学習後に、楽しんで取り組めるような場面を設けて、繰り返し言葉に触れる機会を作る。

・ベースとなる教材・教具は変化させないが、学習中の一人一人のつまずきを捉え、それに対応させながら、教材・教具の修正や改善、提示の仕方を工夫し、一人一人が学習に見通しをもって、自分から取り組めるようにする。

エ　経過

（ア）　多様な学習場面での取組の工夫や配慮事項

・楽しみにしている行事（生活見学「動物園へ　行こう」）を中心に据えて、その後取り組む学習内容を検討した。行事の当日に経験することの見通しをもち、目的を理解した上で参加する。その日に経験したことを生かせるような授業づくりを行った。教室に設置してあるICT機器（パソコンと連動して操作可能な大型ディスプレー）も活用し、視覚的情報を取り入れた教材を用いながら、的確なイメージをもてるように工夫した。

	学習場面と主な内容	具体的な活動内容や配慮事項等
事前の学習活動	生活単元学習 行事の予定（月日や一日の予定、利用する乗り物、持ち物など）の説明	プレゼンテーションソフトウェア（以下PS）を活用しながら、左記の内容を確認する。プリントアウトすると、そのまま、しおりとなるよう作成し、自宅でも事前に見て楽しむことができるようにした。
	生活単元学習 動物園見学ごっこ（動物スタンプラリー）による見学の練習	PSを活用し、動物を探しながら歩く内容の教材をみんなで見る。動物を見付けたら、スタンプラリーのカードにシールを貼ることを伝えて、実際に練習し、当日に向けたリハーサルをする。

事前の学習活動	国語 PS を使用した教材例① 　動物クイズと名前調べによる手話や指文字、文字での言葉の確認	動物クイズを通じて、出題された動物について、話し合う。動物の名前が何文字で構成されているか、どんな名前なのかを、大型モニターをみんなで見ながら、文字や指文字で確かめ、児童と教員で、一緒に読んだり、覚えた名前を児童が発言したりする。
	国語 PS を使用した教材例② 　音韻数や文字の配列に注意を向けた、パソコンやプリントでの反復学習	名前を覚えられたら、PS で作られた問題に、一人一人が挑戦する。また、各自の手元に用意した50音の文字タイルの中から、適切な文字を選んで、学習した名前を再構成したり、それを見ながら視写したりするなど、プリントでの学習にも取り組む。
	日常生活の指導（朝の会） 　言葉の定着を図るための日常活動への取り入れ（給食調べの活動中に今月のことばとして触れる）	朝の会で確認する給食の食事メニューは、絵カードで隠されていて、好きなカードを児童が一枚選んでオープンしながら、献立紹介をしていた。メニューを覆う絵カードをしばらくの間、動物カードにして、その名前を児童が手話や指文字で表現するようにした。

教材例①

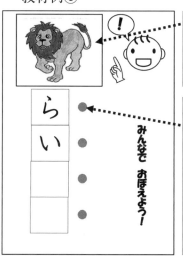

はじめはシルエットが表示され、今日学習する動物についてクイズをする。教員がヒントを出したり、児童が話し合ったりしながら、考える。

ＰＳのアニメーション機能を使用し、青いボタンを1回押すとひらがなが表示され、2回押すと指文字が表示され、さらに押すと消えるようにした。文字を見て指文字で表せるかを確認したり、一緒に単語を読んだ後で文字を消して、それが何だったかを思い出したりする学習活動をした。

教材例②

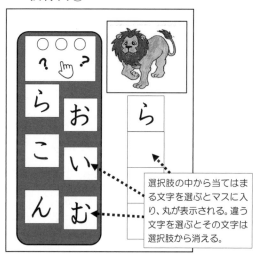

選択肢の中から当てはまる文字を選ぶとマスに入り、丸が表示される。違う文字を選ぶとその文字は選択肢から消える。

・国語の授業のまとめとして取り組むプリントは、動物の様々な暮らしぶりの写真を載せて、「動物図鑑」として児童に配り、単に、ドリルとして練習をする雰囲気にならないように工夫した。児童は、図鑑の完成を目指し、興味をもって取り組むことができた。

・日常のやり取りの中で、学習した言葉に関連する話題が出ると、児童は「〇〇は、動物園で見たね。」などと、実際に経験したことも、話すことが多くなった。

児童	学習場面での様子の変化（2学期の終わりごろの様子）
A	・文字の配列に注意し、慌てずに正しい文字を選ぼうとする態度が見られ始めた。国語の授業では、音声だけでなく、指文字での表現も見られるようになった。
B	・タイルを使った言葉の構成がスムースになり、指文字を見る以外に、音声情報も活用しながら、文字を選ぶ様子が見られ始めた。

| C | ・言葉を覚えようと意識しながら、学習に取り組めるようになり、自ら「覚えられた」と報告しに来ることが増えた。音声と文字の対応関係が理解できてきた。 |

オ　考察

　重複障害学級の児童が、主体的に学習を進めていけるような授業づくりを目指す上で大切なポイントについては、以下の点が挙げられる。

① 　第一に、児童の興味・関心に即した視点から学習内容を考えること。併せて、新たな興味や関心を喚起できる展開も工夫したい。努力することで達成できる課題を設定することで、児童が自ら「やってみたい」と思えるよう教材を工夫すること。

② 　個別の実態と課題を踏まえた学習のねらいを設定し、可能な配慮を行いつつも、授業として、みんなで取り組んでいける場となるよう工夫すること。

③ 　学習のねらいや学習のゴールが、児童にイメージできる教材になるよう工夫すること。さらに、学習の結果、「できた！」という実感が、はっきりともてること。やって楽しく、できた時に、満足感が味わえるような教材作りに心がけること。

　上記の点を踏まえると、日常的な児童とのやり取りを通じて、児童の関心事、現在の課題やできることなどの実態を的確に把握することが、非常に大切である。

　また、今回活用したICT機器には、学習刺激となる視覚情報を意図的に調整できるという利点がある。教材提示の仕方を工夫して、学習のゴールや学習して欲しいポイント、活動の流れを、明確にした上で、学習に取り組ませると、主体的に学ぶ機会となる。

　一方で、身体や五感を使った体験も、極めて大切である。直接教材に触れ、自ら操作する活動、実物に触れたり、実際に見たりする活動なども、教育活動の中に位置付けたい。そのためには、学習する内容が、教育活動全体の中で、どのように相互に関連付けられているかについて、考慮しておくことも重要である。

（2）小学部②

ア　実践例の概要

　アッシャー症候群の疑いのある児童が、授業が分かり、安心して学校生活ができるようにすることをねらい、児童の「見え方」に対する指導をした実践である。

イ　児童の実態（小学部4年生）

（ア）平均聴力レベル

　本児の聴覚障害の程度は重く、右側は125dB以上、左側は反応なしである。

　左耳に人工内耳を装用すると10～15dBの音に反応する。

　右耳に補聴器を装用しているが、500Hzの音は85dBで反応し、1000Hz以上の高い音では

反応が見られない。

（イ）生育歴・教育歴等

・感音性難聴　（人工内耳は、5歳10ヵ月に手術）

・視力〔矯正〕　遠距離（5m）…0.6　　近距離（30cm）…1.0

・網膜色素変性症（6歳時に診断）

　　　　・まぶしさを感じる

　　　　・夜盲

　　　　・視野狭窄

　　　　・アッシャー症候群の疑い

　　　　・中心暗転の疑い

　　　　・特別支援学校（聴覚障害）乳幼児教育相談（生後1ヶ月から開始）

　　　　　　　　幼稚部入学（3歳児学級に在籍）

（ウ）見え方やコミュニケーションの状態など

・暗い所は見えにくい。

・探し物がうまく見つけられない。背景と同じ色の物や、小さい物を目で見付けることが難しい。

・文章を書いたり、読んだりする時に、マス目や行をとばすことがある。

・宿題でドリルやプリント問題を解く際、紙面の下半分や右半分を見落としていることがある。

・球技では、ボールが視野に入りにくいことがある。

・中心視力（矯正視力）は、学習する上では問題なく、今ある視力を十分に発揮している。

・乳幼児期より、手話と指文字を中心としたコミュニケーションであった。

・現在は、人工内耳を活用した聴覚口話と手話の併用によるコミュニケーションが、中心である。

・最後まで、話を聞かずに、次の行動に移ろうとすることがある。

ウ　目標と指導の方針

（ア）目標

　見え易さや分かる楽しさを体感しつつ、自分にとって、生活し易い環境を実感し、安心して、学校生活を送りながら、必要な支援について、相手に伝えることができるようにする。

（イ）指導の方針

　眼科医、盲ろう教育の専門家、盲学校教育相談と連携しつつ、児童の見え方について、教職員の共通理解の下、実施可能な支援（「環境面の整備」及び「関わり方の改善」）を積極的に行う。支援の際には、児童に見え方を確認しながら行うようにする。また、常に、児童の意見や

思いを汲み取るように努め、児童が、支援を選択する機会も設けるようにする。

（ウ）関係機関との連携

　特別支援学校（視覚障害）に、毎年2回程度、学習の様子や教室環境等について巡回相談を依頼し、評価と指導を受けている。また、担任や特別支援教育コーディネーターは、盲学校主催の研修会等にも参加して、知識の習得と情報交換に努め、それらを実践に生かせるようにしている。

エ　経過

（ア）教師の働きかけ

【まぶしさへの配慮】

・まぶしさに対しては、屋外では遮光眼鏡、室内では遮光カーテンや仕切りなどを活用して光を遮る。光源は、目に入らないようにするが、手元は明るくする。屋外での遮光眼鏡の使用については、児童本人が、「自分だけ」といった孤立感や煩わしさを感じたり、周囲の児童から特別視されたりすることがないように、教員も、普段からサングラスを着用するようにする。

【夜盲への配慮】

・暗い場所（倉庫、日没後、学習発表時の舞台裏など）では、懐中電灯を持たせたり、手を引いて歩かせたりする。

【見え方（視野狭窄等）への配慮】

・黒板いっぱいに板書すると、見にくいため、中央寄りに範囲を絞って、書いた（図1）

・黒板は消し跡が残っていない状態で使う。

・チョークは、児童が見やすい「白、黄色、蛍光オレンジ」を使用し、見えにくい「赤、青、緑」はなるべく控える。

・文字が大きかったり、文字の間隔が広かったりすると、読みにくいので、適当な文字の大きさや間隔で板書する。

・縦書きよりも、読み易い「横書き」で板書するように努める。

・黒板の補助として、着席時の目線の高さに合った移動式黒板を使用する。

・プリント等の書体は、明朝体は見えにくいのでゴシック体にする。

図1

・文字や絵、写真などは、コントラストをはっきりとさせる。

・プレゼンテーションソフトウェアは、反転にする。

・手話は小さく、顔の近くで行う。

・大きな動きを見せたい場合は、離れた場所から見せる。

・国語の教科書は、縦書きのため、読みづらいので、視線移動を少なくするために、教科書とノートを一体化させた教材を使用する。（図1）

・提示物は、あらかじめ、拡大したものを見せるよりも、自分の手元で操作できるスライド、拡大できるタブレット端末をなるべく使用するようにする。

・筆箱の位置は、机の左上に固定し、鉛筆はその時使う1本のみとする。使い終わったものは、すぐに片付けるようにする。また、机の周囲の床に、物を置かないようにする。

・読み飛ばしや見落としに対しては、読む場所を指す。あるいは、問題のまとまりをはっきりした色で囲んでおく。また、児童自身が解き終えた問題に、チェックを入れて取り組めるようにしたり、自分で指や定規などで押さえながら読むことを習慣化したりする。

図2

・机上の白いプリント等を見え易く、また、用具等の落下を防止するために、盲学校で特殊加工された机（机の端の色、凸部、表面が黒っぽい色）を使用する。（図2）

・給食の茶碗は、ご飯が見え易いように、内側の色が、濃い茶碗に替える。（図3）

図3

【安全安心への配慮】

・校舎内の廊下の壁と階段下の色が、白系同色で、区別がつきにくいので、衝突防止のために、目印と衝撃緩衝シートを階段下部に張り付ける。（図4）

図4

・安全に路線バスを利用して通学できるように、児童と一緒に「安全歩行マップ」を作成し、バス停や実際の通学路で歩行訓練を行う。模造紙大で作成し、A4サイズに縮小した写しは、自宅で活用する。（図5）

・体育館でのボール遊び等は、見え易い色のボールを、本人が選択して使うようにする。

・児童の目線に合わせて、低い姿勢で関わるように努める。

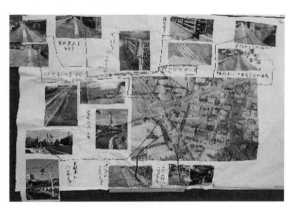

図5

・児童の視野に入っているかを確認してから、話し始める。

（イ）指導の経過

　盲学校から借用した特殊加工の机の活用により、机上の教材（プリント等）を探したり、筆箱等を床に落としたりすることは、ほとんど無くなった。ただ、机上と同系色の下敷きや鉛筆等を探す姿は、時折見られた。

　色付き茶碗に替えたことで、ごはん粒の食べ残しがないか、自分で確認できるようになった。給食時に、ごはん茶碗を替えたことについて、友だちから理由を聞かれ、「ごはんも茶碗も、同じ白色で見えにくいから、替えてもらった。」と説明していた。

　屋外活動で、遮光眼鏡をかける時、教員も一緒にサングラスをかけることで、以前は忘れたり、面倒がったりしていたが、自分から気付いて、眼鏡をかけるようになった。また、周囲も、何の違和感もなく、当たり前のこととして受け止めるようになった。

　まぶしさ、夜盲、安全安心への配慮を行うことによって、現在のところ、転倒や打撲等の事故もなく、児童の活動範囲も成長とともに拡がってきている。また、相乗的に自信や物事への興味・関心も高まってきている。

　授業における見え方への配慮によって、学習時のストレス軽減を図ることで、学習においても、興味・関心をもって、教師とのやり取りや"分かること"を楽しみながら、授業に参加している。

　教師の働きかけ等により、目の病気があるということは、徐々に理解してきている。学校生活において、「まぶしいので、体育館のカーテン閉めてください。」「見えにくいので、こちらのボールを使ってください」等と、自分から周囲に必要な支援について、伝えようとする姿がよく見られるようになってきた。

オ　考察

　児童が、安心して学校生活を送れるような環境作りをしていく上で、眼科医、盲ろう教育の専門家、盲学校との連携は大変重要であった。また、児童本人への支援効果や心情等の確認（相談）は、環境改善の評価に加え、児童自身の見え方に対する意識付けや教師との信頼関係構築のために必要であった。見え方に配慮した環境改善をしていくことで、児童が、のびのびと意欲的に活動する姿が増え、児童の自信や障害認識（聞こえと見え方）の向上にもつながった。必要な支援を、相手に伝えようとする姿も増えてきた。その結果、教師や友達同士の言葉でのコミュニケーションも豊かになってきている。

（3）　中学部

ア　実践例の概要

　中学部重複障害学級に在籍する、言語力や概念形成、意思疎通に課題がある生徒への指導である。これまで、写真カードを用いてコミュニケーションを行ってきたが、それ以外の伝達手段の習得を目指した授業実践である。

イ　生徒の実態（中学部３年生）

（ア）聴力レベル

　測定不能である。聴覚障害の他、てんかんや知的障害、自閉症を併せ有する。

（イ）成育歴・教育歴

　３歳の時、幼稚部に入学した。幼稚部入学と同時に、隣設した福祉型障害児入所施設に入所した。その後、小学部に入学し、それ以降、重複障害学級に在籍している。多動の傾向もあり、現在に至るまで、必ず１名の教員が、常時付き添っている。

（ウ）コミュニケーションや言語発達の状態など

・田中ビネー知能検査とS-M社会生活能力検査（両検査とも、H.29に実施）

　言語による指示の理解は困難であるが、写真カードを見て、活動場所や内容を概ね理解することはできる。ごくまれに、写真カード（行きたい場所）を提示し、意思を伝えてくることがある。また、突然、教室を飛び出すことがある。写真カード以外に、簡単な手話（トイレ、始める、終わりなど）による指示を理解し、行動に移すことができる。手話の語彙数は、まだ少ない。また、自ら手話や写真カードを活用して、意思表示を行うことは難しい。

　興味の対象が限られており、中学部入学時の段階では、教師と１対１の教科学習（国語、数学）や生徒５、６名の小集団での授業に、15分以上着席して参加することは、困難だった。

ウ　目標と指導の方針

（ア）目標

　写真カード、またはそれ以外の伝達手段を活用し、『分かる』（理解する・理解される）場面を増やすことで、主体的な学習や活動の場面を増やす。

　パニックや教室を飛び出したりする行動は、相手（教師）の意思や状況が理解できないために起こる行動であり、この時、教師もまた、生徒の意思を明確には把握できていないことがある。これまで、写真カードを活用することで、教師側の意思は、最低限、伝わるようになってきたが、写真カードだけでは伝えきれない感情や事象が、生徒の成長とともに生じている。そこで、手話、サイン、指文字や文字など、写真カード以外の伝達手段を用いることで、他者と相互に分かり合える場面を増やしたいと考えた。

（イ）指導の方針

　生徒の認知特性と言語力について、実態把握を行い、特性に応じた指導方法を検討し、『分かる』場面を増やすための手話、サイン、指文字や文字の語彙拡充を目指した授業の実践と検証を行う。

エ　経過

（ア）教師の働きかけ（課題の設定や教材の工夫）

　生徒の主体的な活動を促すため、生徒の興味・関心に基づいた課題を設定し、併せて内容も今までの学習経験を生かすことのできる、理解しやすいものにする。

（イ）指導の経過

【ステージ1】　中学部1年の7月から翌年の3月まで

　『文字のマッチング』

　今までの国語の個別学習で、継続して取り組んでいた「なぞり書き」の学習には、あまり興味を示さず、ルーティンとして機械的に行っているように見えた。さらに、3分程度しか集中できないため、教科学習が成立しなかった。そこで、「なぞり書き」の次の段階へ移行したいと考え、主体的にかつ比較的長い時間取り組める学習活動を模索した。生徒が好きな活動は、主に次の4つである。①パズル（好きな図柄のもの、40ピース程度）②図鑑を見る（食物、動物、乗り物）。③紙をはさみで切り、台紙にのりで貼付する（規則性はない）。④タブレット端末の型はめパズル（機関車のキャラクター全種のシルエットを見て、同じ型の機関車キャラクターを合致させるアプリケーション）。

（自分で操作する）

　それらをヒントに考案した教材が、『貼付タイプの文字のマッチング』である。（図1）

　動物や食物の図と名称が書かれたマス目に、平仮名、片仮名の文字チップを一文字ずつ合致させ、のりで貼付していく。本生徒は、文字を注視し、形や向きを確認しながらマッチングさせることができた。教材に慣れてきたら、文字は、徐々に縮小し、位置は、マス目の中心から右に移動させた（図2）。

　文字を縮小させることで、文字により注意を向けて識別する様子が見られた。

　教科学習の中に、本生徒の得意な活動（パズル、形の識別、のりで貼付する）を取り入れることで、以前より主体的にかつ以前より長い時間（約20分間）、集中できるようになった。

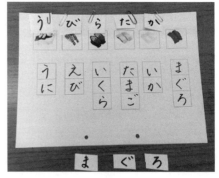

図1

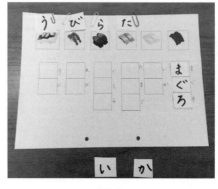

図2

【ステージ２】　中学部２年から３年の６月まで

『形、文字の視写』

　文字を注視し、形を正確に識別できるようになったため、見て写し書きをする視写を試みた。その第一段階として、図形の視写を行った。Ａ５サイズ用紙に、４つの点を線で結んだ図形を、手本として提示したところ、正確に視写ができたため、平仮名の視写に挑戦した。平仮名の手本は、Ａ５サイズから、４cm×５cmの紙片サイズにまで、徐々に縮小した。（図３）

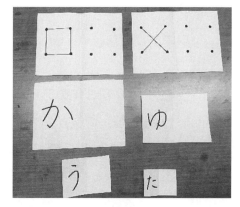

図３

　手本を書く際に留意したことは、右利きの生徒が、鉛筆を持つ手で手本が隠れないように、文字を左に書いたことである。平仮名の「ね・そ・え」以外の文字の視写は、ほぼ可能になった。さらに、簡単な図柄（顔の絵など）や、５〜８文字の言葉（名詞）も、手本を注視して視写できるようになった。（図４）

　平仮名は、今までの学習経験があるため、早い段階で視写が可能になった。しかし、片仮名は、「カ」と「か」、「モ」と「も」のように、平仮名と酷似した文字は、識別が難しく、正しく識別し視写できるまで時間を要した。誤答の場合は、過不足のあった箇所を指差し、誤りを認識させた上で、訂正させるというやり取りを繰り返し行うことで、習得を図った。

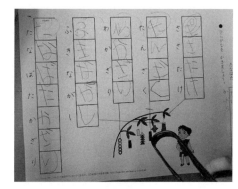

図４

　また、国語の個別学習では、上の引き出しから、順に１から４の数字のラベルが貼られた書類ケースを用いた。（図５）

　１から３までの引き出しに課題プリントを、最後の４番目の引き出しにタブレット端末を収めた。１から３までの引き出しに収められた課題プリントを全て終える

図５

と、タブレット端末で生徒の得意なパズルができるという約束を設けたところ、生徒は、約束を守り、集中して教科学習に取り組めるようになった。

　さらに、２学年の５月以降は、タブレット端末の替わりに、課題プリントを引き出しに収めた。意欲や姿勢は変わらず、授業の１単位時間（50分間）を、離席せず集中して取り組むようになった。

　視写が可能になると同時に、日常生活においても変化が見られた。教師や友達の動作の模倣

が可能になり、教師とのやり取りの中で、手話や指文字を見て、真似たり、友達の態度を模倣し、合同学習に離席せず、参加が可能になったりした。

【ステージ3】中学部3年の7月から翌年の3月まで

『単語（文字の塊）の視写』

単語の視写では、マス目の右上に手本を書いた。小さく書かれた手本は、鉛筆を持つ手で隠れてしまう。文字の塊を短期記憶して、マス目に書かせることをねらいとした。初めは、1文字ずつ記憶し書いていたが、学習を継続するうちに、3文字程度の単語であれば、記憶し、視写できるようになった。

中学部3年生の4月以降は、高等部入学試験を視野に入れ、自分の名前を氏名欄に書いたり、漢字を視写したりする学習にも取り組んだ（図6）。

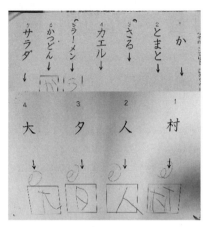

図6

入学試験の問題形式にならい、手本をマス目の上部に書いたが、滞ることなく視写ができていた。

【ステージ4】中学部3年の7月から翌年の3月まで

『模型と写真カードと文字カードのマッチング』

模型（食物、車など）と写真カードのマッチングは、教師とのやり取りの中で規則性を見出し、すぐにできるようになったため、日常生活での実践も、併せて以下の課題に移行した。

（1）写真カードを指差しながら、手話での模倣を促す

教師の手話をよく見て、模倣ができた。日常生活においても、教師は写真カードと併せて手話で日程を伝えるようにした。

（2）文字カードを並べて、指文字での表現模倣を促す

学習用具（ファイル、穴あけパンチ）を指文字で表示し持ってくるよう指示すると、指文字の意味を理解し、教室内を探して実物を持ってくるようになった。

しかし、教室での教科学習といった限定された環境では、教師との手話や指文字でのやり取りは成立するが、実物（または模型）と文字の合致は、困難だった。物には名称があり、それらは、文字で表象されるという概念形成までは至らなかった。

オ　考察

本実践では、「できないこと、配慮すべきこと」以上に「できること」に焦点を当てることで、生徒が「分かる」場面をどのように構築すべきかを具体的に想定している。

視写の取組では、対象物（文字）を注視し、模倣できるようになった。それに伴い、当初の

目標である1単位時間、集中して活動に取り組むことが可能になった。さらに、模倣する力は日常生活にも波及し、苦手であった合同学習や学校行事にも参加できる回数が増えた。

　また、繰り返し、教師が表示する手話や指文字に意味を見いだすようになり、写真カード以外の手段を理解し、行動に移せるようになった。

　他方、教師と、手話や指文字でのやり取りが成立する環境は、限定されており、さらに、意思疎通、特に、折り合いを付ける力についても課題が残っている。

（4）高等部

ア　実践例の概要

　聴覚障害と知的障害等を併せ有する高等部2・3年の生徒について、活動内容を理解し、友達と協力しながら、職業スキルを身に付けることをねらい、知的障害特別支援学校の教科「職業」の指導を行った実践である。

イ　生徒の実態（高等部普通科2年生と3年生、6名）

（ア）聴力レベル、コミュニケーションや言語発達の状態など

生徒	平均聴力レベル 装用時の平均聴力レベル	コミュニケーションや言語発達の状態など
A	右　96 dB 右　55 dB（HA） 左　131 dB 左　35 dB（CI）	自閉症スペクトラム障害と知的障害がある。発語は、比較的明瞭である。初めての活動に対しては、なかなか馴染めないことがある。しかし、不安感に寄り添いながら、経験を重ねていく中で、慣れてくると取り組めるようになる。
B	右　99 dB 右　装用無し 左　106 dB 左　30 dB（CI）	知的障害がある。相手に応じて、手話や口話を使い分けて活用している。ADHDの傾向もあり、活動内容によって、苦手意識が強く表れて、情緒的に不安定になることがある。 　手話・指文字に加え、文字による説明があると、理解が深まる。
C	右　121 dB 右　30 dB（CI） 左　121 dB 左　装用無し	ADHDと自閉症スペクトラム障害がある。知的障害があり、身振り手振りを交えながら、手話を用いて、コミュニケーションをしている。教員の師範や友達の様子を見ながら、活動を理解する。読み書きの困難は大きいが、日常生活で使用する単語については、理解ができる。
D	右　124 dB 右　30 dB（CI） 左　110 dB 左　装用無し	中学部から本校に入学した。手話や指文字は習得したが、手指動作はぎこちない。口話を主とした生活をしている。話し手と視線が合わないことがあり、集中力が乏しいため、一斉指導では、教師の指示を聞き洩らすことがある。
E	右　117 dB 右　35 dB（CI） 左　95 dB 左　装用無し	自閉症スペクトラム障害の疑いがある。順序立てて説明したり、自分の考えを話したりすることが苦手である。同音異義語で言葉遊びをする。発話は、早口でやや不明瞭である。口話のみの会話より、手話付きの会話の方が、意思疎通がし易い。

F	右　111 dB 右　装用無し 左　108 dB 左　35dB（CI）	中学部から本校に入学した。手話や指文字を短期間に習得した。初めての活動に対しては、慎重な姿勢が見られる。また、計算を伴う活動には、消極的になりがちである。視覚認知の面で、図形を正確にとらえられないところがある。

（イ）学級の様子

　幼稚部から本校に在籍している生徒から、小学校まで通常の学級や難聴特別支援学級に在籍していて、中学部から入学した生徒までおり、教育歴が多様である。人工内耳や補聴器を装用して、十分、聴覚活用ができているが、相手の話や指示された内容を理解する力の違いにより、学力差が生じている。知的障害に加え、他の障害を併せ有しているため、意思疎通がうまくいかなかったり、不自然な言動になったりする。

　普段は、手話と音声を併用して会話をしている。しかし、木工作業を行う教室は、集塵機や木工機械の運転音があるため、視覚支援（作業で必要な指示や用語を書いたカード等の提示）や手話、指文字を使ったコミュニケーションが必要となる。

　生徒は、木工作業に対する憧れ、興味・関心がある一方で、手指の巧緻性は高くない。苦手意識を取り除きながら、安全に留意して活動に取り組めるよう配慮する必要がある。

ウ　目標と指導の方針

　目標と指導の方針を設定する際、生徒の実態を丁寧に把握することに努めた。

　特別支援学校（聴覚障害）の指導の一貫性を生かして、生徒が中学部に在籍している時から、高等部の教師が授業参観をしたり、各学期末に中学部・高等部教師間で、生徒に関する情報交換会を開催したりしている。

　本校では、担任等が、入学後に1ヶ月間程度行う行動観察と、進路指導担当者が中心となって行う2日間の進路アセスメントで、指示理解や作業能力の実態把握を行っている。また、J.COSS日本語理解テストやK-ABC Ⅱ検査を実施し、日本語の語彙や文法力、得意な認知処理様式を把握している。その結果については、ケース会議等を通して、共通理解を図りつつ、教科「農業」や清掃の学習活動における状況を見て、授業後に担当者間で簡単な意見交換を行いながら、授業づくりに生かしている。

　必要に応じて、指導を担当する教諭や他学部の重複障害教育担当者にも相談して、指導の在り方を検討した。

（ア）目標

　活動内容を図示したり、教員が師範したりすることを通して、友達と協力しながら、ビジネスマナーを含む職業スキルを身に付ける。

（イ）指導の方針

①　生徒の実態に応じて、適切な題材を設定する。個々の支援に軽重はあるが、全体的にスモー

170

ルステップで展開していく。

② 　教師は分かり易い指示を出す。手話や指文字に限定せず、絵、写真、文字、マーク、数字等を活用することで理解を促す。

③ 　勤労観を育てるために、達成感がもてる作業をする。作業のための作業ではなく、商品化したり、校内で業務を請け負ったりすることで、生徒に動機付けを図る。

④ 　チーム・ティーチングが効果的に機能するよう工夫する。ねらいを絞り込み、計画的な授業づくりに努める。

⑤ 　生徒自身が、活動を客観的に振り返ることができるように、活動内容を言語化して示す。指示は、必ず文字で表記し、授業後に振り返り用紙に記入する時間を設ける。

エ　経過

【単元の指導計画】

1次	① 木工の授業のルールを思い出す ② プランター入れの活用方法について考える ③ 作業工程を確認する ④ 機械操作の確認と作業（パネルソー・ボール盤）
2次	① プランター入れ作り（ペアでの製作） 　機械操作（ボール盤）・ジグを活用した組み立て作業（げんのう） ② 気を付けよう 　振り返りと評価
3次	① プランター入れ作り（個人での製作） 　2次と同じ ② 気を付けよう 　2次と同じ
4次	① サンドペーパー仕上げ・かんながけ ② 完成品の検品 ③ プランター入れの納品の準備
5次	○ 納品

実際の授業では、生徒が学習の流れや内容を理解することができるよう、始めに、静かな音環境の教室で、主担当の教師が、授業の概要を説明する。その後、作業室へ移動し、各活動で担当の教師が、師範を行ったり、直接指導をしたり、生徒同士で協力し合ったりしながら、作業を展開していく。ペアでの作業を基本としながら、最終的には一人で完成できることを目指す。

（ア）教師の働きかけ

目指す生徒の姿や態度	教師の働きかけ
① 安全面に気を付けて、作業する。	・工事現場にもある「安全第一」の標語を掲げ、怪我ゼロを最優先して、作業することを知らせる。 ・どのようにすれば、安全に作業ができるか、要所要所で個別に指示を出す。
② 教師の指示を理解しようとする。	・見通しをもって、活動しやすいように、一定の流れで授業を進める。 ・騒音下では、手話や指文字等を用いたやり取りが不可欠であるため、教師の指示に注視できるよう、次の点に配慮する。 　○　教師は、生徒が注目してから、指示や発問をする。 　○　教師は、生徒が注目し易い位置に立って、話す。 　○　生徒がまぶしくないよう、教師は光源を背にして話さない（顔や手などを見やすくする）。 ・作業上、よい例と悪い例を提示して、正しい作業動作や目標とする製品の質を見たり、触ったりすることで、理解できるようにする。
③ ビジネスマナーを身に付ける。	・授業の開始と終了時及び移動教室先での入退室時には、正しい姿勢でお辞儀をすることを習慣化する。 ・道具や物の受け渡しは、基本的には両手を使い、相手を思いやる行動につなげる。
④ 苦手意識を軽減し、自信をもって取り組む。	・順番に、機械操作や道具の使い方の指導を受ける際には、指導する順番に配慮し、自信がもてない生徒については、順番を後方に回し、友達の作業の様子を観察するように促す。 ・はたがねの締め方や、木工ボンドの接着方法等の基本的な技法を指導し、ペアでの作業で、協力し合いながら、製品作りに取り組めるようにする。 ・授業の終わりに、授業の目標ごとに評価し、生徒自身が自分の目標を達成できたかを確認できるようにする。
⑤ コミュニケーションを積極的に行う。	・友達とペアで作業することで、やり取りする場面を意図的に設定する。 ・作業名、使用する道具・機械名を提示して、作業場面や授業のまとめで、振り返り用紙に記入する時に、それらを活用するようにする。

（イ）指導の経過

・基本的なマナーは、初期の段階で学習し、作業の度に意識させることで定着を図った。挨拶の指導では、お辞儀の角度を大型の三角定規で測り、その位置を確認して、具体的に指導すると、習得した内容を定着することができた。生徒Bの場合は、途中で授業のルール等を変更することが受け入れ難いため、導入時に適切な指導を行うことで、スムーズに作業を進めることができた。

・繰り返し作業をすることで、徐々に適切に道具を使えるようになった。操作が容易な機械から、注意力を必要とする機械へと、徐々に難易度の高い工程へとつなげることができた。

・使用する道具等の名称、作業名、動作に関する用語を書いて掲示したり、生徒が言ったり書いたりするなど、場面に応じて言語化することで、生徒は、自分が行っている作業工程を理解して、作業に取り組むことができるようになった。特に、生徒Aは、毎時間の振り返りについて、単元導入時は、1行程度の感想だったが、単元後半では、板書したキーワードを参考にしながら、「頑張った点」「改善点」も含めて、数行の文章を書くことができるようになった。

・機械音がする中での学習活動だったが、生徒には、話し手を注目する習慣が身に付いてきた。例えば、順番に機械操作をする場面で、他の生徒が、教師から指導されている場面でも、自分のことのように、しっかりと注目して聞く様子が見られた。生徒Dは、日ごろ、集中力が継続しにくい傾向にあるが、大好きな「ものづくり」の活動では、教師の指示や師範に注目することができるようになった。

・生徒Aは、初めての作業に対して、強い苦手意識をもっているため、他の生徒が作業する様子を見る時間を確保するようにした。その結果、自分なりに、納得して作業に取り組むことができた。さらに、単元の後半では、自分が身に付けた技能を後輩に伝えたり、どのようなことに注意して作業すればいいのかを、後輩に説明したりすることができるようになった。

オ　考察

　ビジネスマナーは、他の単元においても、学期1回のペースで定期的に、繰り返し取り扱うようにした。お辞儀をする際は、視線を向ける位置を意識し、身体でポジションを覚えるように伝えると、お辞儀の仕方の定着率が向上した。具体的な場面設定をして、自分の気持ちと相手の受け止め方の違いなども、分かりやすく図示することで、どうすれば適切な言動ができるかを知らせることができた。

　個別に、生徒の実態把握を行うことで、適切な課題設定をすることができた。特に、K-ABC Ⅱ検査を実施して、教師間で、生徒に関する情報交換を行ったことは、生徒を多角的に把握することにつながった。また、生徒の認知処理の特性に応じた指導が工夫されるようになり、生徒は、苦手意識を払拭して、活動の幅が広がった。

　教師が設定した題材に、生徒を当てはめていくのではなく、生徒の成長に即して、指導内容を変えていくことができた。入学当初は、定型発達に関わる指導内容を扱っていたが、実態把握が進むにつれて、徐々に、生徒の興味・関心や技能習得に合わせて、題材設定ができるようになった。そのことで、作業が生徒にとって分かりやすいものとなり、生徒が積極的に活動に参加できるようになった。

　生徒同士がペアになって取り組む学習活動は、作業などに対する苦手意識をもつ生徒にとっては、一人きりではできないが、友達がいればできるという気持ちになり、不安が軽減される場合がある。また、この単元を受けて、高等部のオープンスクールでは、生徒自身が、指導者の補助として、参加している中学部生徒や他校の中学生に助言する場面を設けることで、活動に広がりをもたせることができた。

第4節　保健室・寄宿舎における指導

1　小学部児童の保健室利用時における対話に関する指導

ア　実践例の概要

　保健室利用時に、児童がけがや体調不良の状態を自分で伝えられるようになることをねらい、養護教諭が問診カードを活用して、児童と一対一での対話を通して取り組んできた実践である。

イ　児童の実態

　小学部2、3、4、6年生の6名（単一障害3名、重複障害3名）

（ア）保健室の利用状況

　けが等による保健室の利用は、1日平均1〜2件であり、打撲、すり傷等の症状での利用が多い。担任と一緒に来るケースが多い。

（イ）小学部の様子

　経験したことや考えたことなどを自分の言葉で聞き手に分かるように伝えることが難しい児童が多い。児童が伝えようとしている内容を理解するために、養護教諭が、「だれが」「どうして」などと確認したり、「こういうことかな。」と解釈したりして、整理することが必要になる。

（ウ）保健室での様子

・小学部児童全員、音声と手話、身振りを併用して養護教諭とやり取りをする。

・「体の部位を名称で伝えることは難しい」「時間の経過に伴って変化する痛みの状態を伝えることが難しい」「自分の健康状態を相手に分かりやすく伝えることが難しい」という様子がよく見られる。

・児童への質問だけでは、正確な情報が得られず、担任から情報を収集し、状態や状況を把握することがある。

・対象児童の保健室利用時の様子は、以下の通りである。（本稿では、B、D、Eの3名について記載）

児童	保健室利用時の様子
B	左右両耳に人工内耳を装用している。「○○が痛いです」など、来室理由を音声や手話、身振りで伝えることや質問に答えることができる。名称に自信がない体の部位は、「ここ」と指差しで示して伝える。「算数」を「さんしゅう」と言うなど、発音に特徴がある。
D	左右両耳に補聴器を装用している。重複障害学級の児童で、担任等と一緒に養護教諭とやり取りすることが多い。事前に担任によるやり取りの指導があると、「○○が痛いです」などと、来室理由を伝えることができる。質問されると、「分からない」と答えることが多い。質問には、うなずき等で答えることが多い。体の部位を見せたり、「ここ」と指差しで示して伝える。
E	重複障害学級の児童。「ここが痛いです」などと来室理由を伝えることができる。質問に対して、音声や指差し、うなずき等で答える。「膝」を「あしうら」と言うなど、言葉の言い間違いが見られる。

ウ　目標と指導の方針

（ア）目標

　保健室の利用時に、児童が、けがや体調不良の状態を自分で伝えられるようになる。

（イ）指導の方針

・児童が、自分でけがや体調不良の状態を伝えることができるまで、一定時間待つ。

・一定時間待っても、自分から伝えることが難しい場合には、養護教諭から質問したり、問診カードを活用したりしてやり取りをする。

エ　経過

（ア）養護教諭の働きかけ

① 小学部教員への協力依頼

・児童と養護教諭が、一対一で対話をする場面を設定すること。（保健室滞在時間の延長が予想される。）

・保健室利用直前の指導や保健室での代弁は、行わないようにすること。

・問診後に、児童の状態や保健室利用の様子を学級担任と共有すること。

② 児童への事前指導（保健室利用に当たって伝えた事柄）

・保健室では、けがや体調不良の状態を自分で伝えること。

・学級担任に、「保健室に行く。」と伝えてから、保健室に来ること。

・養護教諭の質問内容と質問に対する答え方の例を用意しておく。（同様の内容を掲示）

③ 指導場面

　児童が保健室を利用する際に、養護教諭にけが等の状態を伝える場面を利用する。伝える内容は、「いつ、どこで、何をしていた時、どうして、どこを（が）、どうした、どんなふうに（痛

み等の程度、痛み等の時間の経過、痛み等の様子）」（以下「けがや体調不良の状態7項目」とする）である。

④　児童への問診

　養護教諭が、最初から問診せずに、児童自身がけがや体調不良の状態を伝えるまで、一定時間待つことにした。また、児童が自分から話すことが難しい場合は、養護教諭が必要な情報について、質問することにした。

　けが等の状態に応じ、手当をしながら、または、手当後に必要な問診をした。「けがや体調不良の状態7項目」を用いて質問し、質問文や答え方の例（文字やイラスト）を示した問診カード（質問用）を活用した。そして、児童が伝えた内容を児童から見える場所で、問診カード（記入用）に記入し、記入した内容と児童の伝えたい内容が合っているかを確認した。

（イ）問診カードの活用

　問診時の養護教諭の質問や児童が伝えた内容を確認するため、問診カードを作成した。

①　問診カード（質問用）

けが用と体調不良用を作成した。ここでは、けが用について記載する。

　「いつ、けがをしましたか？」「どこで、けがをしましたか？」「何をしていたとき、けがをしましたか？」「どうして、けがをしましたか？」「どこを、けがしましたか？」「（体のどこを）どうしましたか？」「どのくらい痛い？」「どんなふうに痛い？」のカードを作成した。なお、「どのくらい痛い？」と「どんなふうに痛い？」のカードは、痛みの程度、時間の経過に伴う痛みの変化を量的に、また、擬音語で表現できるようにした。

　各カードには、音声での質問を視覚的に確認できるように、質問文を文字で表し、答え方の例をイラストや名称、例文等で載せ、選択できるようにした。

　児童が質問を理解し、答えるための支援ツールとして、下表の通り、各児童の実態に応じて、必要な部分のみを提示した。

児童の実態	提示の仕方
音声を聞き分けることが困難だが、文字を見て質問が分かる。	質問の文字を提示して、質問する。
イラストで、質問をイメージする。	文字とイラストを提示して、質問する。
どんな言葉で答えたらよいのか分からない、何を答えたらよいのか困っている。	選択肢を提示したり、答えの例をいくつか読み上げたりする。児童が答えを選択したり、例をまねたりして答えられるようにする。
選択肢の中から選ぶのが難しい。	児童が「はい」「いいえ」で答えられるような質問にする。

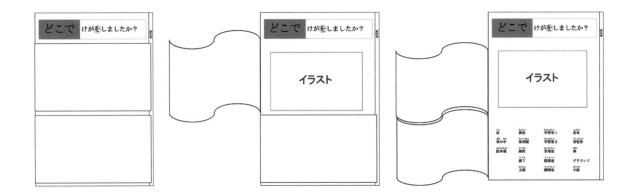

② 問診カード（記入用）

　「けがや体調不良の状態7項目」を記入する欄を設け、児童が伝えた内容を養護教諭が記入した。補足が必要な項目は、養護教諭が質問し、児童が答えた内容を追加記入した。記入後、内容を児童に見せて、確認した。

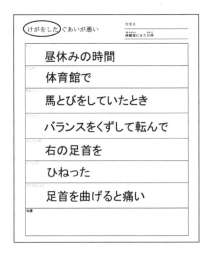

（ウ）指導の経過

・質問に答えたり、問診カードを活用したりして、やり取りすることが増えるとともに、児童が伝える情報量も増えた。

・児童と養護教諭のやり取りに以下のような変容が見られた。

　児童Dの事例を以下に記載する。

	7月	10月
状況	・担任と一緒に来室 ・担任と一緒に養護教諭とやり取り	・担任と一緒に来室 　（担任は情報提供後に退室） ・児童一人で養護教諭とやり取り
方法	・担任の模倣や合図により話す ・養護教諭の質問に答える	・自分から伝えようとする ・養護教諭の質問に答える ・不足の情報を、問診カードを活用したやり取りにより、答える

表現の仕方	・部位を見せる ・質問へのうなずき ・担任の合図によって、単語で話し、担任の表現を模倣して、短い文を話す	・部位の指さし ・質問へのうなずき ・単語や身振り、短い文、カードを見て、選択して伝える
問診カードを活用して伝えた項目		・いつ ・何をしていた時 ・どんなふうに 　（痛みの程度、経過、様子）

伝えた項目と内容	いつ	朝の体育	今日、（朝の）体育の時間
	どこで		体育館
	何をしていたとき		遊んでいた時
	どうして	こうやって（爪をちぎって）	（他児の）足がバンってぶつかった
	どこを	右手中指の爪	左目の下
	どうした	痛い	痛い
	どんなふうに		ぶつけた時：すごく痛い、今：少し痛い、じんじん痛い

　７月は、担任と一緒に、養護教諭とやり取りし、担任の模倣や合図等により、４項目を伝えていた。10月は、自分から伝えようとする、養護教諭の質問に答える、問診カードを見て伝えることにより、自力でやり取りし、７項目に答えることができた。

・問診カード（記入用）の記入内容を見て訂正したり、より具体的に伝えたりできるようになった。

（児童Ｂの事例）養護教諭の質問「いつから？」に対し、児童は、「さんしゅうのとき」と答えた。養護教諭は「先週」と言ったと解釈し、問診カード（記入用）に「先週」と記入したところ、それを見た児童が、「違う」と言い、「算数」と、自分で訂正して記入できた。

・間違って覚えていた体の部位の名称を修正できた。

（児童Ｅの事例）膝のことを「あしうら」と言う児童に対し、養護教諭が問診カード「どこをけがしましたか」のイラストと名称の中から膝を差し示し、児童に膝であることを教えたところ、次の来室時には、自分で部位の名称の中から『ひざ』を見つけて、「ひざ」と返答したり、別の来室時には、「あしうら」と答えたことに対して、「おしい」と養護教諭に言われ、「ひざ」と言い直したりすることができた。

オ　考察

　問診時に質問する項目を児童に提示し、児童が養護教諭と一対一で対話する場面を設定し、問診カードを活用したやり取りを繰り返した結果、児童から情報を引き出せるようになった。児童は、養護教諭から質問される項目、伝える内容、問診時のやり取りの流れが、分かってきたと考えられる。

　問診カード（記入用）を活用して、養護教諭が受け取った内容を児童に返したことにより、自分の伝えたいと思ったことが養護教諭に伝わったという経験を少しずつ積み上げることができ、話し易くなってきたと考えられる。

　児童とのやり取りを重ねていく度に、「ス」が「シュ」になる等の児童個々の発音の特徴や言い間違いの傾向等、それぞれの特徴が、少しずつ分かってきた。児童が発した言葉を、養護教諭が受容できるようになってきたことが、やり取りのスムーズさにつながっていった。

　また、保健室利用で見えた課題を担任と共有することができ、連携した指導につなげることができた。

2　児童生徒間の話し合い活動の指導

ア　実践例の概要

　年齢や障害の程度など、実態の異なる児童生徒が、共同生活を送る寄宿舎において、サイコロ・トーキング活動を通じたコミュニケーション支援の実践を行った。「自分のことを知ってほしい」「相手のことを知りたい」と思う心を育み、「相手に分かりやすく伝える力」や「相手の意図を汲み取る力」を育てるための取組である。

　また、寄宿舎は、自宅が学校から遠い児童生徒の通学を保障するためにあるが、集団生活の中で、様々な学びが得られる点にも着目し、支援に取り組んでいる。

イ　寄宿舎生の実態（小学部、中学部、高等部の在舎生 19 名）

　在舎生のうち、4 名を抽出した。寄宿舎生の聞こえの程度やコミュニケーションの力、言語発達の状態は様々であり、聴覚以外の障害を併せ有する児童生徒も多い。こうした多様な実態の寄宿舎生のニーズに対して、寄宿舎では、個別の支援計画を作成し、寝食を共にしながら、家庭的な関わりの中で、コミュニケーション支援を行っている。

寄宿舎生	平均聴力レベル 装用時の平均聴力レベル	コミュニケーションや言語発達の状態など
A	右　96dB 右　55dB（HA） 左　107dB 左　35dB（CI）	小学部3年生。幼稚部の頃から人工内耳を装用している。伝えたいことがたくさんあるが、その内容を順序立てて、整理して話すことが難しい。
B	右　100dB 右　55dB（HA） 左　100dB 左　30dB（CI）	中学部1年生。軽度の発達障害がある。語彙が少ないため、相手と対話をしながら、関わりを深めていくことに課題がある。
C	右　101dB 右　55dB（HA） 左　100dB 左　50dB（HA）	中学部3年生。人との対話や関わりを好む。見て捉えた情報を基に判断し易いため、その場の状況や前後の文脈に沿って、相手の気持ちを考えることが難しい。相手に誤解を招く行動をしてしまうこともある。
D	右　96.5dB 右　55dB（HA） 左　92.5dB 左　45dB（HA）	高等部2年生。高等部から本校に入学した。中学校までは、人との関わりが浅く、対話は、やや消極的であった。温厚な性格で、周囲からは好意的に受け入れられている。

ウ　目標と指導の方針

（ア）目標

1　コミュニケーションの力の素地となる伝えたい気持ちを育む。

2　人との関わりを豊かにするため、互いに伝え合う力を育む。

（イ）指導の方針

・寄宿舎生がもつ個々のコミュニケーションの課題については、本人の実態やニーズ、保護者の願いを参考に、個別の目標を立てて支援する。

・集団でのコミュニケーションの力を育むための支援の3段階（1　楽しむ、2　役割を知る、3　多様性を知る）を設定し、発達段階に応じた指導の方針とした。

・寄宿舎の種々の活動の期間だけではなく、普段の生活の中でも、寄宿舎生に寄り添い、伝えたい気持ちを引き出すように指導する。

エ　指導の経過

（ア）寄宿舎生への働きかけ

① 活動時間の設定

・寄宿舎生が全員揃い、この時間帯に勤務する寄宿舎指導員が、全員で指導できる夜のミーティングの時間を活用する。この時間を、日常生活に彩りを加える機会と捉え、寄宿舎生の負担にならないように設定する。目安としては、週1～2回、10分程度とする。

② サイコロ・トーキングの進め方

・準備する教材：目を引く大きさのルーレットとサイコロ、原稿台（譜面台）。
　発表の記録（「リンゴの木」に掲示）、発表の映像（タブレット端末で録画）。

・ルール：ルーレットで発表者を選び、サイコロを転がして、出たお題からテーマを決める。発表準備のための時間を確保するため、1週間後に活動を行う発表者が、手話で表現しやすいように、また、発表者の顔がよく見えるように、原稿台（譜面台）を使用し、発表後には質問タイムを設ける。

・活動名は、寄宿舎生が考える（「アップル・トーク・タイム」に決定した）。

③ 配慮すること

・寄宿舎指導員の役割分担

・進行支援の寄宿舎指導員2名は、寄宿舎生の実態に応じて、視覚的に情報を得やすい配慮（発表や質問の内容をホワイトボードに書き記す等）を行う。

・その他の寄宿舎指導員3名は、寄宿舎生が自然なやり取りを行い、発表や質問が盛り上がるような工夫をする。例えば、少し大げさに反応したり、簡単な質問をしてみせたりして、場の雰囲気を和ませる。

「リンゴの木」

＜サイコロのお題＞
1　オススメしたいこと
2　趣味
3　得意なこと
4　楽しかった思い出
5　自分でお題を決定
6　舎監がお題を決定

発表の記録

ルーレット

（イ）サイコロ・トーキング活動の経過

① 発表までの準備期間の支援

・サイコロを転がして、出たお題から、自分が発表するテーマを決めるまでには、支援が必要
　な寄宿舎生もいる。寄宿舎指導員は、日頃の会話の中で、寄宿舎生の興味・関心を把握し、
　それをテーマに結び付けられるようにヒントを与え、本人の意欲を引き出すことができるよ
　うにした（例：雑談で聞いていた「おばあちゃんの手作りドーナツ」の話をしたところ、「そ
　れを調理して、レシピをオススメしたい！」と、テーマが決まった等）。

② 寄宿舎生の変化

・サイコロ・トーキングを行う時の配置は、発表者がリンゴの木の前に座り、その周りを寄宿
　舎生が囲むように座る。そして、互いを見ながら、対話がしやすい雰囲気を作った。

・まず、発表者（伝える側）に変化が見られた。会を重ねるごとにリラックスして発表できる
　ようになり、立って写真や道具を見せて回ったり、特技を披露したりするなど、発表の仕方
　にも、工夫が見られるようになった。

・聞き手（受け取る側）にも、変化が見られた。普段、交流が少ない上級生の発表に、小学部
　の舎生が質問をしたり、質問の受け答えに困った発表者に、他の寄宿舎生が、助けに入った
　りと、発表をきっかけに、対話の広がりや互いに伝え合おうという意識の高まりが見られた。
　以下は、対話を深めることに課題があるBと寄宿舎生とのやり取りである。

> **サイコロ・トーキングの例（発表者：寄宿舎生B)**
>
> 　テーマは「趣味」。ＴＶアニメのイラストを描くことが好きなBは、自分の作品を示しながら発表
> した。質問コーナーでは、他の生徒から「イラストを応募しないの？」との質問が出された。質問し
> た生徒は、Bが分かるように、応募するまでの流れをロールプレイで演じて見せた。しかし、Bはピ
> ンと来ない様子だった。また、別の寄宿舎生からは、「食堂を美術館にして、展示してみたら？」と
> の提案があった。ここでも、Bは、『食堂』と『美術館』を結び付けてイメージすることができなかっ
> た。すると、一人の寄宿舎生が「食堂に貼って欲しいの？それともイヤ？どっち？」と、Bが、答え
> 易いように、質問を変えて尋ねてくれた。Bは、少し考えて、「それは、かまわない」と、手話で答
> えた。その瞬間、「伝わった」という喜びで、会場が拍手と歓声に包まれた。

・発表者と質問者は、「伝える」と「受け取る」という役割を交互に受けもちながら、言葉のキャッ
　チボールを交わしていた。サイコロ・トーキング活動を通じて、伝える側と受け取る側との
　相互関係によって、対話が深まっていく様子が見られた。

③ 振り返りの指導

・発表した内容を、リンゴの果実の形をした用紙にまとめ、木に掲示していった。昼食時には、
　寄宿舎生以外の児童生徒も、足を止めて見入ったり、掲示を見ながら寄宿舎生が、学校職員
　と話し合ったりする様子が見られた。

・中間及びまとめの活動では、内容を振り返ることができるように、録画した映像に字幕を付
　けた。映像を見て、「うまく伝えられている点」をワークショップ形式で話し合った。寄宿

舎生からは、以下のような気付きが出された。

> ・発表者の「表情」が明るいと、見たくなる。
> ・音声、手話、身振りが「豊かな表現」だと、理解しやすい。
> ・「実物（写真等）」があると、ひきこまれる。
> ・発表内容が「まとまっている（３分程度）」と、集中しやすい。

④ サイコロ・トーキング活動後の変化

抽出した４名の寄宿舎生については、活動を経て以下のような変化が見られた。

寄宿舎生	サイコロ・トーキング活動を通しての変化
A	発表内容や手順を整理したことで、自信をもって、発表できた。その後は、上級生と楽しみながら、会話をする姿が多く見られている。
B	対話のキャッチボールを重ねる経験から、会話から情報を得られるようになってきている。今後は、そうして得た情報を、語彙として定着できるように、支援していく必要がある。
C	基礎的な知識を得ることや、相手を思いやることの大切さに気付くようになってきている。今後も、様々な人との会話を続けて、社会性の伸長につなげていく必要がある。
D	自分の経験や考えを発表し、手話を使って会話することで、周囲と積極的に関わる場面が見られるようになってきた。こうした姿勢は、その後の就職活動（面接等）にも結び付いた。

オ　考察

（ア）事前準備における指導の共有

　指導の内容を記録することで、コミュニケーションの力に関わる寄宿舎生の実態や、個別に配慮する点、具体的な支援の手立てを、寄宿舎指導員全員で共有することができ、同じ観点に基づく指導ができた。

（イ）伝えることから、伝え合うことへの広がり

　サイコロ・トーキングを通じて、これまで行ってきた報告や連絡とは異なり、和やかな雰囲気の中で、「みんなに知って欲しいことを伝える」ための工夫や表現が見られるようになった。

　質問タイムでは、「もっと知りたい」という受け取る側と、「分かりやすく伝える」ことで、質問も活発になっていくという伝える側との双方向の関係、つまり、「伝え合いたい」という気持ちが、深まっていく様子が見られた。

（ウ）寄宿舎におけるコミュニケーション指導

　寄宿舎は、年齢や障害等の実態の異なる児童生徒が、言葉やルールを生活を通して自然と学び合える貴重な場である。そうした環境の下でのサイコロ・トーキング活動は、寄宿舎生が他

者を思いやり、相手に伝わりやすい言葉を選んで使うといった、より豊かなコミュニケーションの力を育むことができる支援の機会となった。

　培ったコミュニケーションの力は、学校や家庭と情報を共有しながら寄宿舎で指導を行うことで、より広がりをもたせ、深めることができる。さらに、日常生活における外出や行事等で、地域との交流の機会を多く設けることで、社会において、様々な人たちと主体的かつ積極的に関わる力を育てることにもつなげていくことができると考える。

3　社会自立に向けての個に応じた指導

ア　実践例の概要

　中学部から高等部専攻科までの寄宿舎生42名について、社会生活における「音」に関する出来事を話題にした話合い活動を行った。それを通して、マナーや場に応じた行動の大切さについて、理解を深めた実践である。

イ　生徒の実態

　寄宿舎には、教育歴や家庭環境が異なる様々な生徒が、入舎している。

> ○ 特別支援学校（聴覚障害）の在学経験者　25名
> 　※このうちデフファミリーである者　5名
> ○ 小・中学校等（難聴学級を含む）の在学経験者 17名

ウ　目標と指導の方針

　音声に限らず、生活の中には、物音や環境音など、様々な「音」であふれている。聞こえない子供の多くは、家庭の中でも、大きな物音を出すと注意された経験をもっている。

　聞こえない生徒の立場から考えると、生活音などを単に「うるさい。」と指摘されても、自分が出した「音」は、周りにどのように聞こえるのかを理解することが難しい。そこで、「音」の聞こえ方や「音」が周囲に与える影響などについて、知る機会が大切になってくる。

　しかし、どのような「音」がうるさく感じるか、あるいは気になるかという感覚は、聴覚障害の有無に関わらず、生まれ育ってきた環境や価値観、性格などによって、左右されるものである。そこで、寄宿舎では、まず、舎生が身の回りの様々な「音」について、関心をもたせることとした。

（1）目標

①「音」について関心をもつ。

　聞こえる人には、「音」がどのように聞こえるのか、周囲には、どんな「音」があふれているのかを知る。

② 自分が出している「音」を意識する。

どのような場面で、どのような「音」がするのか、その「音」がどのような影響を与えるのかを知り、場面に応じた行動や考え方を意識できるようにする。

（2）指導の方針

男子寮と女子寮に分かれ、「音について」をテーマに、座談会形式で話合い活動を行った。

聞こえる指導員と聴覚障害の指導員がペアとなり、聴覚障害の指導員が、自らの音に関するエピソードを交えて経験談を話した。そして、「食事の音や映画館等の静かな場所で気になる音は何か？」と聞こえる指導員に尋ねるといったようなやり取りをしてみせた。舎生に考えさせたい「音」の場面を取り上げることで、話し易い雰囲気作りを心掛けた。

また、聞こえる立場（聞こえる指導員）から、「音」はこういうものと一方的な話をするのではなく、聞こえる立場と聞こえない立場の双方が「音」をどのように捉えているのかを、ざっくばらんに話し合うという点を重視して、話合いを進めるようにした。

① 聴覚障害の指導員が、学校卒業後に「音」にまつわる経験談や失敗談などのエピソードを話す。

② 聴覚障害の指導員から聞こえる指導員に対して、「音」に関する質問をし、それに対して聞こえる指導員が答えるというやり取りを行う。

エ　経過

最初に、聴覚障害の指導員が「食事の音や映画館等の静かな場所で気になる音は何か？」といったように、舎生に知ってもらいたい「音」の場面を取り上げたことで、舎生からも積極的に質問などの発言をする様子が見られた。

〈やり取りの一例〉

聴覚障害の指導員の質問	聞こえる指導員の回答
Q1．食事の時に出る音には、どのようなものがあるのか？	A．口を開けたまま噛んでいると、「クチャクチャ」という音が聞こえる。口を閉じて噛み、飲み込むまでは、しゃべらないようにすれば、音は抑えられると思う。
Q2．足音がうるさいと注意されたことがある。足音はどのようなものなのか？また、音を抑えるには、どうすればいいのか？	A．どんな靴を履いているかによって鳴る音の種類や大きさも異なる。例えば、サンダルだったら「ペタペタ」、革靴だったら「ゴツゴツ」など。地面につく時の足の力を押さえれば、音は小さくなると思う。

Q3. 映画館で、カップの飲み物をストローで飲んでいると、最後に「ズズズッ」とすする音が出てしまうが、この音を出さないような工夫はあるか？	A. カップの中の飲み物の量が少なくなってきたなと思ったら、ストローを使わずに、フタを開けて飲むようにすれば、音は出ないと思う。

〈やり取りの一例〉　　（　）内は学年と在学経験のある学校種

舎生の質問	聞こえる指導員の回答
Q1. 手話で盛り上がって、手を合わせたりした時に出るパンッという音（「方法」や「友達」など）が出て、周りから見られたことがある。音は気になる？ （高2　特別支援学校（聴覚障害））	A. 自分も、普段、手話を使って話をしている時は、気にならないけど、外出先や静かな場所では、周りの人から驚かれるかも知れないね。
Q2. 隣の部屋の壁に、物がぶつかった時の振動や音を感じることがあるが、聞こえる人も、これは気になるもの？ （高3　特別支援学校（聴覚障害））	A. 隣の部屋からの騒音や振動は、気になる時がある。これが原因で、隣人トラブルや事件に発展することもあるので、注意が必要だね。
Q3. 難聴の友達から、イヤホンの音漏れがうるさいと、言われたことがある。 （高3　小・中学校等）	A. 今のイヤホンは、性能がよいので、よほど大きな音で聴かなければ、音漏れはしないと思う。
Q4. 小・中学生の頃、学校のトイレで用を足している時の音が、周りに聞こえてしまって、恥ずかしかった経験がある。こんな時は、どうすればいい？ （高1　小・中学校等）	A. 用を足すと同時に、水を流せば音が紛れる。生活音は、誰もが発する音だからね。これは、場面に応じて、行ったらよいと思う。
Q5. 聞こえる人が、耳栓や補聴器を付けた時には、どのような聞こえ方になるの？ （高1　特別支援学校（聴覚障害））	A. 耳栓をすると、水の中に潜った時のようなこもった音の聞こえ方になる。補聴器は、人によって、調整が違うので、聞こえ方は異なる。
Q6. 携帯電話は、マナーモードにしていても、周りに音が聞こえるのか？ （高2　特別支援学校（聴覚障害））	A. 普段は、あまり聞こえないが、映画館・病院・図書館など、周りが静かな場所では、聞こえてしまう。
Q7. 歯ぎしりの音は、夜離れた部屋でも分かるもの？母から注意されたことがある。 （高3　小・中学校等）	A. 寝静まると、周りの音があまりないので、少しの音でも、大きく聞こえることもある。

　話合いの中では、聴覚障害の指導員から、エレベーターで定員数以上の数になると、ブザーが鳴ることを知らずに乗ったことが話されると、生徒達は驚いていた。その失敗談をきっかけ

に、小・中学校等に通った経験のある舎生からは、「学校で聞こえる友達に指摘されて、恥ずかしい思いをした。」といった経験や聞こえる家族の中で育った舎生からは、「親から注意されたけど、そこまで聞こえるもの？」といった疑問などが、話され始めた。また、デフファミリーの中で育った舎生からは、「これは、どんなふうに聞こえるの？自分の発している音は、大丈夫かな？」と、心配して尋ねてくる場面も見られた。また、この場合は、こうしたらいいかな？と、自分の意見を言い合うなど、活発な話合いをすることができた。

　生活音についても、トイレでのことが話題に上がると、男子舎生の多くは、「流水音の装置やスイッチ」がトイレの中に付いているところもあることを知らないことが分かった。こうした装置があることを知り、舎生からは驚きの声が上がるとともに、男子舎生の中には、「流水音の装置やスイッチ」が付いていない時は、どのようにしたらよいか？と、聞こえる指導員に尋ねていた。さらに、女子舎生からは、「家族はいいけれど、聞こえる友達が家に来た場合は、どうしたらよいか？」といったように、あらゆる場面を想定して尋ねるなど、関心が高かった。

　このように、生活の中で、どうしても出る音は仕方がないけれど、寄宿舎で食事をとる時に、食器の置き方が乱暴だと、聞こえる側は「何かあったのかな。」と心配になる。そんなつもりではなくても、聞こえる相手に、不快感や心配を与えてしまうこともあることを伝えた。

　また、舎生の中には、漫画などに出てくる、ドアを勢いよく閉めた時の「バンッ！」という音や、物を強く置いた時の「ガチャン！」という音などの擬音語を目にして、「音」というものを、感覚的に学んだ経験があるという、興味深い発言もあった。

オ　考察

　話合い活動では、聞こえる人が、日常的に気にしたことがないような生活音などに対しても、気を遣っている舎生がいることが分かった。「そんなふうに聞こえるんだ？大丈夫なんだ。」と安心したり、友達の経験には、「自分もそういうことある！」と、とても同調し、「こういうことはない？」と、聞き返したりするなど、指導員が間に入らなくても、舎生同士で話し合うようになった。このように、日常場面での音に関心をもたせ、日ごろ、何となく抱いていた疑問をそのままにせず、やり取りできたことで、周りはどんなふうに感じているのか、また、自分だけではなかったと、舎生が感じることができたことは、大きな収穫であった。

　また、エレベーターのブザーやトイレの「流水音の装置」のように、社会の中でこういうものもあると、初めて知ったように、「音」と社会をつなげて、こういう場面は、気を付けた方がいいんだと考えるなど、「自分は聞こえないから」ということで、あらゆる音に気を遣いながら生きていくのではなく、むしろ「音」に対する理解を深めた上で、場面に応じた行動をすることができるように、指導していくことが大切である。

　また、食器の置き方で、聞こえる相手に不快感を与える場合もあるということを話題にしたことで、それが「音」に対するマナーにもつながってくるということが、舎生にも伝わったと

感じる。確かに「音」について注意されると恥ずかしい気持ちにもなるが、「音」はいろいろあり、中には、それが迷惑につながることもあるので、学校にいる間に、知っておいた方がいいということを舎生に伝えた。実際に、話合い後も、疑問に感じたことは、尋ねてくるようになった。

　今後も、一口に「音」と言っても、生活の中で避けることのできない音や、社会の中での「音」などを、もっと伝えていく必要がある。そして、聞こえる人の目線で注意するのではなく、こんなふうに聞こえるんだよと、普段の話の中で伝えていくことで、舎生自身がどのように気を付けていったらよいかを、自ら考えて行動することができるように、働きかけていくことが大切である。

第5節　特別支援学級等における指導

1　小学校・中学校等に在籍する聴覚障害児の指導

　聴覚障害の児童生徒に対する教育の場は、特別支援学校（聴覚障害）と小・中学校等に設置される特別支援学級（難聴）、あるいは通級による指導（難聴）である。それぞれ、児童生徒の障害の状態や特性及び心身の発達段階等に応じて、総合的に判断し、就学の場を決定することになる。

　特別支援学校（聴覚障害）には、幼稚部から高等部等まで設置され、一貫した教育が行えることに特徴がある。

　一方、特別支援学級（難聴）は、小・中学校に設けられることから、通常の学級との交流及び共同学習が、難聴の児童生徒の実態等に応じて、随時、行われ易いことに特徴がある。また、通級による指導（難聴）については、難聴の児童生徒が、通常の学級に在籍したまま、必要に応じて、通級して専門的な指導を受けることができる。そのため、通級による指導を担当する教員と在籍学級の担任との密接な連携・協力が重要となる。なお、平成30年度から、高等学校における通級による指導も開始された。

2　特別支援学級（難聴）と通級による指導（難聴）における指導

　特別支援学級（難聴）は、当初、特殊学級（難聴）として始まり、平成19年度からの特別支援教育制度の施行により、名称変更となった。小学校と中学校に設置され、特別の教育課程が編成できることから、児童生徒のニーズに即した自立活動の指導等が行われる。また、通常の学級に出向いて、教科指導を受けるなどの交流及び共同学習が実施されている。学校経営上に特別支援学級における教育や通常の学級における特別支援教育を位置付けることで、小・中学校における難聴の児童生徒の教育の充実を図ることができると考えられる。

　一方、通級による指導（難聴）については、平成5年度に「通級による指導」が制度化され、通常の学級に在籍する児童生徒が、特別な教育課程を編成して、個に応じた特別な指導を受けられるようになった。

　制度化以降、小・中学校等の児童生徒数が減少傾向にあるのに、通級による指導を受ける児童生徒数は、増加傾向にある。

　通級による指導が制度化されたことで、学校や保護者に通級による指導の周知が進んだことが、その理由の一つと考えられるが、それに加えて、補聴器や人工内耳等の補聴機器の性能が向上し、聴覚活用の状況が大きく改善したことも影響していると考えられる。

　しかし、通級による指導（難聴）の対象となる障害の程度は、「補聴器等の使用によっても

通常の話声を解することが困難な程度の者で、通常の学級での学習におおむね参加でき、一部特別な指導を必要とするもの」とされている。補聴器や人工内耳は、話声だけでなく環境音など、身の回りの音も増幅してしまうため、騒音下での話声の聞き取りは、容易ではない。また、人工内耳では、すべての周波数の音を増幅できるわけではないため、音楽の学習では、旋律の小さな高低差は聞き取れないという困難さもある。

　このように、補聴器や人工内耳を装用して、聴覚活用を行っていても、聞こえる児童生徒と同じように情報を受け取れるわけではない。したがって、静かな場では、円滑に意思疎通のできる児童生徒であっても、通常の学級においては、学習や生活に関わるすべての話声を聞き取り、内容を理解することは難しい。「聞き取りにくい」という困難さを、児童生徒本人にはもちろんのこと、保護者や、同じ集団の児童生徒にも理解してもらうようにすることが、通級による指導の担当者として、非常に重要な役割である。また、在籍する学級の担任や児童生徒のみならず、難聴のある児童生徒と関わるすべての児童生徒や教職員に対しても、難聴児の実態について、理解啓発を図ることが望ましい。具体的には、対象となる児童生徒が実際に装用している補聴器等について、実物を見せながら説明し、具体的な場面を提示しながら、話声によるコミュニケーションの難しさについて理解を促し、コミュニケーションを円滑にするための合理的配慮について周知することなどが考えられる。

　通級による指導の基本的な考え方としては、以下の内容が挙げられる。

（1）自己肯定感を身に付ける

　難聴に限らず、他の障害においても、学習や発達の基本となるのは、場や相手に対する安心感である。したがって、通級による指導の場や担当者との関係が安心感を与えるものであり、児童生徒がそのままの自分でよいという自己肯定感を身に付けられることが、通級による指導においては重要である。

（2）伝え合う力を伸ばす

　通級による指導は、個別指導を中心とし、必要に応じてグループ指導で行われることが多いが、その中では、伝え合い（コミュニケーション）の力を伸ばすことが重要である。伝え合おうとする意欲、マナー、音声や視覚動作、言語力等のスキル、あるいはそれに付随する様々な力を、担当者が適切な場を設定することで伸ばすことができる。通級による指導が、児童生徒にとって、楽しくそれぞれの思いを伝え合える場であることが重要である。

（3）児童生徒の興味・関心に合わせた指導

　通級による指導においては、児童生徒の興味・関心に合わせた教材を用意することが、主体的な学びを支援することにつながると考える。児童生徒の認知特性に合わせ、例えば、鉄道の路線図や、地図、野球やサッカーの名鑑など、教科学習に関連付けた教材を、担当者が工夫して作成することで、より効果的な指導を行うことができる。

（４）個別指導とグループ指導

　複数の難聴児童生徒が、通級による指導を受けている場合、個別指導に加え、月に１～２回程度、グループを設定して指導を行うことも考えられる。これは、それぞれの児童生徒にとって、難聴の仲間との交流が重要と考えられるからである。同じ難聴ということで、困難や不安に思うことなどを共有し合うことは、自分一人だけではないという安心感や、自己肯定感につながると考えられる。したがって、可能な限り、グループでの指導を工夫し、それぞれの思いや考えを共有する場を設けることも、通級による指導の重要な役割である。

（５）環境への働きかけ

　難聴に対する理解啓発の指導を行うに当たっては、難聴児童生徒と周囲の人との関わり方について、指導することも必要である。自分が周囲の人の話を聞き取りにくかった時には、もう１回話してもらうよう依頼する、騒音の大きい場では、筆記による支援を依頼するなど、自分から支援を求めるような姿勢を育むことが大切である。

　これらは、通級による指導（難聴）における指導の工夫の一例である。こうしたことは、通級による指導に限らず、特別支援学級における指導の充実にも関連している。

　いずれの場合も、児童生徒の実態に応じて、様々な指導内容が考えられる。児童生徒のニーズや学校及び地域の実態等に応じて、柔軟に指導内容を設定し、個に応じた指導を一層充実することが、通級による指導や特別支援学級の教育を効果的に進めていく上では重要である。

3　特別支援学級（難聴）における指導

ア　実践例の概要

　聞こえにくい子供達が、自己認識を深める（不利になる状況に気づき、それを改善するための方法について理解を深め、状況に合わせて分かり易い方法が要望できる）ことを目指し、難聴学級において話合い活動を行った実践である。

イ　児童の実態

（ア）低学年の児童（１年生２名、２年生２名）

児童	平均聴力 装用時の平均聴力レベル	コミュニケーションや言語発達の状況など
A （１年）	右　115dB 右　25dB（CI） 左　115dB 左　25dB（CI）	音声を用いて、会話をすることができる。体験したことを文章で表すことができる。

B （１年）	右　　90dB 右　　40dB（HA） 左　　90dB 左　　45dB（HA）	音声を用いて会話をするが、聞き間違いや聞き取れないことがある。文で表す時に、助詞や単語の書き誤りがある。
C （２年）	右　　100dB 右　　70dB（HA） 左　　70dB 左　　40dB（HA）	音声で会話をすることが中心だが、手話を読み取り、理解することもできる。体験したことを文章で表すことができる。
D （２年）	右　　120dB 右　　25dB（CI） 左　　120dB 左　　25dB（CI）	音声や手話を用いて、会話をするが、聞き間違いや意味が理解できないことがある。文で表す時に、助詞の誤りがある。

（イ）高学年の児童（４年生２名、６年生２名）

児童	平均聴力 装用時の平均聴力レベル	コミュニケーションや言語発達の状況など
E （４年）	右　　100dB 右　　55dB（HA） 左　　100dB 左　　55dB（HA）	声を出して発音をしつつ、手話も活用して会話をする。体験したことを文章で表すことができる。
F （４年）	右　　70dB 右　　40dB（HA） 左　　100dB 左　　60dB（HA）	音声や手話を用いて、会話をするが、聞き間違いや意味が理解できないことがある。文で表す時に、助詞の誤りがある。
G （６年）	右　　95dB 右　　45dB（HA） 左　　95dB 左　　45dB（HA）	音声と手話を併用して会話をし、不明な言葉は、書いて補ってもらう。体験したことを文章で表すことができる。
H （６年）	右　　60dB 右　　30dB（HA） 左　　60dB 左　　30dB（HA）	音声で会話をするが、手話を読み取り、表現することもできる。体験したことを文章で表すことができる。

ウ　目標と指導の方針

（ア）情報をできるだけ正確に伝える（情報保障をする）

　○聞き取り易いやすい環境を整える

　　・全ての通常の学級にある机や椅子に、テニスボールを付け、騒音の軽減を図る。

　　・使用可能な児童は、ワイヤレス補聴援助システムを活用する。

　○視覚的に分かりやすい方法を用意する

　　・朝会や集会などで、手話通訳を行う。

　　・話し言葉を文字に変えて伝える（集会や放送で話すことを書いた原稿を用意する、入学式や卒業式、学習発表会では、話すことを予めパソコンに入力しておき、対象児の前に置いたモニターに表示するなど）。

（イ）低学年の指導

　○言語理解や表現力を高める

　　・多様な見方や捉え方ができるように、単語や文や絵を見て、想像したことや連想することを、説明（文で表現）できるようにする。

　○自己認識を深める

　　・聞こえにくい子供が登場する絵を示し、どんな時に困っていて、どのようにすれば分かり易くなるのか、自分の体験と結び付けて考えられるようにする。

（ウ）高学年の指導

　○言語理解や表現力を高める

　　・読み手を意識し、体験したことを分かり易く、文章表現できるようにする。

　　・熟語や慣用句などの知識を増やし、自分で書く文章で、活用できるようにする。

　○自己認識を深める

　　・自分の体験を踏まえて、困ったり、不利になったりする状況や、自分にとって理解し易い方法を、具体的に説明できるようにする。

　　・他の聞こえにくい子供や聞こえにくい人の考え方や思いを知り、自分の考えと比較して、捉えられるようにする。

（エ）自己認識の深まり方を判断する際の視点を明確にする

きこえにくい子どもたちの自己認識の深まりについてのモデル

ステップ１：気づく

　①補聴器（人工内耳）を使えば、きこえやすくなると分かり、電池が切れると自分で交換ができる

　②補聴器（人工内耳）非装用時の聴力が何 dB か言える

　③視覚的に情報を得ると判断しやすいことが分かる

ステップ２：分かる

　④補聴器（人工内耳）の効果だけでなく限界についても分かる

　⑤補聴器（人工内耳）装用時と非装用時の聴力や聴取できる音や声の大きさについて知っている

　⑥様々な情報保障の方法があることが分かる

ステップ３：伝える

　⑦補聴器（人工内耳）の効果と限界について他者に説明することができる

　⑧補聴器（人工内耳）装用時と非装用時の聴力やきこえ方の違いを他者に説明することができる

　⑨サポートしてほしい時や方法について他者に説明することができる

ステップ４：理解を深める

　⑩サポートを依頼する方法、サポートを受けた際の対応などマナーを身に付ける

　⑪オージオグラムの見方や自分の聴力の状態が詳しく分かる

　⑫状況に合わせ自分にとって理解しやすい（情報を得るための）方法は何か把握する

ステップ５：要望する

　⑬相手や相手の状況に合わせ、サポートの依頼の仕方を考え依頼をすることができる

　⑭自分にとって活用しやすいコミュニケーション方法を相手にも使ってもらえるように要望する

　⑮状況により自分にとって分かりやすいと思える方法を他者に説明し要望できる

ステップ６：主体的に行動する

　⑯理解しにくかったり不利になったりする状況はないか主体的に確認する

　⑰できるだけ正確に情報をつかむために主体的に質問をし情報提供の依頼をしに行く

　⑱情報保障をしてもらう前に活用する方法と対応の仕方を確認し依頼する

> 【解説】
> ○ステップ１からステップ６に進むに従い難しい課題となっている
> ○各ステップに示した３つの項目は、次のような内容になるように設定している
> 　・上段：「状況の理解」　　　　　　　　①④⑦⑩⑬⑯
> 　・中段：「聴力やコミュニケーション」　②⑤⑧⑪⑭⑰
> 　・下段：「情報保障に対する意識」　　　③⑥⑨⑫⑮⑱

（オ）話合い活動を取り入れる：異学年の子供達が、週に１回程度集って行う

　・聞きにくくて困った状況やそれを解決するための方法など、話し合う時のテーマを選び、自分の考えを伝え、他の子供達の意見が聞ける機会をもつ。

エ　経過

（ア）低学年の指導：絵を見て　聞こえにくい子の状況を考える（休み時間に、聞こえにくい子が、たくさんの聞こえる子と一緒に話している場面）

教材として使用した絵のイメージ

「○」…教師の発問　　「・」…児童の発言

○何をしていますか？

　・運動場で5人が話している。・笑いながら話している。

　・聞こえにくい子は、何を話しているか分からない。

○聞こえにくい子は、何を考えていると思いますか？

　・何を言っているか、自分だけ分からないから、くやしい。

　・何の話か分からないので悲しい。

　・話がぜんぜん分からないので困った。

○聞こえにくい子が、分かり易くするためには、どうすればいいと思いますか？

　・手で合図をしてから、言ってもらう。

　・手話で表してもらう。

　・ジャンケンをして、言う順番を決める。

　・名前を言って、その子が話す。

　・二人で話し、他の子は待ってもらう。

　・一人ずつ、順番に言ってもらう。

　・（ワイヤレス補聴援助システム用の）マイクを使う。

＜話合い活動＞
　上記の方法の中から1つ選び、それがいいと思う理由を相談した後、発表する。
　A：補聴器を使用している2人　　B：人工内耳を使用している2人

　A：（ワイヤレス補聴援助システム用の）マイクを使う。
　　・周りがやかましくても声が聞こえる。
　　・離れていても声が聞こえる。
　　・順番にマイクを使うと、だれが言っているか、分かりやすい。
　○ドッジボールをする時にマイクをつけるとじゃまになりませんか？
　　・ドッジボールをする時は、始めに説明をする時だけ、使ってもらったらいい。
　B：手話で表してもらう。
　　・言っていることが、見て分かる。
　　・指文字を使ってもらうと、何の言葉を言っているか、知るヒントになる。
　○手話で表せない子だったらどうしますか？
　　・手話で表せる子に、他の子が言うことを通訳してもらったらいい。

（イ）高学年の指導：決められたテーマに沿って、意見交換をする

　　　（初めて会う聞こえる人に、まず、説明をしようと思うことは何か考える）

○回答する際の選択肢を示す

　・聴力を言う。

　・聞こえにくいことを説明する。

　・補聴器とは何かを説明する。

　・補聴器を付けた時と外した時の聞こえ方の違いを説明する。

　・どんな時に聞こえにくくなるのか、説明する。

　・自分にとって、分かり易いコミュニケーション方法について、説明する。

　・どのようなサポートをしてほしいのか、説明する。

○話合い活動　　A：聴力が 60 ～ 70dB の 2 名　　B：聴力が 100dB 程度の 2 名
　Aグループの意見「どんな時に聞こえにくくなるのか、説明するとよい。」
　理由 1　サポートをしてもらっても、周りがうるさかったら、無駄になるかもしれないから。

＜質問＞	＜回答＞
・聞こえにくいことは、後で言うのか？	・後で言う。状況を説明することで、聞こえる人は納得しやすいと思う。
・聞こえる人の心づもりがしにくいので、順を追って理解をすることが、難しくなるのではないか？	・どんな時に聞こえにくくなるのか説明し、聞こえ方も、理解してもらう。

　理由 2　自分の聞こえ方が。説明し易くなるから。

・どんな時に聞こえにくくなるのか、具体的にどのように説明をするのか？	・周りがやかましいと、先生の話が理解できない、放送で話すことが分からない、授業中に同時に発言する時や続けて発言する時は、分かりにくいと説明する。
・サポートしてもらいたいことは、言わないのか？	・聞こえにくくなる時について、全部言った後、まとめて言う。個別に言うと、その時にだけ必要なサポートだと思われてしまう。

　B：グループの意見「聞こえにくいことを説明する。」
　理由　聞こえにくいことを説明しないと、聞こえる人は、「どうして自分がサポートをしないといけないのか」と、思ってしまうから。

・サポートをしてもらいたい方法を言う時に、聞こえにくいことを含めて、説明をすればいいのではないか？	・聞こえる人は、「聞こえにくい」というだけで、心づもりができると思う。
・聞こえにくいことについて、どんな説明をするのか？	・聴力は言わず、環境音の大きさを説明し、それに合わせて、どのように聞こえにくいのか、説明する。始めに何 dB かを言うと、単位や数値の理解が難しいと思う。

オ　考察

○低学年の児童

　学校生活において、どのような時に聞こえにくくて困るのか、不利になるのかを、具体的に知る機会となり、普段、情報を得るために活用している方法と結び付けて、困ったり、不利になったりした時の状況の改善策を、自分なりに考えて表現することができた。

　加えて、聞こえる子どもたちに、自分の聞こえ方などについて分かり易く説明ができるように学習を継続していく。

○高学年の児童

　どのように自分の聞こえ方や困った状況を説明すればよいのか、どのようにサポートの依頼をすればよいのかを考える機会となり、情報を得ることについて意識を高め、自分が体験したことを具体的に説明することができた。

　また、聞こえる児童の状況を考え、いつ情報保障の依頼をすべきかを判断できるようにすることも大切だと考える様子も見られた。

4　通級による指導（難聴）における指導

ア　実践例の概要

　小学校 1 年生に入学して、通級による指導を受けている児童の在籍する通常の学級において、通級による指導担当者（以下「通級担当者」という）が、理解啓発のための指導を行った実践例である。

イ　児童の実態（小学校 1 年生　男児）

（ア）聴力レベル

○平均聴力レベル　右 102dB　左 106dB

　右耳　補聴器装用時　　63dB（2000Hz 以上の高音部は 90dB 以上）

　左耳　人工内耳装用時　28dB

○語音聴き取り検査（67 式）70dB で聴覚のみ 85%　読話併用 90%

（イ）成育歴・教育歴

○生後９か月で、難聴が発見される。２歳８か月より補聴器を装用し、民間の聴覚障害専門の療育機関において、療育を受ける。４歳で、人工内耳の手術を受け、就学まで、同機関において療育を受けた。

（ウ）コミュニケーションや言語発達の状態

○コミュニケーションの意欲は高く、話を聞く時に、話し手の口元を見る習慣が身に付いている。

○個別指導で、通級担当者と一対一であれば、話声は正確に聞き取ることができるが、在籍学級の教室や、屋外で担任や友だちの話声を聞く時には、聞き逃しや聞き誤りがある。

○一度、誤って覚えてしまうと、なかなか修正できない傾向がある。

○サ行が、シャ行になる発音の誤りがあるが、コミュニケーションには、支障がない程度である。

ウ　目標と指導の方針

（ア）目標

○難聴児が在籍する通常の学級や学年の児童に、本児が補聴器や人工内耳を装用していることや通級していることを知らせ、本児の聞こえにくさについて理解を深める。

○学級、学年の担任に、本児の聞こえにくさの実態を知らせるとともに、学級での合理的配慮について提案する。

（イ）指導の方針

○難聴児が、在籍する学校で合理的配慮を受けられるように、周囲の児童や教職員に対して、難聴児の実態について理解啓発を促し、環境調整に努める。

エ　経過

（ア）事前の打ち合わせ

○保護者と、本時の指導内容について話合いを行う。具体的な指導内容を提案し、説明に用いる言葉の遣い方等についても、共通理解を図る。

○在籍学級担任と、事前に話合いを行う。本児の聞こえにくさの実態について、共通理解を図るとともに、指導を行う時間や場所、対象について、保護者の意向を踏まえて設定する。本児の実態については、在籍学校の管理職や生活指導担当者、養護教諭、専科の教員、特別支援教育コーディネーター等、児童と関わりのある教職員に対しても、共通理解を図ることが望ましい。

（イ）本時の指導

　　1年1組、2組　合計52名　　　　　　8：30〜8：45（学級活動の時間）

目指す児童の姿や態度	教師の働きかけ
①「きこえの教室」を知る。	・難聴通級指導教室の写真を提示し本児が学習している場や名称、通級する日時などを知らせる。 ・帰校時に「ただいま」「おかえりなさい」と挨拶するよう促す。
②「補聴器」「人工内耳」を知る。	・補聴器と人工内耳の写真や実物を提示し、音を聞こえやすくするための機械であること、精密機械で壊れやすいことなどを知らせる。
③難聴児の聞こえにくさについて知る。	・本児が、補聴器と人工内耳を装用していることを伝え、装用している様子を見せる。 ・補聴器や人工内耳を装用しても、すべての音が聞こえるわけではなく、聞こえにくいことがあることを知らせる。 ・耳を手でふさぐことで、音が聞こえにくい状況を体験させる。音が聞こえないわけではないが、聞こえにくくなることを、疑似体験を通して理解させる。
④本児に対する配慮について知る。	・以下の配慮事項を、絵カードなどを用いながら伝える。 　○補聴器や人工内耳に触れないこと。 　○大き過ぎる声は、かえって聞こえにくいこと。 　○話しかける時には、前から口元を見せると伝わり易いこと。 　○プール等で、補聴器や人工内耳を外すと、極端に聞こえにくくなること。 　○聞こえていないと思った時は、やさしく肩をたたいて伝えるのがよいということ。
⑤「補聴器」や「聞こえ」について、更に詳しく知る。 →他の児童の質問に担当者が答える。	・○○さんは、手話ができるのですか。 　→できません。手話を使わなくても、声が聞こえるからです。声が聞こえにくい人は、手話も使います。 ・補聴器は、何円するのですか？ 　→機械によって違いますが、みなさんの持っているゲーム機よりは、高いと思ってください。 ・補聴器が壊れたら、どうしますか？ 　→補聴器屋さんがなおしてくれますが、時間もお金もかかります。だから、なるべく壊さないように気を付けてください。

　　時間は15分程度、1学年が2学級で52名と、割と少人数であったので、全員を1教室に集めて指導を行った。学年によっては、最後に質問や感想などを記述させて、担当者が一人一人に返信することも可能である。

（ウ）その後の経過

○学年が上がり、クラス替えなどが行われた時には、4月中に学年に応じた内容で、理解啓発

授業を行った。

○2年生からFMマイクを使用することになり、専科の教員や管理職にも、FMマイクの使用方法について説明会を行った。保護者と在籍学校の教職員との話合いに、通級担当者も参加し、保管方法などについて共通理解を図った。また、学級でも、FMマイクについて説明を行った。

○3年生では、教材用の補聴器を学級の児童に触れさせたり、装用させたりして、補聴器に関する授業を行った。また、耳の構造図などを提示して、音の伝わり方、聞こえ方について説明したり、難聴児の聞こえ方を再現した音声データを聞かせたりして、音や聞こえに関する理解を深める指導を行った。

○本児には、補聴器の自己管理について、通級時に指導を行い、FMマイクは、専科の教員に、自分から依頼できるようにした。高学年では、水泳時の補聴器や人工内耳の取扱いについて、自分で着脱できるよう指導した。

オ　考察

　入学直後に理解啓発授業を行ったことで、難聴児に対する偏見やからかいは見られなかった。補聴器や人工内耳を見たことのない児童には、入学後、できるだけ早い時期に、理解啓発授業を行うことが効果的と考える。

　学芸会や音楽会、運動会など、人の多く集まる行事では、本児が教師の指示を聞き取れず、困惑することがあったが、周囲の児童が身振りで合図を行うなど、自主的に配慮する様子が見られた。互いに助け合ったり、協力したりする態度の育成にもつながったと考える。

　夏期の水泳指導では、補聴器を外していたため、教師の指示は、ほとんど聞き取れていなかったと思われるが、周囲の児童が、身振りで指示の内容を伝えようとする様子が見られた。また、本児も、意識して教師の動作や周囲の児童の動きを見ようとする姿勢が見られ、傾聴態度の育成にもつながったと考える。

　在籍学校で、本児を直接担当していない教職員も、補聴器や人工内耳、聞こえについて、関心をもつようになり、補助として指導に関わったりする場合や夏期の課外活動、特別活動などにおいても、本児に対する配慮についての意識が高まった。

　通級担当者は、難聴児童生徒が在籍する学校、学級において、「聞こえにくい」ことによる困難さや不利益が、できる限り軽減されるように、環境調整を行うことが重要な役割となる。不利益をすべて解決することは難しいが、在籍学校の教職員や、児童生徒に働きかけることで、難聴児童生徒が、合理的かつ適切な配慮を受けられるよう努めることが重要である。

　ただし、通級担当者がどのように働きかけるかについては、児童生徒の実態、保護者の意向、在籍学校の教職員の実態によっても変わってくる。

　通級担当者は、これらの関係者の立場や実態を総合的にとらえ、それぞれの立場の人が無理なくできることを、具体的に提案することが望ましい。児童生徒の能力を高める指導は、もちろんであるが、在籍学校や医療機関など、関連諸機関と幅広く連携し、それぞれの場で難聴児についての理解を深めるよう活動することが欠かせない。

　通級担当者としては、難聴児と保護者、関係者をつなげるコーディネーターとしての役割が非常に大きいと言える。そのため、学校や教室だけでなく、様々な場面で積極的に活動することが重要である。

第６節　聴覚障害教育における専門性の向上

１　教員の研修制度、国の取組

　国立特別支援教育総合研究所（以下「研究所」という）では、教育現場等の喫緊の課題であるインクルーシブ教育システムの充実を目指し、各都道府県等の特別支援教育の指導者としての資質向上のための研修、並びに障害のある幼児児童生徒の教育に携わる教職員の指導力向上を目指した事業を実施している。

① 特別支援教育専門研修（聴覚障害教育専修プログラム）

　多様な学びの場における障害種別の指導者の専門性向上を目的とし、専門的知識及び技術を深め、指導力の一層の向上を図り、今後の各都道府県等における指導者としての資質を高めるため、２か月間の特別支援教育専門研修を実施している。そのうち、聴覚障害教育専修プログラムでは、教育理論や教育実践に関する 88 コマの講義（１コマ３時間）を行っている。

　本特別支援教育専門研修においては、併せて、教育職員免許法施行規則に基づく免許法認定講習を開設し、特別支援学校教諭（聴覚障害者に関する教育の領域）一種又は二種免許状の取得に必要な単位 計７単位を取得することができる。さらに、免許状更新講習規則に基づく免許状更新講習も開設している。

② インターネットによる講義配信

　障害のある幼児児童生徒の教育に携わる教職員の指導力向上を図る主体的な取組を支援するため、インターネットによる講義配信を行っている。１つの講義は、およそ 15 分から 30 分程度であり、職場や自宅など、様々な場所で、いつでも聴講が可能である。学校教育等に関わる者だけでなく、保護者や福祉・医療従事者等も事前登録の上、受講することができる。

　特別支援教育研修講座の中で、聴覚障害教育については、基礎編が３コンテンツ、専門編が６コンテンツ揃っている。（2019 年４月現在）

　インターネット講義の画面は、次の３つの部分から構成されている。

ア　講師の映像

　講師が話している映像が映し出される。（声の大きさは、調節可能である。）

イ　講義の資料（スライド）

　講義で使用するスライドが、カラーで映し出さ

表　テキスト

次に、きこえを調べる聴力検査と、聴覚障害がある場合にきこえを補う補聴機器について紹介します。
では始めに、きこえのしくみと聴覚障害について説明いたします。
私たちの身の回りは沢山の音や音声で囲まれています。
たとえば、街を歩くと、人々の声や自動車の音、公園に散歩に行くと虫の声、空を見上げると鳥の鳴き声や飛行機の音。音は 24 時間絶え間なく発生しています。
音は、時として心地よくなったり、不快になったりと、私たちの感情にも影響を与えています。
私たちの身の回りの音にはいろいろな種類があります。
この図は、それぞれの音が、どのような強さと高さをもっているものなのかを示したものです。

れる。

ウ　講師の説明文

　表テキストに示すように、講師が話す言葉が映し出され、講師が話している部分の色が変わったり、アンダーラインが引かれたりするので聴覚障害の方も分かりやすい。

　基礎編・専門編、それぞれのコンテンツの内容は、次のとおりである。

基礎編

> ア　きこえの仕組みと検査・補聴機器
> イ　聴覚障害児のコミュニケーション
> ウ　聴覚障害児への教育的支援

専門編

> ア　聴覚障害教育概論
> イ　聴覚障害幼児の療育と指導
> ウ　手話の活用
> エ　聴覚機能の理解と指導
> オ　特別支援学校（聴覚障害）における進路指導・職業教育
> カ　聴覚障害児の自己理解と教育

③ 聴覚障害教育に関するガイドブックの作成

　研究から得られた知見や、学校現場の実践例をまとめ、先生方の日々の指導や授業づくりの参考に寄与するため、聴覚障害教育に関するガイドブック、実践事例集等を作成している。これらは、学校に配布されている。また、研究所のホームページからダウンロードすることができる。

④ 免許法認定通信教育

　幼稚園、小学校、中学校、高等学校、中等教育学校及び特別支援学校において、特別支援教育に携わる教員の免許状保有率の向上を支援するため、インターネットによる免許法認定通信教育を実施している。研究所では、視覚障害教育領域及び聴覚障害教育領域について、それぞれ、第2欄に掲げる科目（各1単位）のインターネットによる免許法認定通信教育を開講している。その科目は、「教育課程及び指導法に関する科目」と「心理、生理及び病理に関する科目」である。これらの科目の実施スケジュールをホームページに掲載している。

2　学校経営に関する取組

ア　実践例の概要

　聴覚障害のある子供の学びの場が多様化する現在において、「学びの場として、選ばれる特別支援学校（聴覚障害）」であるために、学校教育目標や学校経営方針、特別支援学校（聴覚障害）の使命を全教職員と共有し、組織として教育活動の充実を図った実践である。

イ　学校や地域等の実態

　本校は、政令指定都市の東部にある閑静な住宅街に立地する特別支援学校（聴覚障害）である。市立小中学校、私立幼稚園が近くにあり、いずれの学校等とも、「交流及び共同学習」を実施している。また、災害時広域避難場所として指定された公園や地域の医療拠点となる病院が隣接し、恵まれた学習環境にある。立地上、県教育委員会や政令指定都市教育委員会との関係構築や連絡・調整、学区（学校所在地の小学校区）との連携を重視し、地域に根付いた学校づくりに取り組んでいる。

　通学区域は、政令指定都市を含む9市1町であり、在籍数は100名弱である。また、特別支援学校（聴覚障害）乳幼児教育相談では、40名を超える乳幼児とその保護者の支援や、教育委員会から定数配置された2名の教員で、通学区域の小学校に通う19名の聴覚障害児に対して、「通級による指導」を行うなど、聴覚障害教育のセンター的な役割を果たしている。

　学校に在籍する子供は、人工内耳装用児が30.8％、両親聾で主に手話に意思疎通を行う家庭環境の子供が15.9％、重複障害児が25.5％、外国籍の保護者ゆえ、家庭での日本語習得支援が受けにくい子供が5.3％、医療的ケア対象児が3.1％であり、実態は多様化している。そのため、コミュニケーションにおいては、様々な実態の子供が、自分にとって最優先するコミュニケーション手段を身に付けるとともに、互いに意思疎通を図るために、場や相手に応じたコミュニケーション手段を選択できる力を身に付けられるようにすることを目標の一つとし、様々な実態の子供が、意思疎通を図るために、日本語の読み書きや日本語を手話で表現することができるように、日本語の獲得とその力の向上に向けた指導に力を入れている。

　教員数は30数名（校長・養護教諭以外）で、聴覚障害教員が13.5％、聴覚障害教育経験年数10年以上が45.9％、5年未満が24.3％である。特別支援学校教員免許状保有率は92％（うち聴覚障害領域は65％）である。平均年齢は40.3歳だが、30代前半までの教員数と50代の教員数がほぼ同数であり、学校運営の中核となる主任を担う30代後半から40代の教員が少ない現状である。

ウ　学校教育目標と経営方針

　学校経営は、校長が学校経営方針を策定し、目指す学校づくりの具現化に向けて、教職員と共通の意思を形成して取り組むものである。校長には、学校のあるべき姿を長期的・中期的・短期的な視野に立って、当該年度の学習指導や生活指導など教育活動全般の目標を示し、すべての教職員が、その具現化に向けてそれぞれの立場で目標を設定し、組織として目標達成に向かえるよう導く責任がある。

　併せて、学校の教育目標や教育活動などについては、保護者はもちろん、県民・地域住民・聴覚障害関係者等へ明らかにするとともに、説明する役割もある。

　本校のコミュニケーションに関する共通理解は、①教育活動のすべての場面で、基本的に音

声に合わせて、手話、指文字、身振り、文字など、日本語獲得に必要と思われる手段を積極的に使うこと、②子供の実態や場面に応じて、適切なコミュニケーション手段を選択することの2点を踏まえ、イで述べた学校の実態に基づき、以下の学校経営方針を策定し、年度初めの職員会議で全教職員に示した。

1　学校教育目標

(1) 学校教育の目的と学習指導要領の趣旨を十分理解し、聴覚に障害のある子供に対して、一人一人の障害の状態及び能力・適正等に応じた教育を行う。

(2) 調和のとれた心身の発達を図り、自らを律し、たくましく生きる力を養うとともに自立や社会参加に向けて、主体的に行動する子供の育成を図る。

2　学校経営方針

(1) 子供の人権を尊重した教育を推進する（様々なコミュニケーション手段を尊重）

　ア　子供の思いを受け止め、気持ちにより添った指導・支援の推進

　イ　いじめ防止に努め、子供が安心して過ごせる学校づくり

(2) 授業力の向上・聴覚障害教育の専門性の向上を図る

　ア　授業実践・研究授業を通して、「特別支援学校（聴覚障害）としての授業」をする力の向上

　　①　子供の実態に応じたコミュニケーション（意思の伝達）の力の育成

　　②「各教科の学年相応の学力」と「日本語獲得」の両方を実現する各教科の授業

　イ　学びの連続性と学びの場の多様化に対応した教育課程の充実

　　通常学級と重複障害学級のつながり、各部のつながりを視野に教育課程や教科の目標・内容を設定し、目指す資質・能力の育成

(3) 幼稚部段階からのキャリア教育の推進と充実を図る

　ア　自立と社会参加に向け、各部で身に付けるべき力の明確化

　イ　身に付けた力をどのように活用していくかの道筋（連続性）の明確化

　ウ　子供自身が愛されている実感、必要な存在であるという実感のもてる教育活動の推進

(4) 保護者・地域・県民から愛される学校づくり、期待に応える学校づくり

　ア　服務規律の遵守、不祥事防止

　イ　家庭や地域、医療・福祉・労働機関等との連携

　ウ　特別支援学校（聴覚障害）の良さや教育活動の成果を積極的にPR

(5) 変化に柔軟な対応ができる学校を目指す

　　幼稚園教育要領の完全実施と新学習指導要領へのスムーズな移行を視野に、教育課程や行事、学習活動の見直し

(6) 自分にも他人にも優しい学校を目指す

　ア　互いの意見を尊重しながら意見交換を積極的に行える職場

　イ　効率的な仕事による教職員の多忙化改善と健康維持

3　重点課題

　①　日本語獲得と学力向上、コミュニケーション力の向上

　②　キャリア教育の推進

　③　聴覚障害児が、集団で学び合える場の確保

エ　取組の概要と成果

　特別支援学校（聴覚障害）の使命は、意思の伝達や思考、情緒の安定など、人間形成そのものの基礎となる言葉（日本語）の獲得と、様々な手段を用いたコミュニケーション力の向上、「小・中学校等に準ずる教育」を推進し、可能な限り、学年相応の学力を身に付けることであると確信している。その使命を、全教職員で共有した組織としての取組を紹介する。

校　長	・学校経営方針に基づいて、各部の目標、各校務の目標、学級経営方針、「教員自己申告・評価シート」の目標策定を指示 ・教頭、各部主事、担当校務主任へ、学校評価目標の策定を指示 ・学校経営方針・コミュケーションに関する考え方を、保護者へ説明（ＰＴＡ総会・年度第1号の学校だよりに学校経営方針を掲載） ・第1回学校関係者評価委員会で、学校評議員（ＰＴＡ会長、交流園長、学識経験者、ＮＰＯ法人放課後デイサービス代表、学区代表）に学校経営方針と学校評価目標を説明、学校評議員による授業参観 ・第2回学校関係者評価委員会で、今年度の取組についての学校による自己評価と保護者アンケートによる評価、評議員による外部評価の実施と次年度の課題の明確化 ・年2回（6月と2月）の「教員自己申告・評価シート」二次面談により、個々の目標の確認と、達成状況の二次評価 ・「地域ろう協会」や「難聴児をもつ親の会」（地域の学校等に通う聴覚障害児の保護者の会）の総会等で、聴覚障害教育についての説明と紹介 ・最低、一日1回の校内巡視と授業参観
教頭・部主事	・校長の学校経営方針について、校務主任や各教員へ、具体的に伝達 ・各部の経営方針を策定 ・1学年に複数学級ある場合には、ベテラン教員と若年教員・聴覚障害教育経験年数の少ない教員のペアによる担任配置 ・「教員自己申告・評価シート」による一次面談により、目標と取組課題の確認・修正指導（5月）、達成状況の確認と一次評価（1月） ・各部、各校務の目標達成状況の定期的な確認と指導 ・入学説明会、学校参観、学校見学等における本校概要の説明 ・定期的な授業参観と指導助言
①総務部	・ＰＴＡ総会及び役員会、学校関係者評価委員会の計画・進行、学校評価のＨＰへの掲載 ・学校だより・ＨＰ・校内掲示板等へ学校行事や学習活動の様子、学習成果（各種コンクールの受賞結果など）を掲載

②教務部	・学級編制（コミュニケーションモードを基本としない）、教育課程・学習グループ（国語と算数は、習熟度別、自立活動は日本語の習得状況やニーズ別）の編成、学習指導方針の指示 ・「交流及び共同学習」の計画、交流校（学校間・居住地）との連絡 ・授業参観における視点・授業参観アンケートの作成と配布・集約 ・教務主任による日々の授業参観と助言（意思疎通が図られているか、日本語獲得に結び付く指導や配慮がなされているか） ・作文力向上のために、各種作文コンクール・俳句コンクール等への応募、新聞の発言欄に投稿等の取組を学習活動に位置付けて推進 ・各種検定（読字力検定・漢字検定）や検査の実施計画と評価
③研究研修部	・研究授業（一人二年に一回）と授業研究会の計画 ・ベテラン教員による授業公開と授業研究会の計画 ・地区聾教育研究会の分野別研究の推進 ・自立活動領域（発語発音・補聴器・人工内耳・言語指導）、手話、情報保障、人権に関する校内研修などの計画と校外研修への参加推進 ・保護者対象・教職員対象教育講演会（言語指導、学習指導、保護者支援に係る内容等について年1回実施）の計画と講師の選定
④支援部 （自立活動部）	・本校のコミュニケーションに関する考え方を教職員に周知 ・合同活動時におけるコミュニケーション手段に関する助言 ・「個別の教育支援計画」「自立活動の個別指導計画」記載内容確認 ・自立活動領域の研修の講師担当や講師の手配 ・自立活動領域の教材教具の管理 ・情報保障（要約筆記、パソコンテイク・手話通訳）の実施
⑤生活指導部 　保健体育部 ⑥庶務部	・聾乳幼児教育相談、通級による指導、特別支援学校（聴覚障害）体験入学の計画実施 ・子供の安全に係る活動や研修の計画と実施 　（防災・防犯訓練、交通安全指導、学校保健・給食、医療的ケアなど） ・教員の研修に必要な予算の確保
担　　任	・懇談会で、学習やコミュニケーションに関する保護者の要望を聴取 ・「学級経営案」「個別の教育支援計画」「個別の指導計画」「各教科領域の年間指導計画」の作成 ・当該年度の「教員自己申告・評価シート」の作成、管理職との面談による目標確認と達成状況の評価

　このような取組の結果、特別支援学校（聴覚障害）の教育や子供の学習成果（全国聾学校作文コンクールでは、金賞受賞を含め、毎年入賞。）が、保護者や地域に広くＰＲされ、高い評価を得て、学校参観者が増加している。聴覚障害関係者からは、「特別支援学校に対する見方が変わった」と評価された。

　また、最近5年間の在籍者数は、100名前後を維持し、特別支援学校（聴覚障害）としての存在意義は確実に向上している。他方で、コミュニケーション（教員の手話力向上）や授業の

指導力に関する保護者の要望も多い。コミュニケーション手段については、ただ単に、意思の疎通が図られるだけでなく、教科の学力に結び付くものでなければならない。経験年数が少ない教職員とは、コミュニケーションを密にし、例えば、聴覚障害教育に係る文言一つ取り上げても、その意味を丁寧に説明し、具現化するための具体的方策を示していくことが求められる。

3　校内研修の取組例

ア　実践例の概要

　本校における聴覚障害教育の専門性及び授業力を向上させるため、校内において、今年度の新任者等を対象とした聴覚障害教育「基礎」研修を実施するとともに、各学部等で幼児児童生徒の実態を踏まえたテーマ研修を行った。また、聴覚障害児に対するコミュニケーション手段の中でも、特に、手話や指文字の知識を習得するため、通年の校内手話学習会を実施した。

　さらには、県内唯一の聴覚障害教育を行う特別支援学校として、地域の学校や関係機関を対象とした聴覚障害教育セミナーを開催し、聴覚障害教育の理解・啓発を推進するとともに、関係機関との更なる連携を確立した。

イ　学校の実態

・幼稚部から高等部までの一貫性のある学校づくりを目指し、各学部及び寄宿舎で研修テーマを設定して、具体的な取組についての実践・検討を重ね、聴覚障害教育の専門性及び授業力の向上に努めている。

・保護者や地域からは、社会生活を送る上で必要な学力やコミュニケーション手段の獲得を目指して欲しいといった要望があり、幼児児童生徒一人一人の障害の状態や教育的ニーズ等を的確に把握し、ＩＣＴ機器の効果的な活用を図りながら、教科等で培われた知識や技能を生かす、確かな学力とコミュニケーション力を向上及び定着させる授業に取り組んでいる。

・聴覚障害教育のセンター的機能の充実を図るため、地域の学校や関係機関、対象児への相談支援・研修支援を積極的に行っている。

ウ　研修の方針

（ア）新任者等に対する聴覚障害教育「基礎」研修の実施

　新任者等が本校の教育の現状を知り、聴覚障害教育についての理解を深め、早期に指導法を確立する一助になることを目的とする。

（イ）各学部等における職員研修（テーマ研修等）の実施

　本校の幼児児童生徒の実態を踏まえ、各学部等で設定した研修テーマに基づきながら、授業力向上に沿った研究・実践を重ね、本校職員の聴覚障害教育における専門性及び授業力が向上することを目的とする。

（ウ）校内手話学習会の実施

　聴覚に障害のある幼児児童生徒の教育に携わる専門職として、コミュニケーション手段の中でも、特に、手話や指文字の知識を身に付けることを目的とする。

（エ）「聴覚障害教育セミナー」の開催

　県内唯一の聴覚障害児を対象とした特別支援学校として、聴覚障害教育に関する研修を地域に向けて公開し、センター的な役割を果たすとともに、研修を通して、地域の学校や関係機関との連携を、確立することを目的とする。

（オ）県教育委員会等における指導・助言

　県教育委員会が主催する県特別支援学校授業力向上プログラム事業に基づき、授業公開及び授業研修会を実施することで、県教育委員会及び教育センターからの指導・助言を受け、本校職員の聴覚障害教育における専門性及び授業力の向上を目的とする。

エ　取組の概要と成果

（ア）新任者等に対する聴覚障害教育「基礎」研修

回	研修内容	担　当	場　所
1	・本校の教育（本校の概要、聴覚障害の基礎知識） ・聴覚特別支援学校教師としての職務の専門性 ・視聴覚機器やICT教材の活用	教務主任 視聴覚・情報管理係	大会議室
2	・手話や指文字を用いたコミュニケーションと情報保障 ・聴覚障害児向けのコミュニケーションツールやアプリの紹介	情報保障係 視聴覚・情報管理係	大会議室
3	・自立活動について ・聴覚障害児の言語獲得 ・発音・発語指導の実際 ・発音明瞭度検査の実際	自立活動指導係	大会議室
4	・「きこえのしくみ」 ・補聴器装用の体験 ・集団補聴システムについて	自立活動指導係	大会議室
5	・聴力測定の実際 ・オージオグラムの記入方法 ・補聴器のフィッティング ・聴覚活用の実際	自立活動指導係	聴力測定室

　今年度の新任者等を対象とした校内研修を4月中に実施し、本校の教育の現状を伝えるとともに、聴覚障害教育についての理解を深めた。これから、幼児児童生徒に指導を行う上での知識や指導方法を学ぶ貴重な機会となり、各学部等における職員研修にもつながる内容であった。

（イ）各学部等における職員研修（テーマ研修等）

月	内　　　　容
4	全体研修「今年度の研修テーマについて」
5	学部研修（今年度の学部研修テーマを設定）
	学部研修（今年度の職員研修の内容を検討）
	全体研修「今年度の職員研修についての説明（各学部・寄宿舎）」
6	学部研修（具体的な職員研修の方法について）
7	学部研修
	全体研修「聴覚障害教育における研究大会の発表リハーサル」
	聴覚障害教育セミナー（本校）
9	学部研修
10	学部研修（仮説に基づいた理論研究）
	学部研修（PDCAサイクルに基づいた実践研修（授業づくり））
11	学部研修（研究授業や授業研究会等を通した職員相互研修）
	学部研修（初任校研修、経験者研修との連携）
12	全体研修「聴覚障害教育における研究大会への参加者による報告会」
	学部研修（研究大会への参加者による報告に基づいた職員研修について）
1	学部研修
2	学部研修（本年度の職員研修を反省）
	学部研修（来年度の職員研修の内容を検討）
3	全体研修「今年度の職員研修についての報告（各学部・寄宿舎）」
	学部研修（来年度の職員研修の進め方について）

　「豊かな学力やコミュニケーション力の定着のための授業づくり」という全体のテーマを基にして、各学部等が「コミュニケーション力の向上を図る保育活動（幼稚部）」、「分かる授業づくりのためのICT活用（小学部）」、「言葉豊かな学びを支える指導の在り方（中学部）」、「教科の特性に応じた指導・支援方法の工夫（高等部）」、「コミュニケーション力を育む生活指導（寄宿舎）」といった研修テーマを設定し、通年の職員研修を実施した。日々の取組や授業を振り返ることで、本校職員の聴覚障害教育における専門性及び授業力の向上につなげることができた。

（ウ）校内手話学習会

月	内　　容	担　当
5	各コミュニケーション手段の実態と問題点	幼稚部
6		小学部
9		中学部
10	手話の語源、数、指文字、自己紹介、日常会話 時制（時・月・年・季節など）、疑問詞の使い方	高等部
11	学校生活で用いることばの表し方	小学部
12	学校行事に関することばの表し方	幼稚部
1	手話の読み取り 手話表現の留意点	中学部
2		高等部
3		幼稚部

　聴覚障害児に対するコミュニケーション手段の中でも、特に、手話や指文字の知識を習得するため、通年の校内手話学習会を実施した。学校生活で用いる言葉や学校行事に関する言葉の表し方を共通理解するとともに、聴覚障害教育における効果的なコミュニケーション手段について、熟考する機会となった。

（エ）聴覚障害教育セミナー

時　間	内　　容	
8：50〜9：10	受　付	
9：20〜9：50	開会行事（あいさつ、日程説明等） 学校概要の説明	
	Aコース	Bコース
10：00〜11：10	研修① 「きこえのしくみ」 補聴器体験・人工内耳等	研修② 「保育や授業における配慮事項」 ※教科指導を中心に
11：20〜12：30	研修② 「保育や授業における配慮事項」 ※保育を中心に	研修① 「きこえのしくみ」 補聴器体験・人工内耳等
12：30〜13：30	昼　食	
13：35〜14：45	研修③「聴覚障害児への接し方」 手話や指文字の実技等	
14：55〜15：05	閉会行事（あいさつ、アンケート記入）	

| 15：10 ～ 16：00 | 個別相談、意見交換、施設参観（希望者） |

　県内唯一の聴覚障害教育を行う特別支援学校として、地域の学校や関係機関に向けての聴覚障害教育セミナーを夏季休業中に開催した。聴覚に障害のある幼児児童生徒の在籍する学校等の担任や難聴特別支援学級・難聴通級指導教室の担当者、障害者支援機関の職員など 62 名が参加した（定員 60 名）。聴覚障害教育の理解・啓発を推進するとともに、研修を通して、地域の学校や関係機関との連携を確立することができた。

（オ）県教育委員会等における指導・助言

　県教育委員会が主催する県特別支援学校授業力向上プログラム事業に基づき、県教育委員会指導主事及び教育センター研究主事と連携・協力し、定期的な学校訪問・授業参観において指導・助言を受けることで、各学部等で設定した研修テーマに沿った授業力向上に関する取組や授業づくりを行った。

　また、その成果と課題については、県内特別支援学校職員を対象とした授業公開及び授業研究会（3 年間で 1 回程度）を実施することで、授業改善の取組等を交換し合うとともに、授業づくりについての成果を発信することができ、本校職員の聴覚障害教育における専門性及び授業力の向上につなげることができた。

索　　引

編集協力者氏名（敬称略・五十音順）

※職名は平成 31 年 1 月現在

我 妻 敏 博	国立大学法人上越教育大学名誉教授
大 塚 とよみ	愛知県立千種聾学校校長
桑 原 美和子	筑波大学附属聴覚特別支援学校幼稚部教諭
宍 戸 和 成	独立行政法人国立特別支援教育総合研究所理事長
澤 隆 隆 史	国立大学法人東京学芸大学教授
武 居 渡	国立大学法人金沢大学教授
吹 野 佳 朗	世田谷区立駒沢小学校主任教諭
堀 谷 留 美	大阪府立中央聴覚支援学校教諭
堀之内 恵 司	鹿児島県立鹿児島高等特別支援学校教頭
山 本 晃	独立行政法人国立特別支援教育総合研究所総括研究員
脇 中 起余子	国立大学法人筑波技術大学准教授

執筆協力者氏名（敬称略・五十音順）

※職名は平成 31 年 1 月現在

足 立 貢	大阪市立北中道小学校主務教諭
石 川 範 子	東京都立中央ろう学校主任教諭
石 本 恒太郎	岡山県立岡山聾学校教諭
井 上 奈穂子	広島県立広島南特別支援学校教諭
衞 藤 久 美	福島県立聴覚支援学校教諭
大 貫 洋 司	栃木県立聾学校教諭
大 野 佳代子	群馬県立聾学校教諭
木 村 美津子	筑波大学附属聴覚特別支援学校寄宿舎指導員
小 林 高 志	静岡県立浜松聴覚特別支援学校教諭
淋 代 香 織	青森県立弘前聾学校養護教諭
高須賀 妙 子	愛媛県立松山聾学校教諭
高 橋 征 吾	愛知県立名古屋聾学校教諭
竹 下 尚 美	鹿児島県立鹿児島聾学校教諭

靍　　亜矢子	福岡県立久留米聴覚特別支援学校教諭
永　石　　晃	東京都立立川ろう学校主任教諭
長　島　理　英	東京都立大塚ろう学校主任教諭
中　村　浩　子	佐賀県立ろう学校教諭
橋　本　敦　子	福岡県立久留米聴覚特別支援学校教諭
藤　原　葉　子	広島県立尾道特別支援学校教諭
松　本　由　紀	愛知県立岡崎聾学校教諭
宮　前　博　文	島根県立松江ろう学校教諭
三　好　明　子	北海道高等聾学校栄養教諭
森　井　結　美	奈良県立ろう学校教諭
山　口　　祥	岩手県立盛岡聴覚支援学校寄宿舎指導員
山　下　　薫	千葉県立千葉聾学校教諭

なお，文部科学省においては，次の者が本書の作成・編集に当たった。

中　村　信　一	文部科学省初等中等教育局特別支援教育課長（～平成31年3月）
俵　　幸　嗣	文部科学省初等中等教育局特別支援教育課長
佐々木　邦　彦	文部科学省初等中等教育局特別支援教育課企画官
庄　司　美千代	文部科学省初等中等教育局特別支援教育課特別支援調査官
山　下　直　也	文部科学省初等中等教育局特別支援教育課課長補佐 （～平成31年3月）
川　口　貴　大	文部科学省初等中等教育局特別支援教育課課長補佐
髙　市　和　則	文部科学省初等中等教育局特別支援教育課専門官
小　楠　健　太	文部科学省初等中等教育局特別支援教育課指導係主任 （～平成31年3月）
渡　邉　有里菜	文部科学省初等中等教育局特別支援教育課指導係
久　川　浩太郎	文部科学省初等中等教育局特別支援教育課指導係 （～平成31年3月）
村　上　　学	文部科学省初等中等教育局初等中等教育企画課 教育制度改革室義務教育改革係（～平成31年3月）

聴覚障害教育の手引

言語に関する指導の充実を目指して

MEXT 1-2010

令和２年11月28日　　初版第１刷発行

令和３年５月12日　　初版第２刷発行

令和５年９月１日　　初版第３刷発行

著作権所有　　　　　文部科学省

発行人　　　　　　　加藤　勝博

発行所　　　　　　　株式会社ジアース教育新社

　　　　　　　　　　〒101-0054

　　　　　　　　　　東京都千代田区神田錦町1-23　宗保第２ビル

　　　　　　　　　　TEL　03-5282-7183

　　　　　　　　　　FAX　03-5282-7892

　　　　　　　　　　URL　https://www.kyoikushinsha.co.jp/

Printed in Japan　　　　　　　　　　　　　　　　ISBN978-4-86371-562-2